A SACERDOTISA DO MAR

DION FORTUNE

A SACERDOTISA DO MAR

Tradução
ZILDA HUTCHINSON SCHILD

EDITORA PENSAMENTO
São Paulo

Título do original:
The Sea Priestess

Copyright © The Society of the Inner Light 1957.

CAPA: Desenho de Alden Cole.

Edição
2-3-4-5-6-7-8-9-10

Ano
92-93-94-95

Direitos reservados
EDITORA PENSAMENTO LTDA.
Rua Dr. Mário Vicente, 374 - 04270 São Paulo, SP -

Impresso em nossas oficinas gráficas.

ÍNDICE

INTRODUÇÃO 7

CAPÍTULO I 11
CAPÍTULO II 22
CAPÍTULO III 30
CAPÍTULO IV 34
CAPÍTULO V 40
CAPÍTULO VI 48
CAPÍTULO VII 55
CAPÍTULO VIII 62
CAPÍTULO IX 68
CAPÍTULO X 73
CAPÍTULO XI 85
CAPÍTULO XII 96
CAPÍTULO XIII 108
CAPÍTULO XIV 116
CAPÍTULO XV 128
CAPÍTULO XVI 134
CAPÍTULO XVII 140
CAPÍTULO XVIII 153
CAPÍTULO XIX 160
CAPÍTULO XX 172
CAPÍTULO XXI 178
CAPÍTULO XXII 183
CAPÍTULO XXIII 190
CAPÍTULO XXIV 193
CAPÍTULO XXV 205
CAPÍTULO XXVI 218
CAPÍTULO XXVII 227
CAPÍTULO XXVIII 239
CAPÍTULO XXIX 253
CAPÍTULO XXX 269
CAPÍTULO XXXI 276
CAPÍTULO XXXII 288

ÍNDICE

INTRODUÇÃO 7

CAPÍTULO I 11
CAPÍTULO II 22
CAPÍTULO III 30
CAPÍTULO IV 34
CAPÍTULO V 40
CAPÍTULO VI 48
CAPÍTULO VII 55
CAPÍTULO VIII 65
CAPÍTULO IX 73
CAPÍTULO X 80
CAPÍTULO XI 87
CAPÍTULO XII 96
CAPÍTULO XIII 108
CAPÍTULO XIV 119
CAPÍTULO XV 134
CAPÍTULO XVI 138
CAPÍTULO XVII 140
CAPÍTULO XVIII 153
CAPÍTULO XIX 160
CAPÍTULO XX 172
CAPÍTULO XXI 178
CAPÍTULO XXII 183
CAPÍTULO XXIII 190
CAPÍTULO XXIV 193
CAPÍTULO XXV 205
CAPÍTULO XXVI 218
CAPÍTULO XXVII 227
CAPÍTULO XXVIII 239
CAPÍTULO XXIX 255
CAPÍTULO XXX 269
CAPÍTULO XXXI 279
CAPÍTULO XXXII 288

INTRODUÇÃO

Se alguém quer escrever um livro que não esteja de acordo com os padrões vigentes, terá de editá-lo por conta própria. Assim, na sua primeira edição, este teve de firmar-se sobre os próprios pés, como uma espécie de Melquisedeque literário, sem contar com a chancela de uma editora.

Certa vez, fiz a interessante experiência de resenhar um dos meus livros; contudo, para fazer a resenha deste, acho difícil saber por onde começar. Trata-se de uma obra que tem uma influência do oculto: à primeira vista é um romance, mas no fundo é uma tese sobre o tema "Todas as mulheres são Ísis e Ísis é todas as mulheres" — ou, na linguagem da moderna psicologia, o princípio anima-animus.

Quem teve acesso ao manuscrito fez várias críticas e, como estas provavelmente serão repetidas por quem ler o livro, posso muito bem aproveitar o prefácio para contestá-las. Posso fazê-lo, especialmente porque não tenho um gerente de produção que fique me advertindo: É necessário cortar cinqüenta páginas se quiser que o editemos em corpo sete ou seis.

O crítico de um dos meus livros anteriores disse-me que é uma pena que minhas personagens sejam tão inverossímeis. Tal afirmação me surpreendeu muito, pois eu não as considerava assim. Que tipo de barbeiro preciso criar para que meus leitores se apaixonem por ele? Se na vida real ninguém é perfeito, por que isso seria diferente na ficção?

No papel de filho, ou de pai, ou ainda de sócio nos negócios, meu herói não pode orgulhar-se de seu desempenho. Não obstante ele nada fizesse para reverter a situação, continuei a apreciá-lo, mesmo sabendo que a personagem jamais poderia competir com as criações do falecido Samuel Smiles. Creio que não teria apreciado se ele o tivesse feito. Sempre julguei que, se não se pode agradar a todos, deve-se ao menos ter alguma satisfação pessoal, principalmente quando não é necessário contentar o editor. Este talvez esperasse que o livro contribuísse com seu quinhão para ele pagar as suas dívidas.

Segundo certo revisor de provas, que devia saber o que estava dizendo, o estilo deste livro é irregular. Na mesma página, ele alcança paroxismos de beleza lírica (a expressão é dele, não minha), caindo depois para a mais comum das linguagens.

Isso provoca uma questão técnica. A história é escrita na primeira pessoa; trata-se, portanto, de um monólogo e requer a mesma regra usada para um diálogo: quando as pessoas falam, devem fazê-lo com personalidade. À medida que muda o humor do meu herói, também se modifica o seu estilo narrativo.

Qualquer escritor concordará comigo, se eu disser que o relato feito na primeira pessoa é uma das técnicas mais difíceis. De fato, o método de apresentação é o drama, apesar de o livro manter a aparência de narrativa. Além disso, tudo tem de ser observado não só através dos olhos, mas também através do temperamento da pessoa que conta a história. Nos trechos emotivos, o leitor não deve deixar-se levar pela autocompaixão do herói, ao passo que este, para manter o respeito e despertar a simpatia, não poderá afogar-se nas próprias lamúrias. Foi por esse motivo que, onde qualquer autor usaria o tom da ênfase, deixando de lado a prudência, tive de empregar a seca linguagem anglo-saxônica, tendo-se em vista que ninguém usa um inglês elaborado quando a morte se aproxima. Todos os efeitos têm de ser obtidos pela "entonação". Portanto, a menos que o leitor tenha imaginação e possa ler de forma construtiva, esses efeitos estarão perdidos.

E isso me traz à questão da leitura construtiva. Todos sabem o quanto o público contribui para o sucesso de uma peça teatral; todavia, poucos se deram conta de como o leitor tem de concorrer para o efeito de uma obra de ficção. Talvez eu exija demais dos meus leitores; não sou competente para julgar isso e apenas consigo dizer como Martin Luther: "Deus me ajude; não posso agir de outro modo." Além do mais, o estilo é pessoal e não pode ser alterado, a não ser por meio de uma castração. E quem deseja um eunuco literário? Eu não, seja como for. Esse é o motivo pelo qual talvez eu mesma tenha de publicar esta obra.

As pessoas lêem ficção a fim de suplementar a dieta que a vida lhes proporciona. Se essa vida for rica e variada, gostam de romances de análise e de interpretação. Se for limitada e insatisfatória, suprem-se com os romances que falam sobre a racionalização de desejos. Esses livros são publicados em massa e encontrados nas bibliotecas circulantes. Esforcei-me por incluir esta obra entre essas duas categorias, e creio tê-lo feito com bastante propriedade; então, é justo dizer-se que ela ficou no meio-termo. Trata-se de um romance de interpretação, ao mesmo tempo que é um romance em que os desejos se racionalizam.

Afinal, por que não combinar as duas coisas? Elas fazem parte da psicoterapia onde aprendi minha profissão. Uma porção de pessoas sofre da mesma frustração que aflige o meu herói, ao menos em certa intensidade. Meus leitores poderão confirmá-lo, baseando-se na experiência pessoal.

Não é necessário chamar a atenção do leitor para o fato notório de que ler a fim de obter compensação emocional causa uma identificação com o herói ou com a heroína, conforme o caso; e por essa razão, os autores que escrevem para esse tipo de público invariavelmente fazem do protagonista do sexo oposto ao seu a apresentação holográfica da racionalização dos desejos. O escritor que tende a satisfazer o público masculino geralmente cria uma heroína melosa, artificial e adocicada, e dá o nome de romance ao resultado obtido; ou, então, combina todas as incompatibilidades existentes no caráter humano pensando dessa forma obter realismo.

Do mesmo modo, a romancista brinda suas leitoras com homens do tipo que nunca usou um par de calças; e em quem, na verdade, as calças seriam um desperdício!

É difícil julgar minhas próprias personagens; naturalmente, acho que são boas; porém, essa parcialidade não é mais justificável do que a de outro pai coruja qualquer; Charles Gravice, convencido de que fizera literatura, estava amargamente enciumado de Kipling.

Sou a última pessoa indicada para manifestar uma opinião desapaixonada sobre até que ponto minhas personagens realizam os seus desejos. Muitas vezes me disseram que não sou uma dama. Ao recusar a proposta para me filiar a um clube muito conhecido, tive de explicar à insistente secretária que não sou um cavalheiro! Assim, ocultemos a questão do sexo numa obscuridade decente, como acontece com o sexo do papagaio.

No entanto, acho que, se os leitores se identificarem com uma ou com outra das personagens, segundo o gosto pessoal, farão uma curiosa experiência psicológica – a do uso terapêutico da fantasia, um dos menos apreciados aspectos da psicoterapia.

O estado psicológico da civilização moderna pode ser equiparado ao saneamento que havia nas cidades medievais. Portanto, rendo o meu tributo aos pés da grande deusa Cloacina –

In jesting guise, but ye are wise,
Ye know what the jet is worth.

[Brincando desta maneira, contudo, sois sábios,
E sabeis o valor de uma brincadeira.]

Dion Fortune

A SACERDOTISA DO MAR

CAPÍTULO I

Escrever um diário é considerado um vício por nossos contemporâneos, embora fosse uma virtude para os nossos ancestrais. Se for um vício, peço perdão, pois durante muitos anos produzi um diário razoavelmente minucioso.

Apaixonado pela observação, porém carente de imaginação, meu papel real era o de Boswell, mas, ai de mim, nenhum Johnson estava prestes a chegar.* Portanto, tive de ser o meu próprio biógrafo. Não houve escolha; eu teria preferido ser um grande cronista. Todavia, as pessoas importantes jamais cruzaram o meu caminho. Por esse motivo, fui obrigado a me arranjar sozinho. Não tenho ilusões de que o meu diário seja literatura; entretanto, cumpriu sua finalidade de válvula de segurança numa ocasião em que esta foi muito necessária. Sem esse mecanismo de escape, acho que as explosões não poderiam ser contidas.

Dizem que aventuras são para aventureiros; contudo, é difícil sair a cata de aventuras quando se tem dependentes. Se eu tivesse uma jovem esposa com quem enfrentar a aventura da vida, essa seria uma história diferente; mas minha irmã era dez anos mais velha, e minha mãe, uma inválida. Os negócios da família apenas rendiam o suficiente para nos manter durante os meus dias de inexperiência juvenil.

Assim, eu estava descartando o caminho da aventura que punha em risco a sobrevivência da família. Daí a necessidade da válvula de segurança.

---

* James Boswell (1740-1795) teve o cuidado de anotar durante vinte anos, literalmente, tudo o que seu amigo Samuel Johnson (1709-1784) pensava e dizia. A biografia resultante dessas anotações é considerada a obra-prima da biografia inglesa.

Volumes e mais volumes de diários estão num cofre de estanho no sótão. Concentrei-me neles de vez em quando, mas são terríveis de ler: todo o prazer que eles me proporcionavam cessou quando terminei de escrevê-los. São uma crônica objetiva que flui através da visão de um homem de negócios provinciano. Se me permitem dizer, uma visão prosaica demais.

Porém, em certo ponto houve uma mudança. O que era subjetivo tornou-se objetivo. Mas onde, e exatamente como, isso não sei ao certo. Foi um esforço deslindar e narrar toda a trama que comecei a ler sistematicamente nos últimos diários. O resultado foi uma história curiosa, que não pretendo entender. Esperei que ela se tornasse compreensível à medida que eu me adiantasse na leitura; mas isso não aconteceu. Na verdade, a história tornou-se ainda mais intrincada. Se eu não tivesse o hábito de escrever um diário, muitos acontecimentos seguramente se teriam perdido no limbo das coisas esquecidas. Nesse caso, a mente poderia organizar os fatos dentro de um padrão que fosse do seu agrado, adaptando-os às idéias preconcebidas, e o que fosse incompatível seria rejeitado sem que se notasse.

Todavia, com as coisas bem-definidas, isso não pôde ser feito, e o assunto teve de ser encarado como um todo. Registrei-o pelo seu valor, embora eu fosse a última pessoa capaz de fazer essa avaliação. Parece-me um curioso capítulo na história da mente e, como tal, o interesse, se não como literatura, reside nos dados como documentário. Estarei bem pago se aprender tanto revivendo os acontecimentos como aprendi quando os vivi.

Tudo começou com uma briga por causa de questões financeiras. Nossa firma é uma agência imobiliária que herdei de meu pai. Sempre foi um bom negócio; contudo, estava pesadamente onerada pela especulação. Meu pai nunca foi capaz de resistir à tentação de topar uma pechincha. Se soubesse que uma casa fora construída por dez mil e estava à venda por dois, tinha de obtê-la. Como ninguém queria aquelas grandes mansões em ruínas, recebi como herança um estábulo cheio de elefantes brancos. Durante todos os meus vinte anos e bem adentro dos meus trinta, lutei com esses mastodontes, vendendo-os aos poucos, até que finalmente o negócio se equilibrou e isso me permitiu fazer o que há muito pretendia — livrar-me dele pois o odiava e à vida naquela cidade

12

morta – e aplicar o dinheiro na compra de umas ações numa companhia londrina de editoração. Acreditei que isso me faria entrar no mundo que me fascinava; não achei que esse projeto fosse especialmente arriscado, pois negócio é negócio, quer se trate da venda de tijolos ou de livros. Eu havia lido tudo quanto era biografia e tinha acesso a tudo o que se referisse a livros.

Parecia-me que aquele era um objetivo para alguém que tivesse tino comercial. Naturalmente eu podia estar enganado, pois nunca tive nenhuma experiência direta com livros ou editores. Mas era assim que eu imaginava as coisas.

Minha mãe e minha irmã não se opuseram à idéia, conquanto eu não quisesse levá-las para Londres comigo. Essa foi uma dádiva com que não contava, pois julgara ter de providenciar uma casa para elas, uma vez que a idéia de um apartamento estava definitivamente abolida. Vi o caminho abrir-se diante de mim de uma forma inesperada. Imaginei uma vida de solteirão nos círculos boêmios: eu seria um homem freqüentador de clubes e sabe Deus mais o quê. Foi então que desabou a borrasca. Os escritórios da nossa firma pertenciam à velha grande casa georgiana em que sempre moráramos. Não se podia vender a firma sem vender o imóvel, pois se tratava do melhor ponto da cidade. Minha família nunca permitiria isso.

Suponho que poderia ter forçado a barra e vendido a casa à revelia, mas não quis fazê-lo. Minha irmã veio ter comigo e disse-me que ver o lar desfeito mataria nossa mãe. Ofereci-me para instalá-las numa casa que estivesse dentro de minhas possibilidades – o que ela recusou pedindo que a paz da sua velhice fosse preservada! Segundo ela, seu tempo de vida estava chegando ao fim. (Já se passaram cinco anos, e ela ainda está forte; portanto, acho que provavelmente teria resistido muito bem se eu tivesse fincado pé.)

Em seguida, foi minha mãe quem intercedeu por minha irmã alegando que a venda da casa desorganizaria totalmente a obra assistencial que ela desenvolvia junto às moças do lugar, pois todas as reuniões dessa associação eram feitas em nossa grande sala de visitas, e a sede ficava no porão da casa; não seria justo seguir meu caminho fazendo desmoronar o trabalho a que dedicara toda sua vida.

13

Diante disso tudo, resolvi aceitar um emprego de representante. A vida tinha suas compensações. Viajava de carro a negócios por todo o país e sempre fui um grande leitor. Meu problema real era a falta de amigos compatíveis, e a perspectiva de consegui-los é que me atraíra à idéia da editora. Contudo, livros não são maus substitutos para amigos, e atrevo-me a dizer que teria tido uma grande decepção indo a Londres para fazer amizades. Na verdade, como os acontecimentos se desenrolaram, foi bom eu não ter me arriscado nessa aventura; pois foi justamente depois disso que a minha asma começou, e é provável que não fosse capaz de agüentar o teor da vida britânica. Para montar uma sucursal na cidade, eu teria de vender a firma. Depois disso, foi-se a oportunidade para uma boa venda, de forma que não houve mais opção.

O que se passou a seguir não se assemelha a uma discussão sobre negócios. Nem aconteceu qualquer problema por causa da minha decisão. O problema começou depois que tudo estava resolvido e eu escrevera recusando as duas propostas. Foi durante a ceia de domingo. Bem, de qualquer forma, não gosto de ceias frias, e o vigário fizera um sermão particularmente tolo naquela noite; ao menos, foi o que achei, embora minha mãe e minha irmã o tivessem apreciado. Elas estavam discutindo sobre a pregação e pediram minha opinião, que eu não teria oferecido espontaneamente, mas expus o que pensava. Elas me censuraram por isso. Então, sem qualquer motivo aparente, explodi e esbravejei, e uma vez que eu pagava pela alimentação tinha o direito de dizer o que me aprouvesse. A seguir, começou a parte divertida da situação. Jamais alguém se dirigira a elas dessa maneira em toda a sua vida, e elas não gostaram disso. Ambas eram boas paroquianas e depois dessa explosão senti-me inferiorizado. Saí batendo a porta, subi as escadas escalando três degraus de cada vez, com aquela horrível ceia domingueira fria pesando-me no estômago. Tive o meu primeiro ataque de asma no patamar.

Elas me ouviram e vieram correndo; encontrando-me apoiado no corrimão da escada, ficaram com medo. Eu também estava apavorado, pensei que tivesse chegado a minha hora. A crise é uma coisa alarmante, mesmo quando se está acostumado. E aquele era o meu primeiro acesso.

Entretanto, sobrevivi; e foi enquanto estava estendido na cama, depois do ataque, que pude descobrir a origem de tudo o que aconteceria depois. Imagino que fui drasticamente drogado; de qualquer forma, encontrava-me apenas semiconsciente e parecia estar meio dentro, meio fora do corpo. Tinham esquecido de fechar a veneziana e o luar banhava diretamente a minha cama; eu estava fraco demais para me levantar a fim de fechá-la. Fiquei deitado, observando a lua cheia deslizando através de um céu noturno, por entre um tênue véu de nuvens, imaginando como seria o lado escuro da lua, que nunca homem nenhum viu nem verá. À noite, o espaço etéreo sempre exerceu um imenso fascínio sobre mim, e eu ainda não me acostumei à maravilha das estrelas e à maravilha maior do espaço interestelar, onde deve ficar o início de todas as coisas. A criação de um Adão com barro vermelho nunca me atraiu; eu sugeriria que Deus geometrizasse.

Enquanto estive lá deitado, dopado, exausto e meio hipnotizado pela lua, deixei a mente vagar ao léu, até o começo dos tempos. Vi a infinita amplidão azul-escura do céu na Noite dos Deuses: achei que a semente de tudo o que existe deveria estar na escuridão e no silêncio. E assim como a semente contém a futura flor, e de novo a flor contém a semente, do mesmo modo toda a criação deveria estar envolvida no espaço infinito, inclusive eu.

Julguei quão maravilhoso era poder ficar estendido ali, praticamente desamparado, espiritual e fisicamente, e, ainda assim, traçar a rota da minha linhagem até as estrelas. E esse pensamento causou-me uma sensação estranha. Minha alma pareceu sair para a escuridão, mas mesmo assim não senti medo.

Fiquei imaginando que a morte me surpreendera, tal como pensei que sucedera por ocasião da crise de asma. A sensação de liberdade foi gratificante.

Então percebi que não havia morrido e que não ia morrer, porém, a fraqueza aliada aos medicamentos rompeu as barreiras da minha alma. Na mente de cada homem existe uma parte semelhante ao lado escuro da lua, que ele nunca vê; mas eu tive o privilégio de vê-la. Esse lado escuro parecia-se com o espaço interestelar na Noite dos Deuses, e era onde estavam as raízes do meu ser.

Quando tomei conhecimento disso, invadiu-me uma profunda sensação de alívio, pois soube então que as barreiras do meu espírito nunca mais seriam delimitadas. Eu descobrira um modo de me evadir para esse lado incógnito. E lembrei-me das palavras de Browning:

> *"God be thanked, the meanest of His mortals,*
> *Has two soul-sides, one to face the world with;*
> *One to show a woman when he loves her."*

[Louvado seja Deus; o mais humilde de Seus mortais, tem dois lados na alma: um com que encara o mundo; outro para demonstrar o amor por uma mulher.]

Ora, aquela era uma experiência ímpar! Além do mais, deixava-me muito feliz e capaz de enfrentar com serenidade a minha doença, pois parecia que estranhos caminhos seriam abertos. Eu tinha de ficar deitado sozinho durante longas horas. Não me dava ao trabalho de ler, para não romper o encanto que me cercava. De dia, cochilava e, assim que começava a anoitecer, esperava pela lua. Quando ela aparecia, conversávamos intimamente.

Agora não posso contar o que eu dizia à Lua, ou o que esta me dizia; mas dá no mesmo, pois pude conhecê-la muito bem. E essa é a impressão que me deixou: seu reino não era material, nem espiritual, mas um estranho domínio enluarado, todo seu. E aí as marés se moviam — preamar, baixamar, maré vazante, maré cheia, sem interrupção, marés sempre em movimento; para cima, para baixo, para a frente, para trás: maré cheia e vazante. A maré transbordava com a preamar, se retraía com a baixamar. E essas marés afetam as nossas vidas. Sincronizam-se com o nascimento e a morte e com todos os processos do corpo: o acasalamento dos animais e o crescimento da vegetação, e o trabalho insidioso das moléstias. Também influenciam as reações das drogas, e há uma ciência sobre ervas que está ligada intimamente a elas. Eu soube de tudo isso quando comungava com a Lua. Tinha a certeza de que, se eu apenas conhecesse o ritmo e a periodicidade das marés, ficaria conhecendo muito mais. Todavia, não foi isso o que aprendi, pois ela só me podia ensinar coisas abstratas, e eu era incapaz de perceber os detalhes que confundiam a minha mente.

Achei que quanto mais me fixasse na lua, mais me conscientizaria de seus fenômenos. E tudo em minha vida começou a decorrer em função dela. Podia sentir a minha vitalidade aumentar e diminuir e tornar a aumentar. E notei que mesmo quando escrevia sobre ela, fazia-o segundo os seus ritmos, como devem ter notado; ao passo que, quando escrevo sobre coisas rotineiras, faço-o no compasso *staccato* da vida cotidiana. De qualquer forma, seja como for, enquanto estive doente, vivi de uma maneira muito estranha em consonância com a lua.

Dentro em pouco, entretanto, minha doença seguiu seu curso natural, como sempre acontece com todas as doenças, e me arrastei outra vez para o andar térreo, mais morto do que vivo. Minha família foi muito atenciosa, depois do susto que levou, e todos se inquietavam desnecessariamente por minha causa. Contudo, quando esses ataques se transformaram em rotina, a novidade se esgotou e deixaram de ser tão dramáticos. O médico afirmou que eu não morreria durante aqueles acessos, por pior que parecessem, de forma que todos, exceto eu, passaram a vê-los de maneira mais filosófica. Deixavam que eu lidasse com eles até que chegassem ao fim. Receio nunca tê-los aceito filosoficamente. Eu entrava de novo em pânico a cada crise. Pode-se saber teoricamente que não se vai morrer, mas há algo de muito alarmante no fato de não se poder respirar e, mesmo que não se queira, fica-se apavorado.

Bem, como eu ia dizendo, todos se acostumaram com os ataques, enquanto eu começava a ficar enjoado deles. Era um longo caminho a percorrer com uma bandeja, do porão até o meu quarto. Comecei a ficar cansado daquelas escadas que me faziam sofrer quando eu respirava com dificuldade. Desse modo, surgiu a idéia da mudança de quarto. A única escolha possível parecia ser uma espécie de quartinho que dava para o pátio – a menos que eu tivesse outra opção – e devo confessar que eu não via aquele cômodo com bons olhos.

Então, repentinamente, ocorreu-me que no fundo da longa e estreita faixa de terra a que eufemisticamente chamávamos de jardim, havia um velho estábulo que talvez pudesse ser transformado num apartamento de solteiro. Esse pensamento se transformou numa idéia fixa e lá fui eu, através de uma selva de louros, descobrir o que poderia ser feito.

O mato invadira tudo de forma abominável; ainda assim, abri caminho seguindo uma trilha há muito tempo em desuso, até chegar a uma pequena porta em arco, como a das igrejas, nivelada com o muro de tijolo antigo. A porta estava fechada e eu não tinha a chave, mas um empurrão com os ombros resolveu de imediato a questão. Entrei na casa de carruagens. De um lado ficavam as baias para os cavalos e, do outro, a sala dos arreios; em um dos cantos, havia uma escada em espiral cheia de teias de aranha e às escuras. Subi com cuidado, pois parecia muito frágil, e fui dar no palheiro. Tudo estava mergulhado na escuridão, salvo por frinchas de luz que penetravam através das janelas fechadas.

Abri um dos postigos e este saiu na minha mão, abrindo uma grande brecha, por onde entraram a luz do sol e o ar fresco, jorrando para dentro da bolorenta obscuridade. Inclinei-me para fora e fiquei surpreso com o que vi.

Pelo nome da nossa cidade, Dickford, eu sabia que ela devia ficar à beira de algum rio, presumivelmente o rio que desembocava em Dickmouth, uma estação balneária a umas dez milhas de distância. Bem, ali estava o rio, presumivelmente o rio Dick, de cuja existência eu nunca suspeitara, apesar de ter nascido e de ter me criado no lugar.

O rio fluía por um barranco tomado pelo mato e, pelo que eu pude divisar através da vegetação, tratava-se de um rio de tamanho médio. Era evidente que ele entrava num aqueduto um pouco mais acima; haviam construído casas sobre a ponte que o cruzava um pouco mais abaixo; entretanto, como seria natural, nunca pensei em Bridge Street como uma ponte de verdade. Mas ali estava um rio inteiramente autêntico, com mais ou menos uns vinte pés de largura, com salgueiros pendentes das margens, parecidas com as margens das águas represadas do Tâmisa. Essa foi a maior surpresa da minha vida! Quem imaginaria que alguém, especialmente um menino, pudesse ter vivido a vida inteira perto de um rio, tão perto que estava ao alcance de uma pedrada, sem nunca tomar conhecimento da sua existência? Mas eu também nunca havia visto um rio tão escondido, pois o fundo de todos os longos jardins estreitos confinavam com o barranco e estavam cheios de árvores e velhos arbustos crescidos demais, como os do nosso jardim. Suponho que todos os moleques da região conhecessem aquela via fluvial, porém eu fora educado com requinte e isso inibe o comportamento da pessoa.

Seja como for, ali estava ele e, por mais alto que fosse o lugar em que estivéssemos, não se veria nenhuma chaminé, tal era a massa copada das árvores que se alinhavam nas margens. A água corria por um túnel de vegetação. Talvez não ter descoberto esse rio quando criança tivesse sido bom, pois eu teria ficado tão fascinado que na certa teria caído dentro dele.

Dei uma olhada no local. Era uma sólida construção no estilo Queen Anne, como a casa, e não seria muito trabalhoso transformar o espaçoso e isolado palheiro num par de quartos e num banheiro. Num dos cantos já havia uma chaminé e no andar de baixo eu vira uma torneira e um ralo. Satisfeito com minha descoberta, voltei para casa e logo me deparei com uma súbita ducha de água fria: estava fora de cogitação esperar que os empregados caminhassem até lá com as bandejas, caso eu ficasse doente. Eu teria de permanecer no quartinho ou então nada feito. A isso eu disse: danem-se os empregados e dane-se o quartinho (desde que caíra doente, meu temperamento se tornara irascível). Tirei o carro e saí para tratar de uns negócios rotineiros, deixando minha mãe e minha irmã cozinhando a própria raiva.

Os negócios não eram de todo insignificantes. Tínhamos de tomar posse de uma fileira de cabanas que iam ser demolidas, a fim de fazer espaço para uma bomba de gasolina. Eu precisava convencer uma velha senhora que teimava em não sair de lá. Gosto de cuidar pessoalmente desse serviço, já que os meirinhos e outros funcionários do mesmo tipo costumam fazer ameaças terríveis. E eu não gosto de arrastar aquela velha gente até os tribunais se puder evitar. Trata-se de uma situação desagradável para todos os envolvidos.

As cabanas eram o que antes haviam sido chalés campestres, ao redor dos quais se desenvolveu a cidade; no último que restara morava uma velhinha, cujo nome era Sally Simpson. Ela vivia lá desde o começo do ano e não queria se mudar. Fora-lhe oferecida uma moradia alternativa e tudo mais; porém, tudo fazia crer que teríamos de instaurar um processo, coisa que me desagradava fazer com aquela gente tão apegada a seus trastes. Assim, bati na portinhola verde da casa de Sally com a pequena aldrava de latão, decidido a não me deixar comover. Esses casos, contudo, sempre me abalam; mas era melhor que fosse eu do que o meirinho do tribunal.

Sally abriu meia polegada da porta presa por uma corrente que rangia horrivelmente e pela qual eu poderia puxar, derrubando a cabana toda ao solo. Sally perguntou o que eu queria. Imaginei que ela segurasse um atiçador na mão. Por sorte, depois de subir o caminho um tanto íngreme do seu jardim, eu estava tão cansado que não consegui dizer palavra. Apenas pude encostar-me no batente da porta, ofegando como um peixe fora da água.

Isso bastou para Sally. Ela abriu a porta, colocou o atiçador no chão, arrastou-me para dentro, fazendo-me sentar na única poltrona que existia ali e me preparou uma xícara de chá. Assim, em vez de desalojar Sally, tomamos chá.

E ficamos conversando. Descobri que, além da pensão por velhice, ela não possuía mais nada. Naquela cabana, no entanto, ela ganhava algum dinheiro servindo chá para os ciclistas, o que não seria possível na nova casa que lhe havia sido oferecida. Se ela não ganhasse aquele dinheiro, não teria como sobreviver; então só lhe restaria o asilo. Assim, não era de admirar que a velha dama se mostrasse recalcitrante.

Então, tive outra idéia. Se o problema com o meu apartamento se relacionava com empregados, ali estava a solução. Contei meus planos a Sally, que chorou copiosamente de pura alegria. Parece que se sentia muito solitária durante os dias, desde que seu cachorro morrera, e à noite ficava muito nervosa. E achou que eu seria um substituto ideal. De forma que resolvemos tudo ali, na hora. Eu faria uma reforma no celeiro, Sally e eu nos mudaríamos para lá e nos instalaríamos nas novas acomodações assim que tudo estivesse pronto. Desse modo, a bomba de gasolinha podia ser instalada sem problemas.

Assim, voltei para casa triunfante e informei a família, que não se mostrou nada entusiasmada. Acharam que isso daria motivos para mexericos. Argumentei que, depois da certidão de casamento, uma aposentadoria por velhice era a segunda coisa melhor da vida, e que não haveria fofocas se elas não fofocassem, já que o lugar ficava invisível para quem olhasse da estrada. E ninguém precisava saber que eu estava entrincheirado lá. Elas achavam que os criados fariam mexericos, ao que respondi: "Para o inferno com os criados!" Elas ponderaram que eu não faria o trabalho doméstico caso eles pedissem demissão, o que era verdade. Retruquei que os empregados não pedem a conta por causa de um escândalo, uma vez que gostam de ficar por perto a fim de presenciar o final dos acontecimentos. Não havia melhor maneira de se conservar um criado do que ter um esqueleto escondido no armário. Minha irmã disse que minha vida com Sally no fundo do jardim, aparentemente em pecado, não lhe permitiria permanecer ali com a sua obra assistencial, ainda que eu me recusasse a encarar a realidade. Finalizei com: "Para o inferno com a sua obra de assistência!" E deixamos as coisas nesse pé. Entretanto, quando minha irmã viu Sally vestida com o seu melhor boné preto coberto de erva de São Lourenço, concordou que havia sido precipitada em suas insinuações. De modo que nos instalamos onde pretendíamos. Sally ficou com os estábulos e eu com o celeiro — uma espécie de jardim do Éden urbano, antes da serpente.

CAPÍTULO II

Devo confessar que me apaixonei pelo lugar. Minha sala de estar tinha quatro águas-furtadas, todas para o sul, e meu quarto ficava de frente para o leste. O sol me despertava todas as manhãs. Instalei uma ampla lareira de tijolos, onde queimava turfa dos pântanos. Havia prateleiras em todos os espaços vazios, de cada lado da lareira. Comecei a colecionar os livros que sempre desejara. Jamais pudera fazê-lo antes, pois no meu quarto não havia lugar e não gostava da idéia de deixá-los espalhados pela casa. Em nossos livros há sempre algo de muito íntimo e pessoal, pois eles revelam muita coisa sobre a nossa alma. Eu não pretendia ocultá-los na manga para que minha irmã não pudesse vê-los. Além do mais, esses livros provavelmente teriam corrompido as moças da associação e os empregados começariam a fofocar.

Acho que isso era um pouco mesquinho, mas a idéia de ver minha irmã visitando o estábulo me desgostava sobremaneira. Suponho que, a seu modo, ela seja uma criatura decente: na verdade, o seu conceito na cidade é bom, porém não temos nada em comum. Minha mãe sempre me achou frívolo; só Deus sabe como vim a nascer na nossa família. Minha irmã e eu sempre fomos como cão e gato e, desde que fiquei asmático e me tornei irascível, eu tenho sido o gato. De qualquer modo, eu não a queria ali, embora soubesse que era inútil tentar mantê-la afastada. Tudo o que eu podia fazer era providenciar uma fechadura Yale na porta, obrigando-a a bater quando quisesse entrar.

As coisas, entretanto, saíram melhor do que eu esperava: ela e Sally logo se desentenderam por causa das críticas de minha irmã ao seu trabalho. Admito que Sally não era uma boa faxineira, mas era uma campeã na cozinha. Em contrapartida, minha irmã sabia como fazer uma boa limpeza, porém era uma nutricionista abominável. Sally disse à minha irmã que trabalhava para mim e que não aceitaria ordens de outras pessoas. Nesse caso só eu poderia demiti-la. Aleguei que não ia fazê-lo, pois Sally me era conveniente. Eu gostava da sujeira, que dava um ar doméstico ao lugar. Minha irmã ameaçou de me privar de sua presença enquanto Sally ficasse comigo, mesmo que eu estivesse morrendo. Assegurei-lhe que isso seria ótimo, pois era o que me convinha. As coisas ficaram nesse pé e minha irmã manteve a palavra.

Em conseqüência, apenas meu sócio Scottie e o médico entravam ali. E eles gostavam do lugar. Quando vinham, não iam mais embora; ficavam sentados durante horas, conversando, e esse era o problema. Mas nem por isso deixaram de ser bons camaradas, especialmente Scottie. Com certeza, na cidade e nas adjacências, havia um bocado de pessoas decentes com as quais se podia contar em caso de dificuldades. Eu as conhecia e me dava bem com todas elas por razões comerciais; mesmo assim, não tinha amigos verdadeiros, exceto talvez Scottie, à sua maneira excêntrica. Ele e eu nada tínhamos em comum e cada um de nós seguia o próprio caminho, porém, em caso de emergência, eu podia contar com ele. Há bases piores para se estabelecer uma amizade.

Scottie era um pássaro curioso, com uma história ainda mais curiosa. Seus pais eram artistas de palco. Quando estiveram aqui com uma companhia ambulante, ficaram doentes e morreram de gripe, um depois do outro. O pequeno Scottie foi parar no asilo. Apesar da pouca idade de três anos, já firmara bem o sotaque escocês, que nunca eliminou. Tudo o que se seguiu brotou do tronco paterno. Ele assimilou o dialeto local dos indigentes e Deus quis que o seu patrão e a esposa fossem *cockneys*. O resultado disso foi um sotaque tão uniforme como uma manta escocesa! Felizmente, Scottie é um homem de poucas palavras.

Todavia, com os seus portentosos silêncios e com a minha pouca vontade de pechinchar, granjeamos na região uma reputação de incrível honestidade, que com o tempo nos rendeu mais do que se obtivéssemos lucros em negócios individuais. Apenas minha irmã espumava de raiva quando ouvia falar desses amigos. Se todas as pessoas tivessem os desejos transformados em direitos, ela estaria dirigindo o negócio e eu, a sua associação de caridade.

Scottie só cursou o primário, mas a vivacidade do seu lado escocês transparecia e ele se aproveitava disso. Se alguém lhe tivesse custeado a instrução, possivelmente teria continuado os estudos. Como isso não aconteceu, assim que passou da idade escolar, arranjaram-lhe um emprego como menino de recados em nossa firma, para que pudesse se sustentar.

Minha educação também foi a habitual. Fui mandado para a academia local, destinada aos filhos dos cavalheiros, e isso me descreve com exatidão. Tratava-se de um estabelecimento decadente, tanto para o corpo como para a mente. Pelo que sei, não me trouxe qualquer benefício. Também os males não foram muitos. A academia fechou quando o diretor fugiu com uma moça, funcionária da doçaria do lugar. Um fim adequado, pois era uma escola que combinava sacarina e imundície de maneira surpreendente – preceitos morais impraticáveis nas salas de aula, e práticas inacreditavelmente imorais nos dormitórios. Apesar da pouca idade costumava imaginar se o diretor alguma vez fora garoto, e duvidava disso. Recebi toda a cota de conhecimentos mundanos por que os adolescentes anseiam nessas circunstâncias. Eu nunca saía de casa, a não ser para umas férias rápidas.

Quando cheguei ao escritório, obedecendo às ordens de meu pai, Scottie já estava bem estabelecido e assumira o mais extraordinário ar de funcionário mais antigo que já passara pela firma durante gerações. Depois da minha chegada, ele sempre se referia ao meu pai como o sr. Edward, como se fosse o próprio pai *dele*. Hoje, mesmo quando está sentado comodamente na minha cama, ele dirige-se a mim como sr. Wilfred. Tínhamos mais ou menos a mesma idade, mas enquanto Scottie já possuía um ar circunspecto de homem de negócios, eu era um bobalhão inexperiente.

Gostei do velho Scottie desde a primeira vez em que o vi, porém meu pai era contra qualquer tipo de relacionamento pessoal com ele, devido à sua origem humilde. O desaparecimento da figura paterna trouxe dificuldades e foi Scottie quem endireitou tudo. Nosso agente mais velho apenas se lamentava. Scottie e eu tínhamos de levantar-lhe o ânimo, rapazolas que éramos. Ao ouvi-lo falar, depois que os problemas foram resolvidos, qualquer pessoa imaginaria que ele salvara a firma da crise, e você pensaria o mesmo. Na verdade, o mérito foi de Scottie.

Quando fiquei asmático, concluí que a constância não seria privilégio no meu trabalho. Não seria bom depender de mim para trabalho rotineiro. Jamais fora um bom leiloeiro, mesmo nos meus melhores dias. Um bom leiloeiro é uma dádiva de Deus. Além disso, sou ligeiramente míope, e ou eu era acusado de favoritismo por mulheres indignadas quando perdiam seus lances, ou então vendia às pessoas coisas que não desejavam. Certa vez, vendi cinco lotes para um infeliz indivíduo que se achava resfriado, antes de perceber que ele estava reprimindo espirros e não fazendo lances. Minha especialidade é avaliação. Avalio qualquer coisa, exceto pinturas.

Quando o médico viu meu estado de saúde, achou que eu devia arranjar um sócio. Pedi-lhe que minha família fosse informada dessa necessidade. Elas concordaram. Não obstante, não aceitaram o sócio que arranjei, isto é, Scottie. Esperavam que arrumasse alguém da comarca, que quisesse fundir com a nossa sua fortuna arruinada.

Como eu já esperava, minha mãe e minha irmã arrumaram um tremendo rebuliço. Admito que Scottie é horrivelmente vulgar; que o seu gosto em matéria de roupas é deplorável e que sua pronúncia é incorreta. Mas ele é honesto, perspicaz e gentil, e um trabalhador danado de bom; portanto, insisti.

Não admito que se afirme que ele tenha arruinado o negócio, já que o nosso tipo de clientes não costuma visitar os corretores de imóveis em casa. Pelo menos nunca nos visitaram e, ao contrário de minha irmã, jamais acalentei qualquer ilusão de que o fizessem. Querer trabalhadores para o Dia da Bandeira é uma coisa; desejar o prazer de sua companhia é outra. Não existe ninguém que se prontifique mais rapidamente a ficar comigo, quando tenho um ataque de asma, do que Scottie, e esse é um belo teste. Ele fica sentado que nem galinha choca, sem dizer palavra; porém, é um companheiro incomum da mesma forma. Então aceitei-o como sócio e acho que lucrei com essa transação. Trata-se de uma característica curiosa da minha família: opor-se com unhas e dentes a determinada coisa, ainda que não possa oferecer qualquer outra alternativa.

Scottie casou-se logo depois de eu lhe ter oferecido sociedade. Calculo que um vínculo como esse deva fazer diferença numa amizade, mesmo quando a companheira é apreciada, e eu não gostava dela. A seu modo, ela era ótima. Minha irmã a consi-

25

derava uma garota de muito valor; era filha do empreiteiro local. Como leiloeiros estão socialmente um pouco acima de empreiteiros – não sei muito bem com quem os empreiteiros costumam se casar – imaginei que minha irmã visse no fato mais transtornos aos negócios; contudo, aparentemente não foi o que aconteceu. Não é estranho que a vulgaridade de Scottie não me incomodasse, e que eu não pudesse suportar a de sua mulher? E que a mediocridade desta não fizesse à minha irmã o mal que me fazia? O casamento de Scottie deixou uma lacuna naquilo que nunca fora densamente povoado. Como companhia ele não representava muito, porém era um bom amigo.

Depois que Scottie se estabeleceu na sociedade, deixei de tomar parte na rotina da firma e me restringi às avaliações. Essa era a parte do negócio que eu apreciava. Eu era obrigado a viajar por todo o país e encontrava pessoas interessantes, especialmente quando o tribunal se reunia. Freqüentemente, eu era requisitado para testemunhar como perito, o que é uma grande travessura quando se tem senso de humor. Algumas vezes, o mesmo advogado que me fizera comprovar uma tese obrigava-me a defender a antítese, e quem exigira de mim eloqüência numa reunião, tudo fazia para que eu me mantivesse calado a seguir.

Depois de tudo terminado, ceávamos no "George", e o estalajadeiro, que era meu amigo, tratava de nos embriagar. No entanto, isso nunca acontecia comigo, pois conhecia seu estoque de bebidas – aliás, era eu mesmo quem as fornecia para ele nos leilões; algumas bebidas eram, de fato, muito fortes e boas. Embora essas comemorações muito me divertissem, nenhuma amizade duradoura floresceu, pois os advogados cumpriam ali pequenos estágios e iam embora para outros lugares.

Por fim, eu me instalei como foi possível, com Sally, meus livros e o rádio. Todos diziam que eu era malditamente insociável; mas Deus sabe que não o seria se as coisas tivessem corrido como deviam. Receio ter atribuído um excesso de culpa à asma.

Estudei assuntos variados, alguns extravagantes; li muito material teosófico, o que era impossível fazer enquanto estive em casa. A teoria da reencarnação foi a matéria que mais me empolgou, enchendo de esperança minha vida e ajudando-me a suportar o dia-a-dia massacrante.

Um acesso de asma implicava sempre ficar de cama por um ou dois dias. Depois de algum tempo fica-se um tanto saciado dos livros. Jamais encorajei as visitas quando gozava de saúde e as crises não me propiciavam os meus melhores momentos. Provavelmente, não conseguiria conversar com elas, se viessem. De forma que costumava ficar deitado, pensando, imaginando, e me divertia reconstruindo minhas outras vidas.

E então, sucedia um fato estranho: eu, que não era capaz de arquitetar uma trama de novela para salvar a minha vida, por mais que gostasse de observar as pessoas, construía para mim mesmo as mais fantásticas e elaboradas encarnações anteriores. O mais espantoso é que, enquanto as drogas me tornavam semi-inconsciente, ou mais tarde, recuperando-me da crise, sonhava com minhas vidas passadas e as via com extraordinária nitidez. Costumava ficar deitado, entre o sono e a vigília, e não creio que me tivesse movido, mesmo que a casa se incendiasse sob os meus pés. Nesse estado, minha mente parecia ter um poder de penetração que eu não possuía em outras ocasiões. No estado normal, eu observava as coisas superficialmente, como a maioria das pessoas que não vê o que está atrás de uma parede de tijolos; e meus sentimentos eram um emaranhado confuso, oprimidos por aquilo que eu devia ser e pelo que tentava honestamente ser. Mas, sob o efeito dos entorpecentes, o descondicionamento era amplo e total.

Havia um estranho senso de inversão da realidade que era a parte mais excêntrica dessa condição. As coisas reais pareciam remotas e eu não me importava com elas; contudo, no reino íntimo, como o chamava, e ao qual era transportado com a picada da agulha, meus desejos eram lei. Apenas pensando, eu podia criar tudo o que quisesse.

Agora compreendo o motivo que leva as pessoas a se doparem para fugir à realidade e abandonar a vida real por sonhos fantásticos que não querem perder. Atrevo-me a dizer que devo muito ao decreto que regulamenta as drogas perigosas.

A melhor maneira de fazer uma comparação sobre a minha vida é comparando-a com uma dieta sem vitaminas — repleta de substâncias nutritivas, mas sem um pequeno ingrediente que significa saúde. Acho que, na verdade, o meu problema era escorbuto espiritual. Dizem que cavalos mal-treinados desenvolvem maus hábitos no estábulo, assim como a mania de roer o freio. Tanto isso deve ser verdade que comecei a chegar à idéia de

Peter Ibbetson sobre "sonhar de verdade", devido às minhas fantasias via entorpecentes e às minhas leituras teosóficas. Gradativamente, aprendi o truque do devaneio e, não obstante não conseguisse a mesma autenticidade que obtinha quando estava dopado, de certa forma tinha êxito, e de vez em quando um devaneio se transformava num sonho e eu ficava com algo que realmente valia a pena.

Acho que esse era, certamente, um modo mais elevado de ler um romance. Pois, além do mais, lemos romances como uma espécie de suplemento para a vida cotidiana. Se você olhar por cima dos ombros do mais pacífico dos homens que estiverem no vagão de um trem, descobrirá que estará lendo o romance mais sanguinário. E quanto às moças virgens. . . ! Qualquer indivíduo de aparência especialmente vigorosa, bronzeado pelo sol da praia, provavelmente estará lendo um jornal sobre jardinagem. Creio que romances emocionantes representam uma tentativa de vitaminizar nossa dieta espiritual. É claro que a dificuldade está em achar a prescrição correta de romance que se quer. Devemos estar preparados para nos identificar com o herói da aventura vicária, mas as heroínas são sempre tão insignificantes! Gradualmente, fui ficando cada vez mais prático em compor minhas prescrições românticas e cada vez menos dependente da receita já preparada. Confesso que quase cheguei a ficar esperando pelos meus ataques de asma, pois sabia que eles representavam mais uma dose de entorpecente. Nessas ocasiões, as fantasias assumiam o comando, tomando ares de realidade, e eu podia "ver a vida" da forma mais extraordinária.

Também desenvolvi o poder de "sintonizar" as coisas da natureza. Quando entrei acidentalmente em contato com a lua, durante o meu primeiro ataque, fiz a minha primeira experiência; posteriormente, li alguns livros de Algernon Blackwood. Também li *The Projection to the Astral Body,* de Muldoon e Carrington. Esses livros me fizeram pensar. Muldoon não gozava de boa saúde e, quando a doença o prostrou, descobriu que podia sair do corpo. Na hora do acesso, a asma também é muito debilitante. Os místicos que jejuam têm visões. Qualquer asmático que queira uma noite de sono sempre irá dormir de estômago vazio. Parece-me que, juntando as três coisas — asma, drogas e abstenção do alimento — teremos todas as condições para nos desligar do corpo.

A única desvantagem é que não é tão fácil retornar a ele. Para ser inteiramente honesto, eu não me teria incomodado muito caso não pudesse voltar. No entanto, nas raras ocasiões em que estive prestes a pôr isso à prova, lutei como um demônio.

Espero que você não se enfade com o que muito me divertiu. Se é impossível contentar a todos, vale, ao menos, minha satisfação pessoal.

CAPÍTULO III

A cada dia, eu notava que meu poder de criar fantasias sobre reencarnação desenvolvia-se gradualmente. Era um processo que se manifestava com interrupções: à engenhosidade de um período, seguia-se o interregno de outro.

Pela literatura teosófica, fiquei sabendo que o melhor meio de avivar as lembranças sobre as encarnações passadas é entregar-se, à noite, à recapitulação dos fatos do dia, sempre em sentido inverso, do último para o primeiro. Para mim, essa experiência resultou em nada: não fui capaz de alinhar os acontecimentos nessa seqüência e gostaria de saber se alguém algum dia foi capaz disso.

Sempre fui fascinado pelo Egito antigo, e como nesses reinos da fantasia não se paga preço extra por nada, divertia-me em pensar que numa encarnação anterior eu havia sido um egípcio. Assim, entre uma vida e outra, havia um longo intervalo e era uma ocupação maçante imaginar o que teria preenchido aquele tempo. Dessa forma, decidi que também tinha sido o alquimista que, desnecessário será dizer, descobriu a Pedra Filosofal.

Certa noite de domingo, fui à igreja com a família, como faço ocasionalmente a bem da paz e da tranqüilidade, e a bem dos negócios, pois é necessário esse tipo de atitude quando se vive num lugar pequeno. Havia um cura visitante que lia os sermões, e os lia especialmente bem. Jamais compreendera antes que a Versão Autorizada da Bíblia é uma literatura magnífica.

A leitura versava sobre a Fuga para o Egito e os Três Reis Magos que, orientados por uma estrela, levaram ouro, incenso e mirra para o menino da manjedoura. Tudo isso me fascinou, e eu redescobri a Bíblia, que lia eventualmente.

Também li sobre Moisés, aquinhoado com toda a sabedoria dos egípcios, e sobre Daniel, iniciado na sabedoria dos babilônios. Ouvimos uma porção de coisas sobre Daniel na cova dos leões; contudo, não ouvimos absolutamente nada sobre Daniel em sua posição oficial como Belteshazzar, mago principal do rei de Babilônia e sátrapa da Caldéia. Outro fato que me interessou foi a curiosa passagem sobre a batalha dos reis no vale. Quatro contra cinco: Amraphael, rei de Shinar; Arioch, rei de Ellasar; Chedorlaomer, rei de Elam; e Tidal, rei das nações. Eu nada sabia sobre eles, mas seus nomes eram magníficos e cantavam em meus ouvidos. Então, houve um estranho incidente: o de Melquisedeque, rei de Salém, o sacerdote do Deus altíssimo, que saiu para encontrar Abraão, levando pão e vinho após a batalha que deixou os reis afogados na lama. Quem seria esse sacerdote de um culto esquecido que Abraão praticava? Admito honestamente que há uma grande quantidade de passagens do Velho Testamento que não admiro, mas há outras fascinantes. Assim, adicionei uma encarnação caldaica dos dias de Abraão à minha coleção.

Em seguida, meus esforços regrediram. Vi o anúncio de uma conferência sobre reencarnação na Loja da Sociedade Teosófica. Fui ouvi-la, e pareceu-me boa. Porém, na parte final destinada às perguntas, uma senhora se levantou e afirmou ser a reencarnação de Hipátia. O presidente da Loja pôs-se de pé e contestou-a, alegando que essa era a sra. Besant. Quando aquela senhora tentou argumentar, abafaram-lhe a voz, tocando ao piano uma canção qualquer. Voltei para casa aborrecido e joguei Chedorlaomer e Cia. no vaso sanitário.

Depois disso, afastei-me das fantasias reencarnacionistas durante certo tempo, e voltei ao antigo interesse em me comunicar com a lua. Pela voz do pequeno rio sob minha janela podia-se dizer como estava a maré. Logo acima do nosso jardim havia um açude que assinalava o refluxo das águas. Em fase de preamar ele permanecia em silêncio; porém na baixamar, havia um belo efeito de cascata prateada. Nessas ocasiões, o cheiro de maresia era agradável, apesar de acreditar que fosse insalubre. Meu médico não entendia como um pretenso asmático suportava viver desse modo, perto da água, e atribuía isso ao fato de se tratar de água salgada. Mas, na verdade, minha asma se originara nas brigas infernais com minha família. Senti-me aliviado pela primeira vez, quando mudei para os estábulos, batendo a porta atrás de mim.

Além disso, asma não é o mesmo que bronquite. Não há nada de realmente errado com nossas funções. Simplesmente os músculos extensores e flexores não conseguem concordar por serem diferentes, e embaraçam os pulmões.

De qualquer modo, eu gostava do cheiro das algas marinhas que chegava com a maré vazante; a névoa que subia das águas armazenava-se no fundo do barranco e nunca chegava até minhas janelas; mas parecia-se com uma série de tanques e lagoas banhados pelo luar, com as árvores destacando-se como navios de velas enfunadas. Havia um curioso som de ondas que gorgolhavam e remoinhavam, quando as águas se embatiam e se arremessavam contra as comportas da cabeceira, que se abriam com o refluxo da correnteza. Tratava-se de uma voz inquieta e contida, como se o mar e a terra estivessem à espera de algo.

Eu costumava ouvir a água do rio tentanto empurrar de volta a água do mar e recordava o que havia lido sobre a nossa arqueologia local, pois esta parte do mundo era toda constituída de terra inundada. Havia montículos que surgiam como ilhas no pântano salgado, e mar picado na preamar, já que toda a terra por aqui é de aluvião de braço de mar que desce das montanhas de Wales. Se os diques chegassem até a baía, com o fluxo das marés a água salgada ficaria a seis pés de profundidade. Os diques que Dutch Williams construiu certa vez se romperam e a água chegou até nossa igreja. É por isso que há comportas em Dickmouth, que se abrem apenas com a meia-maré.

Entre nós e o mar tudo é pântano salgado e a cidade fica na primeira protuberância do terreno. Atrás da cidade existe um canteiro arborizado elevado que acompanha a estrada e, voltando através dela para casa ao anoitecer, podem-se ver milhas de pântanos cobertos de neblina. Quando há luar, eles parecem cobertos de água, fazendo-nos crer que o mar retornava para inundar a terra.

A história da terra perdida de Lionesse com suas igrejas submersas, cujos sinos tocam fantasmagoricamente nas profundezas, sempre exerceu uma estranha sedução sobre mim. Saí de barco a remo de Dickmouth e vi nitidamente, através das águas mortas transparentes, os muros e as torres de um velho mosteiro que afundou quando o rio alterou o seu curso, numa noite de tempestade.

32

Também pensei muitas vezes na lenda bretã sobre a cidade perdida de Ys e seus magos, e lembrei-me de como um traidor entregou ao mar as chaves dos seus domínios. Certa noite, então, o mar inundou toda a cidade. Gostaria de conhecer o enigma de Carnac e de nossa Stonehenge. Quem seriam os homens que os construíram e por que o teriam feito? Pareceu-me que existiam dois cultos, um ao sol e outro à lua. Meu amor pelo mar pertencia ao culto mais antigo. Acho que para os antigos sacerdotes aquele culto era muito significativo. Acho que os druidas devem ter se surpreendido tanto com os restos das fogueiras ateadas na praia como nós nos surpreendemos com os dólmens.

Ocorreu-me, não sei por que, que aqueles que cultuavam a lua e o mar erguiam grandes fogueiras nas águas-mortas e, ao chegar, a maré as levava. Eu podia ver a pira de fumaça flamejante sobre as rochas, descobertas apenas uma vez por ano. Rocha negra, coberta de limo do fundo do mar, de sargaços gigantes e de mariscos que os pescadores deixavam em paz. Lá estava a pirâmide de fumaça ardente, de chamas azuis, devido ao sal. E as ondas lentas lambiam-na à medida que a maré subia, e ela silvava e escurecia embaixo, até que, por fim, a elevada crosta ardente caía fulgurante na água. Tudo ficava tranqüilo, exceto pelo suave e calmo banho das ondas escuras de novo sobre as pedras, levando de volta, às suas profundezas, os gigantescos sargaços e mariscos. Algumas vezes, essas visões introspectivas tinham uma extraordinária realidade e valor para mim. Nelas eu podia sentir o que raramente ocorre nos sonhos: eu podia sentir o cheiro acre e peculiar da madeira se queimando e sendo apagada pela água do mar.

CAPÍTULO IV

Bem, as coisas se passavam comigo da forma costumeira, talvez um pouco melhores. Depois de um diabólico ataque de asma, tive outro acesso perto da primavera. E por volta do dia 15 de março, quando estávamos naturalmente muito ocupados no escritório, tive uma experiência muito curiosa. O médico achara por bem me encher de entorpecentes, temendo que eu ficasse prostrado, pois alarmara-se com minha última crise. Eu assumira a aparência de moribundo, sem me importar se os céus caíssem sobre mim, quando, entre acordado e dormindo, tive uma estranha visão. Tive a impressão de que saíra do corpo, deixando-o para trás, da maneira como Muldoon descreve, e vi que estava longe, nas planícies alagadas pelo mar, perto de Bell Head. Lembro-me de ter notado, com um sentimento de surpresa, que todos os bancos eram nivelados firmemente com areia amarela, em vez de a areia de aluvião escura que temos atualmente. Era óbvio que não havia aterros marítimos; porém onde havia água havia água, e onde havia terra firme havia terra firme, em vez de a mistura lodosa que temos hoje em dia.

Pareceu-me estar de pé numa saliência rochosa com pássaros do mar aninhados à minha volta. Acima de minha cabeça, presa a um poste comprido, havia uma tocha acesa. Atrás de mim, na praia diminuta, uma pequena canoa, ou melhor, um bote a remo tinha sido arrastado para cima e era exatamente a reprodução dos barquinhos de couro que se vêem nos livros de história usados pelos antigos bretões. Eu estava esperando ao lado do farol, pronto para acender o fogo assim que um navio apontasse no canal, navegando através dos pântanos. Estávamos esperando e observando esse navio há dias, pois ele retornava de uma longa viagem marítima. A espera já começara a me aborrecer. Então, inesperadamente próximo, enxerguei o navio através da neblina e da escuridão. Tratava-se de uma longa embarcação baixa, em cujo centro, sem convés, ficavam os remadores; possuía um único mastro com uma grande vela púrpura onde se viam os restos esmaecidos de um dragão carmesim bordado.

Quando a embarcação se aproximou mais, eu gritei – era demasiado tarde para acender o farol. Eles recolheram apressadamente a vela e, impelindo a água com os remos, conseguiram manter a embarcação fora do banco de areia. Ao passarem por mim, à distância do arremesso de uma pedra, notei uma mulher sentada no banco entalhado da popa, segurando um grande livro ao colo. Com a agitação causada pelo recolhimento da vela, ela ergueu a cabeça e vi que seu rosto era pálido, os lábios vermelhos e o longo cabelo preto como algas marinhas boiando na maré. Em volta do cabelo, prendendo-o, usava uma tiara de ouro e pedras preciosas. Por aqueles breves momentos, enquanto o barco virava de bordo a fim de não encalhar no banco de areia, fitei o seu rosto e ela o meu. Seus olhos eram estranhos como os de uma deusa do mar. Lembrei-me de que o barco que aguardávamos trazia do país além do sol nascente uma estranha sacerdotisa, que vinha para auxiliar nosso culto, pois o mar estava arrebentando os diques e inundando a terra. Dizia-se que a sacerdotisa conhecia a magia que poderia dominar as águas do mar. Deduzi que aquela era a sacerdotisa do mar que estávamos esperando. Eu a vi e ela me viu.

Ela passou em sua embarcação e desapareceu na névoa. Eu sabia que rumava para o cômoro elevado que se erguia no estuário, algumas milhas para o interior, em cujo topo ficava um templo aberto de pedras e um fogo perpétuo consagrado ao sol. Contudo, por baixo, a água chegava até uma caverna onde os sacrificados eram atados com vida às rochas. Murmurava-se que a sacerdotisa exigiria muitos sacrifícios para a sua deusa e, quando me lembrei dos seus estranhos olhos inescrutáveis, acreditei nisso.

Mas não houve mais tempo para devaneios com a sacerdotisa do mar ou com qualquer outra coisa, pois tive de me concentrar e ajudar Scottie com as contas quinzenais.

Ora, acontece que no tempo do meu avô havia um velho cavalheiro, chamado Morgan, que adquirira um lote de terras nesses

35

sítios. Ao envelhecer, Morgan colocou-as nas mãos da nossa firma, para que as administrássemos como procuradores. Quando faleceu, deixou uma velha irmã como herdeira. Essa velha irmã tinha uma dama de companhia, supostamente uma sobrinha, mulher com aparência de estrangeira, com a fama de ser de origem francesa. Os próprios Morgan deviam ter sido galeses em alguma ocasião, como o nome indicava. Seja como for, eles nunca pareceram pertencer ao lugar, embora estivessem ali há incontáveis gerações.

Sendo a última da sua linhagem, a velha senhora fez um testamento deixando tudo para a sua acompanhante, o que era razoável, uma vez que não tinha parentes. Deixou-lhe a fortuna com a condição de que a dama de companhia assumisse o nome de Morgan, o que foi feito, passando a se chamar Le Fay Morgan, já que era antes a srta. Le Fay. Naturalmente, a vizinhança nunca a tratou por Le Fay Morgan. Mas, quando a geração que a conhecera como srta. Le Fay morreu, a seguinte passou a chamá-la de srta. Morgan, *tout court*.

Meu pai, representando a velha srta. Morgan, a primeira, vendera todas as terras rurais em que o velho coronel Morgan havia posto fé, e comprou lotes de terreno em Dickmouth, acreditando tratar-se de uma cidade balneária em desenvolvimento, pois a rede ferroviária chegara até nós e esperávamos que continuasse ao longo da costa. Entretanto, por falta de sorte, naquele momento houve um súbito lapso na construção da ferrovia. Conseqüentemente meu pai tinha vendido tudo o que valia a pena e comprado o que não valia nada. Por sorte, a velha senhora morreu, o que evitou que ele se visse obrigado a lhe prestar contas.

Na antecipação do esperado progresso da orla marítima, meu pai terraplenara e construíra fileiras de pretensiosas mansões em todas as direções de Dickmouth. Havia lojas e uma horrível arcada corroída onde deveria ficar uma estação ferroviária que, todavia, não existiu, e um lugar para o embarcadouro, que graças a Deus nunca foi construído. Com a chegada dos motores, Dickmouth se animou um pouco e, por fim, alugamos praticamente tudo — por certo preço; contudo, lucrou-se espantosamente pouco com essas propriedades na ocasião em que ficaram em ordem, pois nosso pai fora o profeta Jeremias de todos os construtores vulgares. Assim, a dama de companhia, a grande herdeira, acabou com apenas o suficiente para não morrer de fome e apresentar-se modestamente em bombazinas negras.

Em seguida, após atualizarmos todos os aluguéis defasados vinte e um anos, a ferrovia tomou novo impulso, construiu-se o último trecho da estrada, nossos aluguéis de setenta e cinco libras passariam a render umas quatrocentas ou quinhentas libras quando trocassem de inquilino. Entretanto, todas as coisas chegam ao fim depois de certo tempo, até mesmo os contratos de locação. Então foi a nossa vez! Pude enviar à srta. Morgan, a segunda, cheques bastante polpudos referentes aos últimos trimestres, de modo que, ao que parecia, finalmente ela teria um pouco de prosperidade em seus anos de declínio, para compensar o injusto tempo de dificuldades por que passara na meia-idade.

Aquela propriedade precisava de uma porção de reparos agora que os aluguéis estavam revertendo para a sua proprietária. Não pensei que fosse de qualquer utilidade enfeitar mais uma vez os elefantes brancos do meu pai. De fato, alguns inquilinos tinham evitado que aumentássemos o aluguel fazendo os consertos por conta própria. O resto estava voltando a servir como alojamento ou para o que quer que se prestem elefantes brancos quando os seus dias de glória terminam. Eu havia obtido uma soma decente para o local do embarcadouro e uma quantia realmente notável para aquela horrível arcada, que tinha sido revestida com tábuas nos últimos cinco anos, por se tratar de uma estrutura perigosa. Todavia, eu achava uma pena vender qualquer outro terreno, uma vez que tivera informação de que a ferrovia seria eletrificada. Deste modo, pensei em fazer um trato com a srta. Morgan; assim poderíamos arranjar dinheiro para a reconstrução e partilharmos os lucros. Seria um bom negócio para ela e nós poderíamos ganhar aqui e ali embolsando o saldo da transação. É assim que vivem os corretores de imóveis — mordiscando, mordiscando, mordiscando, em todas as transações.

Meu pai alugara aqueles abençoados elefantes brancos, na medida do possível, com cláusula de conservação. Um aluguel com essa cláusula é um arranjo curioso em que o inquilino gasta dinheiro na propriedade do locatário. Naturalmente, ao se aproximar o fim do contrato, esse inquilino desiste dos reparos. Meu pai também acreditava em usar uma fina camada de cimento como revestimento para tijolos baratos. Tal atitude justifica-se quando se usa um cimento de boa qualidade, que adira mais do que cola; mas quando isso não é feito, e naturalmente o nosso pai não o fazia, o cimento pipocava como abscessos de gengiva na primeira noite de frio, para depois descascar, na primeira noite de vento. Os pobres diabos que aceitavam aquelas casas com esse tipo de contrato de conservação faziam um péssimo negócio.

Bem, as casas e os aluguéis estavam justamente agora revertendo a seus donos e alguma coisa teria de ser feita. Scottie preparava-se para ir à Londres, a fim de apresentar provas em algum processo de clientes nossos, e sugeri que ele fosse ver a srta. Le Fay Morgan. Ele lhe apresentaria meus planos de reconstruir, em vez de vender os terrenos. Por experiência própria, sei que as mulheres acatam as idéias muito melhor quando as explicamos pessoalmente do que quando o fazemos por escrito. E na verdade, no que se refere a assuntos imobiliários, elas julgam o homem e não o esquema. Portanto, enviei Scottie certo de que aquele seu ar de prudência e probidade causaria boa impressão.

Ele voltou no devido tempo, como a pomba de Noé, mas não trazia na boca um ramo de oliveira, nem o segurava pelo cabo longo. Ele havia se defrontado com um escândalo. Ao que parece, dirigira-se para o endereço que constava em nossos livros e descobriu tratar-se de uma espécie de construção que se transformara num estúdio. O velho Scottie havia subido uma escada, semelhante a um poleiro, para aquilo que originalmente fora um palheiro, e percebeu que todas as cadeiras tinham as pernas serradas, de modo que as pessoas sentavam-se praticamente no chão. Em volta das paredes, havia divãs feitos pelo simples expediente de colocar caixas de colchões no chão, cobrindo-as com tapetes persas. Scottie sabia que eram caixas de colchão, porque virara-lhes as suas capas e dera uma olhada. Scottie ficou chocado pois, em sua mente, colchões estavam inextricavelmente associados com camas. Assinalei que as contas estavam corretas, porém não adiantou. Afirmei que mesmo eu ficara abismado por ele haver levantado as capas dos divãs para olhar as suas pernas. Isso foi ainda pior. Ele falou que, ao deparar-se com aquelas cadeiras de pernas serradas, suspeitou que havia algo de errado. Mas foi quando a dama entrou que ele teve a confirmação de tudo.

— Há quanto tempo negociamos com a srta. Morgan? — disse ele.

— Sabe Deus — respondi. Scottie fungou. Ele nunca se acostumou a me ouvir pronunciar o nome do Senhor em vão.

— O nome da srta. Morgan já constava dos nossos livros quando nasci — continuei.

— Bem, que idade teria ela na ocasião? — perguntou Scottie.

— Chegando ao fim da vida — respondi. — Eu tenho trinta e seis, e meu pai regulava de idade com ela, tanto quanto posso me lembrar.

— Pois bem — prosseguiu Scottie —, entrou uma dama no quarto, se é que se pode chamar aquilo de quarto — eu mesmo o chamaria de celeiro — e eu lhe disse que desejava ver a srta. Le Fay Morgan. E ela respondeu: "Eu sou a senhorita Le Fay Morgan." Fiquei admirado: "Está muito bem conservada, madame, se me permite dizê-lo." Ela ficou muito corada e ponderou: "Penso que será melhor tratar do seu negócio por carta." E eu respondi: "Acho que será melhor."

Disso tudo, deduzi que era muito provável que a dama com a qual estivéramos fazendo negócios durante anos não era a verdadeira srta. Le Fay Morgan.

Ora, isso nos punha numa situação bastante suspeita. Seria oportuno procurar a verdadeira srta. Le Fay Morgan? Demos uma olhada na correspondência, que era tão volumosa como a Bíblia da família, e a assinatura nunca mudara durante todos aqueles anos. Peguei a primeira, a última e uma seleção de assinaturas intermediárias, e me dirigi ao gerente do banco; ele e o seu caixa deram uma olhada e as acharam perfeitamente corretas. Voltei para falar com Scottie e coçamos a cabeça. Naquele momento, chegou o correio da tarde e ficamos ainda mais intrigados: havia uma carta da srta. Le Fay Morgan anunciando que estava no Grande Hotel em Dickmouth e desejava que o sócio mais velho da firma fosse até lá e a levasse para examinar a propriedade, já que ela sempre tratara dos negócios com o pai dele.

— Uma criança precoce — foi o comentário de Scottie. — Você irá?

— Pode apostar que sim — respondi.

— Não gaste dinheiro — advertiu Scottie.

39

CAPÍTULO V

Dirigi-me a Dickmouth e fui até o Grande Hotel, onde perguntei pela srta. Le Fay Morgan. O criadinho instalou-me no grande saguão de palmeiras, e me diverti reparando nas pessoas; Dickmouth estava se tornando visivelmente moderna e compensava observar. Sempre me causava admiração o fato de as mulheres usarem coisas que são intrinsecamente feias no esforço de parecerem bonitas.

Então, uma mulher entrou. Era alta e esguia, usava uma boina de veludo preto com uma presilha de diamante e trajava um casaco de pele com uma enorme gola e punhos. Achei que ela estava muito bem vestida, embora fosse completamente diferente das outras, uma vez que o casaco tinha linhas longas, direitas e enfeitadas com colgaduras, ao passo que os das demais mulheres eram cheios de laços.

Seu rosto estava semi-oculto pela boina, que pendia sobre a orelha, e por uma enorme gola.

Mas a julgar pelo modo como andava, diria que se tratava de uma bela mulher.

Ela olhou em volta, como que à procura de alguém, chamou um criadinho, e este apontou para mim.

— Oh! — disse com os meus botões. — Então a senhorita é a dama que serra as pernas das cadeiras, não é?

Ela aproximou-se de mim e levantei-me para cumprimentá-la. Não pude ver bem o seu rosto por causa da gola, mas foi o bastante para saber por que Scottie voltara tão apressadamente para casa. Ela possuía belos olhos e seus lábios estavam muito carregados de pintura. Isso, naturalmente, seria o suficiente para Scottie em qualquer noite escura.

É uma coisa curiosa recordar um primeiro encontro com uma pessoa que depois passa a ser parte importante da nossa vida e verificar se tivemos algum tipo de premonição quanto ao que estava por acontecer. Honestamente, posso dizer que, embora não tivesse visto o rosto da mulher, nunca teria olhado para outra pessoa enquanto ela estivesse na sala.

Ela me estendeu a mão, trocamos cortesias, e me pus a observá-la. Seus olhos fitavam os meus firmemente. Se não me engano, ela viera para me provocar. Scottie, evidentemente, não fizera segredo de *seu* parecer sobre a situação. Não era difícil adivinhar a razão da sua vinda. Scottie, legalmente casado com a filha do empreiteiro, era de todo imune à sedução, e a srta. Le Fay Morgan muito acertadamente nada havia tentado com ele. Eu, entretanto, deveria ser feito de material diferente, se tivesse puxado pelo meu velho, que fizera minha mãe dançar numa roda-viva.

— Sr. Maxwell? — perguntou ela.

— Sim — respondi.

— Conheci o seu pai — revelou.

Eu não soube o que responder. Eu poderia dizer-lhe na cara que ela mentia — e não quis fazê-lo. Certa vez, assisti Sarah Bernhardt representando uma cena de *L'Aiglon* numa versão musical. Ela era velha, como aquela mulher deveria ser — caso se acreditasse nela, e eu estava mais do que inclinado a isso, naquele momento — e tinha o mesmo tipo de voz gutural que a atriz, na época. O rei Lear disse que uma voz profunda é uma coisa excelente para uma mulher; contudo, duvido que ele se referisse àquele tipo de voz quando falou.

Levei-a até o meu carro. Ela permanecia calada. Tratava-se, evidentemente, de uma mulher que sabia como ficar em silêncio, algo impressionante quando se sabe realmente como fazê-lo. Quando a ajudei a entrar no carro, observei-lhe os tornozelos.

— Você não é uma velha bruxa feia — pensei comigo, enquanto olhava para aqueles tornozelos. Ela calçava meias pretas muito finas. As meias revelam muito sobre o *status* de uma mulher.

Ainda em silêncio, ela sentou-se no carro. Senti que precisava falar. Fiz algum triste comentário sobre o lugar. Ela disse: "Sim", e isso foi tudo. Todavia, sentado a seu lado eu me tornava cada vez mais consciente da sua presença.

41

Eu planejara uma volta circular. Paramos o carro num lugar estratégico e começamos a visitar as casas. Em seguida, aprendi um pouco mais a respeito da srta. Le Fay Morgan: havia muito pouca coisa sobre imóveis que ela não conhecesse. Além disso, não apenas sabia os termos empregados pelos construtores – e todos os seus pequenos truques – como também tinha uma boa base das normas gerais. Esse não é um conhecimento que qualquer um obtenha, mesmo com experiência. Mas o que sempre me surpreendera em nossa troca de correspondência, mesmo a que datava de um quarto de século atrás, fora o seu notável conhecimento dos princípios básicos. Fiquei contente pelo fato de minha acompanhante estar com a gola levantada; não desejava mesmo ver o seu rosto; na verdade, definitivamente, eu preferia não vê-lo.

Tivemos de abrir caminho até uma casa no fim de uma esplanada, e havia uma certa distância para andar de volta ao carro. Era uma pequena casa isolada, construída sobre terreno próprio, que ficara para semente. Das janelas traseiras podia-se olhar diretamente para as terras pantanosas em volta do estuário. Espiei lá fora e percebi que ia cair uma enorme borrasca na planície.

– Seria melhor esperar até que passe – disse eu.

Ela concordou ao notar as montanhas distantes desaparecendo rapidamente.

Estávamos numa espécie de pequeno estúdio traseiro, com um fogão a gás. Eu notara uma ranhura própria para colocar um xelim no medidor da cozinha, de forma que introduzi a moeda e acendi o fogo. Não havia, é claro, nada sobre o que sentar. A srta. Morgan resolveu o problema sentando-se no chão, de costas para a parede, esticando suas longas pernas esbeltas para a frente e cruzando os tornozelos. Tive outra visão de suas meias muito bonitas.

– Gosto de me sentar no chão – explicou ela.

– É por isso que serrou as pernas de suas cadeiras? – perguntei sem pensar no que estava dizendo, pois até aquele instante eu havia me preocupado em ser apenas profissional.

Ela riu – aquele riso profundo, gutural, que me causara uma estranha sensação desde a primeira vez que o ouvi.

– Receio ter sido indelicada para com o seu sócio – considerou a srta. Morgan.

— Sim, receio que sim – confirmei, sem saber mais o que dizer.

— Ele não é do tipo para quem se possa explicar as coisas – concluiu.

— Eu sou? – perguntei, com uma repentina reação de sentimentos por estar sendo seduzido.

A mulher me avaliou. – O senhor é melhor que ele. . . mas não muito – aduziu depois de pensar um pouco, e ambos rimos. Passou-me pela mente que ela havia conquistado terreno muito rápida e astutamente quando percebera minha reação – ou nunca pretendera me seduzir. Estou antes predisposto à última opinião. Senti instintivamente que havia algo de muito fino na srta. Le Fay Morgan. Seja como for, a mulher tinha personalidade, e, por isso, pode-se perdoar muita coisa.

A tempestade atingiu as janelas como um chicote que cortasse o ar e distraiu a nossa atenção, fato que não lastimei, pois desejava voltar à segurança do profissionalismo, se é que isso seria possível enquanto estávamos sentados no chão, de pernas cruzadas. Ela viera para causar encrenca e faria isso.

— Desejo falar-lhe – disse ela.

Compus meu rosto, tornei-o tão indiferente quanto possível e fiquei em guarda.

— O seu sócio não fez cerimônia em me chamar de ladra – continuou. – E, se não estou muito enganada, ele também pretendia me chamar de assassina.

— Certamente gostaríamos de saber o que aconteceu com a srta. Le Fay Morgan.

— Eu sou a srta. Le Fay Morgan.

Não respondi. Estava chovendo como se um inferno líquido fosse derramado do céu, e nenhum de nós desejava sair e bater a porta com um tempo daqueles.

— Não acredita em mim? – perguntou.

— Não estou em posição de julgar – respondi. – Não posso vê-la muito bem atrás dessa gola.

Ela ergueu as mãos e desabotoou o casaco que caiu para trás, mostrando o rosto e o busto.

Era uma mulher morena, de olhos castanhos com sobrancelhas negras, de feições ligeiramente aquilinas, e sua pele era cor de azeitona pálida, mais cremosa do que oliva, na verdade. Os olhos não estavam pintados com rímel — não precisavam disso — mas os lábios eram como manchas escarlate. Tinha longas mãos brancas elegantes. As unhas estavam cortadas em ponta e parecia que haviam sido mergulhadas em sangue. Então, tudo isso mais as peles negras, o rosto branco e lampejos de vermelho na boca e nas unhas a tornavam uma figura tão sedutora que deixaria perturbado qualquer solteiro num buraco isolado do mundo como Dickmouth. Quando ela abriu o casaco, uma onda de perfume aromático e excitante, nada adocicado, me envolveu. Era um aroma exótico, no qual imagino que havia uma boa porção de almíscar. Endireitei minha coluna com cuidado e pensei sobre as agruras da administração imobiliária.

— Que idade o senhor me dá? — perguntou.

Observei-a. Sua pele era perfeitamente macia e lisa, como veludo cor-de-marfim. Jamais vira uma pele tão adorável. A de minha irmã não era assim; era diferente como a cal é diferente do queijo. Tanto fazia. Os olhos não eram os de uma menina. Não havia bolsas em volta deles; a pele estava bem lisa, como a de uma mulher jovem, mas seus olhos tinham a expressão peculiar de tranqüila vigilância que só se adquire com a experiência. Certamente ela não era uma jovenzinha, a despeito de suas formas, e eu me achava bastante preparado para admiti-lo. No entanto, estaria a srta. Le Fay Morgan — não podia pensar em outra expressão que não aquela horrível usada por Scottie — tão bem conservada?

Ela pareceu adivinhar meus pensamentos.

— Então não acredita no poder dos institutos de beleza para a preservação da juventude? — perguntou.

— Não na medida em que preservou a sua, senhorita — respondi francamente.

— Nem mesmo com tratamento glandular?

— Com franqueza, não.

— Mas, supondo que tudo isso fosse suplementado por certo conhecimento do poder mental?

Hesitei. De repente, veio-me à memória um outro rosto que eu havia visto, estranhamente parecido com o dela — o rosto da sacerdotisa do mar do meu devaneio, sentada no banco entalhado da popa do barco, lendo um livro que apertava entre as mãos.

44

O efeito que isso me causou foi extraordinário. Por um momento, estive de volta ao estuário em meio da neblina do mar, ao anoitecer. Perdi toda noção de tempo e lugar e mergulhei no infinito. Suponho que meu rosto deva ter revelado o que sentia, pois percebi os olhos escuros da srta. Le Fay Morgan brilharem repentinamente como faróis.

Voltei ao normal e olhei para a mulher. Tratava-se de uma situação esquisita. Lá estava ela em suas peles elegantes, e eu com a minha velha capa de chuva – e ainda assim havia entre nós algo de extraordinário. Pensei naquela maravilhosa cena da história de Rider Haggard, onde a mão "Dela" aparecia através das cortinas. Era como se a mulher que estava diante de mim pusesse a mão nas cortinas, e como se ela pudesse, se assim desejasse, corrê-la, revelando-me algo realmente misterioso.

Então ela falou: – Estou longe de ser uma mulher jovem – disse. – Eu não era jovem quando fiz companhia à srta. Morgan. Se olhar bem de perto, verá isso. Cuidei de minha pele e minha silhueta se manteve por si mesma; isso é tudo.

Seus modos certamente não eram os de uma mulher jovem, contudo o seu nome constava dos nossos livros há cinqüenta anos. No mínimo, deveria estar beirando os setenta. Isso era duro de tragar.

– Bem, srta. Morgan – disse eu –, realmente não sei se saber qual é a sua idade faz parte do nosso negócio. Enviaremos os cheques para o endereço costumeiro e ficaremos satisfeitos com os recibos que sempre nos remete. Não acho que eu seja particularmente competente para formar uma opinião. A senhorita me parece muito jovem; mas diz que isso é o resultado dos cuidados que tem consigo mesma; assim, não me encontro em posição de discuti-lo.

– Pensei que o senhor fosse uma autoridade em antigüidades – devolveu a srta. Le Fay Morgan com um sorriso maroto, o que me fez rir. Eu não pretendia fazer isso. Entretanto, ela deixou a cortina cair novamente, e acho que ambos respiramos mais livremente.

Ela se levantou e andou até a janela.

– Quanto tempo mais o senhor supõe que este aguaceiro irá durar? – perguntou.

45

— Não muito — respondi. — Tão logo ele amainar um pouco, apanharei o carro.

Ela anuiu com negligência e ficou olhando pela janela, de costas para mim, perdida em pensamentos. Eu gostaria de saber o que se passava em sua mente. Se ela fosse mesmo a srta. Le Fay Morgan, teria muito em que pensar. Provavelmente, recordaria a guerra franco-prussiana, se não a guerra da Criméia.

Eu estava tentando calcular se ficaríamos muito envolvidos se mantivéssemos as bocas fechadas sem fazer nada. Parecia evidente que ela não era a antiquada dama de companhia da srta. Morgan primeira. Minha inexperiência em assuntos femininos não chega a esse ponto.

Eu gostaria de saber o que teria acontecido com a primitiva srta. Le Fay Morgan. Certa vez, lera uma história de detetive em que uma velha dama rica morrera no continente e a dama de companhia assumira a sua personalidade. Não havia razão para pressupor um assassinato, mesmo se a srta. Morgan, a segunda, não estivesse à mão. A srta. Morgan terceira poderia ter assistido seus últimos momentos, cumprindo estritamente o seu dever, enterrando-a, em seguida, de modo perfeitamente respeitável. Não era improvável que a srta. Morgan segunda tivesse seguido o exemplo da srta. Morgan primeira e, não tendo sobrinhas ou sobrinhos pequenos, tivesse deixado tudo para a sua fiel acompanhante — na minha opinião algo muito decente de se fazer, e bem melhor do que a caridade organizada. Então, pode ter havido algum problema com o testamento; talvez ela não tivesse testemunhas, ou qualquer coisa assim. A fiel dama de companhia viu que o que lhe fora prometido iria para algum primo em quarto grau, de parentesco remoto, que já possuía mais do que precisava. Talvez ela se tivesse apoderado da escritura do testamento, tanto no sentido literal como metafórico, esquecendo-se de nos informar sobre o funeral e passando a assinar os recibos.

Se alguém seguisse esse raciocínio, concluiria que era bastante capcioso. Uma coisa era bastante certa, entretanto: eu não tencionava me transformar em detetive particular e pôr minha cabeça num ninho de serpentes por motivos puramente altruístas.

Não vou a ponto de dizer que tenha ficado apaixonado pela srta. Le Fay Morgan; eu desconfiava demais dela para isso. Contudo, eu a achava decididamente estimulante. Era para essa espécie de aventura que eu queria ir a Londres. Minhas esperanças eram de que as escritoras fossem esse tipo de mulher; mas é provável que eu constatasse o meu engano. A única autora que conheci assemelhava-se a Ofélia na cena da loucura, e não se saberia dizer onde terminava o cabelo e onde começava a palha.

A srta. Le Fay Morgan parecia ter se esquecido de minha existência, e eu estava muito ansioso para discutir os acontecimentos com Scottie e Headley, nosso advogado. Não queríamos entrar como cúmplices no caso de alguma trama estar em andamento. Para mim, não havia nada de mais comprometedor do que estar trancado a sós, numa vila vazia, com a srta. Le Fay Morgan durante uma tempestade. Assim, atravessei o aposento em silêncio, sem chamar a atenção, coloquei meu capuz e saí. A chuva caía a cântaros, o vento assobiava, fazendo a água escorrer pelo meu pescoço. Nada havia a fazer senão enfrentar o temporal e correr até o carro. Em seguida, apanhei a srta. Morgan e a levei ao hotel. Ela me censurou, de maneira muito maternal, por ter saído na chuva, e, se eu me parecia tanto com uma ovelha como estava pensando, deveria me assemelhar a uma ovelha premiada. Insistia para que eu tomasse chá com ela, mas não aceitei, dizendo que precisava ir para casa mudar de roupa, o que era a mais pura verdade. E mesmo que não fosse, foi o que aleguei, pois já havia suportado a srta. Le Fay Morgan tempo suficiente para uma tarde.

CAPÍTULO VI

Naturalmente, aconteceu o inevitável: peguei uma gripe forte, com febre. Fui para a cama com um ataque de asma.

A srta. Le Fay Morgan telefonou ao escritório marcando nova entrevista, uma vez que ainda não havia terminado o seu negócio comigo. Scottie lhe disse que eu estava doente e se ofereceu para atendê-la. Ela o ignorou e exigiu detalhes de meus sintomas, o que Scottie não deu, já que a desaprovava completamente. A conversa foi interrompida abruptamente. Jamais se soube quem bateu primeiro o telefone.

Scottie foi ver Headley e contou os fatos da pior maneira possível; porém Headley lhe disse para calar a boca e considerar as coisas por outro ângulo, uma vez que não se conseguiria provar nada e que melhor seria nem tentar. Não se pode instaurar um inquérito, a menos que se tenha um cadáver, e tanto quanto sabíamos não existia nenhum. Pelo menos, se havia um corpo, a srta. Le Fay Morgan estava caminhando dentro dele. Suspeito que Scottie também tenha consultado Headley sobre o possível efeito que a srta. Morgan pudesse exercer sobre a minha moral. Headley achou que não havia nenhum perigo nisso. Como Scottie nada conseguisse quanto aos dois assuntos, voltou para casa de mau humor. Ao chegar em casa, ele me passou um sermão, mas respirei como um asmático e fingi estar semi-inconsciente. Se é para se ter asma, pode-se muito bem tirar algum proveito disso.

De qualquer forma, deduzi algo do monólogo especialmente acalorado: não seria preciso nocautear a srta. Morgan no interesse de uma justiça abstrata; atitudes violentas nunca despertaram em mim o mínimo interesse.

Depois da entrevista comigo, o mau humor de Scottie piorou e imagino que tenha transformado o dia do *office-boy* num inferno.

Pelo menos, o *office-boy* reagiu de uma maneira tão inesperada que repercutiu amplamente nos meus negócios.

O garoto fazia o trabalho de lidar com o quadro de distribuição das extensões telefônicas; e quando se consegue um garoto suficientemente esperto para lidar com esse painel, supõe-se também que será bastante inteligente para ficar interessado nas conversas. Aparentemente, o garoto estivera ouvindo enquanto Scottie e a srta. Morgan discutiam e tirou suas próprias conclusões quanto ao estado da propriedade. De um modo ou de outro, quando uma dama adorável entrou no escritório na tarde seguinte, e pediu notícias minhas, ele não a encaminhou à sala interna onde Scottie ficava, agiu porém por conta própria e lhe contou uma porção de coisas que sabia e outra porção de coisas que não sabia. Eu também não me surpreenderia se ele tivesse recebido uma gorjeta de meia coroa. Seja como for, o garoto cabulou o ensaio de canto coral naquela noite para ir ao cinema. Isso eu descobri porque o vigário solicitou à minha irmã que eu me dispusesse a falar com ele. Recusei-me a fazê-lo, por não ser de minha conta, e além do mais, significaria uma vantagem decididamente mesquinha sobre uma criança. É desnecessário dizer, mas nem minha irmã, nem o vigário, nem Scottie ouviram dele sequer uma palavra sobre a srta. Le Fay Morgan. Aquele jovem era um cavalheiro.

Agora, se foi por causa da meia coroa, ou se foi por puro cavalheirismo, nunca saberei. Essa não é uma pergunta que se faça, ou para a qual se espere uma resposta verdadeira. Entretanto, o garoto conduziu a adorável dama pelo porão e para fora, através do pátio de trás da casa, atravessando os arbustos até a minha moradia. Ele colocou a cabeça pela janela da cozinha e chamou Sally, como costumava fazer quando trazia a minha correspondência. Sally abriu a porta, deixando-o entrar, como tinha o hábito de fazer com qualquer pessoa a quem conhecesse direito. O jovem entrou e, subindo as escadas, introduziu a srta. Le Fay Morgan em meu quarto, sem parar para perguntar se eu estava convenientemente vestido.

É desnecessário dizer que eu não estava, pois usava pijama e roupão, apesar de, graças a Deus, ter feito a barba.

— Uma vez que sou a responsável pela sua doença, achei melhor vir lhe dizer que sinto muito — falou a srta. Le Fay Morgan.

De tão surpreso, apenas pude ficar olhando para ela. Eu havia recebido uma dose de sedativos, o que não acelera as reações, embora, em certas circunstâncias, pudesse soltar a língua, como vim a descobrir por mim mesmo.

Educadamente, comecei a me levantar para ir me sentar no sofá; contudo, ela me empurrou de volta e me cobriu com o cobertor da forma mais maternal. A seguir, sentou-se ao meu lado no grande pufe destinado a colocar a bandeja.

— Por que não está na cama? — perguntou.

— Porque odeio ficar na cama — respondi. — Eu preferia levantar-me e andar por aí.

Ora, em tese sou inteiramente inconvencional; porém, como nunca tivera qualquer relacionamento com uma mulher inconvencional, encontrava-me completamente sob o impacto causado por ela, e tão cerimonioso como um padre. Minha cabeça também estava muito flutuante, graças aos sedativos, e eu não sabia exatamente o que poderia dizer ou fazer em seguida, se me deixasse envolver pelas circunstâncias. Sozinho como estava, com uma mulher que eu sabia ser uma boêmia, eu era como um bobalhão em seu primeiro coquetel.

A srta. Le Fay Morgan começou a sorrir.

— É contra a ética profissional tornar-se amigo de uma cliente? — perguntou.

— Não — respondi. — Não é contra a ética profissional, mas acho que o homem que o faz é um tolo.

Ela pareceu chocada e mal falei já lamentava o que dissera, e senti que havia atirado fora uma oportunidade como nunca mais teria outra igual. Pois fora para isso que eu desejara ir a Londres e agora não conseguia sair da minha concha e fazer a minha parte. Intuí que eram os sedativos que estavam me causando esses transtornos. Tudo o que permanece oculto vem à tona sob a influência do entorpecente. Censurei-me por não ter agido com um pouco mais de tato, como faria se estivesse na posse total dos meus sentidos.

A srta. Morgan olhou-me atentamente e creio que percebeu meu estado um tanto anormal. Pelo menos, ela não deu tratos à minha rudeza e mudou o tema da conversa.

— Que aposento encantador o senhor tem — continuou.

Aquiesci, grato.

— Sempre desejei saber — disse ela — que tipo de casa escolheriam as pessoas que conhecem tudo o que há para se conhecer sobre edificações.

Acho que ela ficaria desiludida se visse a casa de Scottie, ou a nossa construção principal.

Ela pôs-se a andar em volta, olhando para os meus livros, o que fez com que eu me torcesse de raiva. Odeio que as pessoas espiem meus livros; eles são reveladores demais. Odiei que especialmente a srta. Morgan o fizesse, porque tinha certeza de que ela era a última palavra em sofisticação e cultura, e eu não. Meus livros são uma verdadeira miscelânea. Acho que ela notou que eu estava me remoendo de raiva — ela era uma pessoa muito observadora — pois se afastou da estante e foi até a janela. Como não sou responsável pela paisagem, não me importei com isso.

Então, ela ouviu o som do açude.

— Há um rio lá embaixo? — perguntou.

Confirmei.

— É o que vai dar em Dickmouth?

— Este é o Narrow Dick — disse eu, concordando. — Onde se encontra o Broad Dick, nunca fui capaz de descobrir. Não está assinalado nos mapas.

— Não há Broad Dick — falou ela —, pois o nome original desse rio era rio Naradek. "Narrow Dick" é apenas uma corruptela desse nome.

— Como a senhorita obteve essa informação? — perguntei.

— Porque estou interessada nessas coisas e procurei saber — explicou.

— Mas, onde descobriu isso? — insisti, pois era entusiasmado pela arqueologia do distrito e pensava que a conhecia completamente; todavia, nunca antes me ocorrera isso.

Ela esboçou um sorriso maroto: — Se eu lhe contasse, o senhor não acreditaria em mim; não mais do que acreditou quando lhe disse que sou Vivian Le Fay Morgan.

Havia alguma coisa de assustadoramente familiar no nome, que no momento distraiu completamente minha atenção. Não podia me lembrar de onde o ouvira antes, ou qual a sua importância, mas ainda assim tinha certeza de que se tratava de algo vital: se eu apenas pudesse me lembrar. . .

51

A srta. Le Fay tornou a sorrir.

— Acho que o senhor não sabia — disse ela — mas, apesar de ter pronunciado corretamente o meu nome em Dickmouth, hoje está me chamando de srta. Morgan Le Fay.

Então me lembrei: Morgan Le Fay era o nome da irmã feiticeira do rei Artur, a quem Merlin ensinou todo o seu conhecimento secreto.

Ela sorriu outra vez: — Sou em parte bretã e em parte galesa — explicou. — Meu pai me batizou como Vivian, à maneira de Vivian Le Fay, a jovem feiticeira perversa que enganou Merlin quando este estava velho, na floresta de Broceliande. Talvez ele tivesse razão, eu não sei. Mas a srta. Morgan nunca me chamaria desse modo, pois isso a desagradava. E quando me deixou seu dinheiro, ela estipulou que deveria adotar-lhe o nome. Gostaria de saber o que ela diria se tivesse ouvido a sua versão sobre ele.

Arrepiou-me a pele ouvi-la mentir; não aceitei a explicação e também não podia dizer-lhe francamente que não acreditava nela. Abstive-me de qualquer comentário e mudei de assunto.

— A senhorita ainda não me contou sobre a fonte de onde tirou a informação de que o nome do Narrow Dick certa vez foi Naradek.

— É entendido em arqueologia?

— Em arqueologia local, sim, bastante.

— Então, talvez possa me dizer mais ou menos em que lugar fica a caverna sob Bell Knowle, que a maré cobre e torna a descobrir.

Por um momento, pensei em responder, já que sabia exatamente onde era. Tinha-a retratada mentalmente: ela ficava numa determinada dobra do lado da montanha, na direção do antigo leito do rio, agora seco, salvo por uma faixa estreita de água rasa, depois das chuvas. Então, de súbito, me lembrei de que a única coisa que conhecia sobre a caverna eu havia aprendido no curioso sonho que tivera com a sacerdotisa do mar, e aquela mulher diante de mim era estranhamente parecida com ela.

Ergui-me sobre os cotovelos para olhar para ela. Eu não conseguia falar; estava completamente enfeitiçado.

Ela me fitou com uma expressão muito curiosa nos olhos. Acho que também estava surpresa, pois não esperava esse tipo de reação.

52

— Há uma caverna desse tipo por aqui, ou qualquer tradição sobre essa caverna?

Balancei a cabeça negativamente e respondi: — Não é do meu conhecimento.

— Nesse caso, por que reagiu com tanta violência quando lhe perguntei sobre a caverna do mar? O que sabe sobre ela?

Eu estava em desvantagem. Apenas pude me virar sobre os travesseiros e olhar pela janela. Ela se manteve em silêncio e esperou. Sabia que, mais cedo ou mais tarde, eu teria de responder.

Eu estava com aquela disposição em que nada nos importa. A sedação sempre tem esse efeito sobre mim. Tornei a me virar e a encarei.

— Bem, se quer saber, passei por uma estranha experiência recentemente, depois de tomar uma injeção de morfina. Sonhei com esta região do país, da maneira como ela deve ter sido em tempos pré-históricos. Naquela época, havia uma caverna marítima, embora ela não exista agora, porque o mar se retraiu e o rio mudou de curso. A caverna foi sedimentada. Eu procurei, e é provável que esteja lá, mesmo que não se possa vê-la. Tive uma sensação esquisita ao encontrar os sinais dela na dobra da rocha; mas isso pode ser explicado por meio da minha memória subconsciente. Contudo, senti-me pior ainda ao ouvi-la comentar o assunto, porque não falei disso com viva alma. A senhorita também sonhou com ela? Ou se trata de um fato historicamente conhecido?

— Não sonhei com ela: eu a vi num cristal.

— Bom Deus — disse eu —, onde iremos parar?

— É o que eu gostaria de saber — comentou.

— Olhe aqui — falei —, recebi um bom bocado de entorpecente. Acho melhor ficar calado; estou falando uma porção de bobagens.

— De modo algum — ela contestou. — O senhor está falando com muita sensatez, embora eu admita que devesse escolher melhor o público.

Eu ri. Acho que estava meio embriagado com a droga.

— A senhorita não acharia que estou falando sensatamente se lhe contasse todo o sonho, pois eu a vi nele. Se crê nisso, acreditarei que é a srta. Le Fay Morgan, ou Morgan le Fay, se é que isso faz alguma diferença.

Ela olhou para mim e seus olhos brilharam repentinamente como naquele primeiro dia, ao perceber o efeito que me causara, afastando a gola do casaco.

— Sei que está dizendo a verdade — prosseguiu vagarosamente — pois notei que me reconheceu quando lhe mostrei o rosto.

— Sim, eu a reconheci perfeitamente — respondi rindo.

— Não ria desse modo — advertiu ela. — O senhor me deixa nervosa.

— Desculpe-me — falei. — Meu Deus, que mundo louco!

— Não — replicou —, não é louco; é pusilânime. E o senhor e eu somos exatamente um pouco mais sadios do que a maioria e bastante afortunados por nos termos encontrado. Ponhamos as cartas na mesa, está bem? Eu lhe direi o que sei se o senhor fizer o mesmo.

Essa não era uma proposta que se fizesse a um corretor de imóveis, especialmente a um que fora treinado por Scottie; no entanto, eu estava morto para o mundo, cheio de sedativos, enjoado da minha doença até os dentes. No momento, não me importava se a vida se incendiasse ou se caísse no porão, ou explodisse de todo. Essa deve ser a minha desculpa, se é que preciso de uma.

De forma que contei a ela. Foi difícil fazê-lo de modo coerente, e, é natural, comecei pelo lado errado; mas à custa de interrogatório e de muita paciência, ela conseguiu reunir os pedaços.

— O senhor contatou a sacerdotisa do mar através da lua — disse ela — pois a lua rege o mar. Não são duas experiências separadas, mas duas partes consecutivas da mesma experiência. E agora o senhor me encontrou. Sou a terceira parte da experiência que a completa, como deve saber.

Pressionei suavemente o lugar macio do meu braço onde Beardmore, nosso médico, espetara a agulha. — Recebi uma grande dose de entorpecente — comentei — e imagino que a senhorita seja uma alucinação.

Ela riu e disse: — Agora vou lhe contar a minha parte da história, e então o senhor julgará.

CAPÍTULO VII

Certamente, foi uma história assombrosa a que a srta. Le Fay Morgan me contou, e que a seguir resumo.

Seus ancestrais foram uma família de huguenotes da Bretanha que haviam se fixado na Inglaterra, na época da revogação do Edito de Nantes. Eles tinham se casado com outros refugiados franceses e, mais tarde, em uniões consangüíneas, com os ingleses. Tudo correra bem até que o último da linhagem, seu pai, casou-se com uma mulher galesa, e assim, os dois troncos célticos, o bretão e o galês, haviam se reforçado. E ela nascera dessa união.

— Sou uma tresloucada, tanto por natureza como por nome — disse ela.

Então, o pai dela morreu e ela precisou viver à própria custa, tendo de enfrentar o palco como consta de uma pantomima provinciana. Foi assim que abriu o seu caminho.

— Meu maior sucesso — afirmou — foi como a rainha demoníaca em "Jack e o pé de feijão".

Acreditei nela. Ela devia ter dado uma magnífica dama mefistofélica.

De qualquer forma, aquela era uma existência precária, e tão logo conseguiu uma oportunidade de emprego com a srta. Morgan, através dos préstimos de um sobrinho comum, ela aceitou.

Aquela era a época em que estavam na moda as mesas giratórias, e a velha srta. Morgan era entusiasta dessas experiências e fez sua acompanhante ajudá-la quando promoveu uma reunião desse tipo para alguns vizinhos igualmente crédulos. E a mesa, que até aquele momento apenas mexera um pouco os pés, repentinamente se ergueu sobre as pernas rústicas e dançou uma jiga.

A velha srta. Morgan estremeceu até os ossos, responsabilizando a srta. Le Fay pelo êxito. Resultado: elas se puseram a trabalhar com afinco. A mesa provou ser de difícil manejo. Elas arranjaram então uma prancheta, dessas usadas em experiências espíritas, e foi esse objeto quem mencionou, pela primeira vez, a caverna do mar em Bell Knowle.

— Se a localizar — revelou a prancheta — encontrará a chave para tudo o que existe.

Naturalmente, a srta. Morgan segunda teve um abalo ao descobrir como eu tomara conhecimento da caverna marítima.

Contei-lhe tudo sobre a caverna, do ponto de vista arqueológico. Bell Knowle era realmente Bel, ou Bael Knowle, a montanha do deus-sol, onde, em tempos históricos, faziam-se as fogueiras-Bale na véspera da noite de Beitane, em maio. Em anos mais recentes, em sua animação, a querida dama revivera esse lindo costume, chegando ao ponto de chamar o vigário para abençoar as cerimônias. Este sabia muito pouco a respeito do que estava assistindo!

A prancheta havia declarado corretamente que aquela caverna marítima ficava de frente para o rio e se enchia de água com a maré; mas a srta. Le Fay Morgan, que procurara por ela durante todo o dia anterior, não tinha consciência de que o rio havia mudado de leito durante o século XIII, e agora saía do lado oposto de Bell Knowle — sua saída original. E ao fazê-lo submergira, incidentalmente, um próspero mosteiro. A tradição reza que os monges eram uma multidão dissipada, e em certa noite escura, quando estavam realizando uma festa, o rio alterou o seu curso determinando o destino daqueles homens. Os olhos da srta. Morgan brilharam novamente como faróis quando ouviu esse relato, pois um dos controles que haviam operado a prancheta afirmara ser um dos monges mortos por afogamento. Como eu estava de bom humor, contei-lhe que, se ela saísse quando as marés de quadratura estivessem no ponto mais baixo, eu a levaria num bote para dar uma olhada no lugar. Ela anotou o compromisso de antemão, o que me levou a imaginar como explicaria isso tudo para Scottie e a família.

Aparentemente, as duas mulheres obtiveram uma grande quantidade de material através da prancheta, inclusive a informação sobre o rio Naradek, que um outro controle, que se intitulava Sacerdote da Lua, disse chamar-se assim à maneira do rio Naradek original – do continente perdido de Atlântida – pelos colunistas atlantes que haviam transformado esse distrito em sua sede principal. Ele também escrevera para elas as palavras de um antigo hino ao deus-sol, que terminava assim:

"Waft thou my soul down the river of Naradek;
Bring it to life and to light and to love."

[Sopre mansamente minha alma pelo rio de Naradek;
Traga-a à vida, à luz e ao amor.]

A srta. Morgan inclinou a cabeça para trás e cantou para mim, num semitom profundo, sussurrante, meio cantarolado, e esse foi o meu fim! Depois disso, ela podia fazer de mim o que quisesse. Não havia necessidade de dizer: – Acredite ou não – pois algo se agitou dentro de mim, e eu sabia, com uma curiosa certeza íntima, que ela estava me contando a verdade, embora incompleta e sem meios de ser comprovada.

E essa foi a história como me foi contada por Vivian Le Fay, ex-acompanhante da srta. Morgan, a primeira, quando esta contava noventa anos de idade.

Elas haviam continuado a fazer uso da prancheta e haviam feito muitos amigos nos Planos Interiores. Tempos depois, a srta. Le Fay me deixou ver as anotações que eram, por certo, bastante convincentes, pois quem, na posse de seus sentidos, perpetraria uma fraude tão laboriosa como aquela e com que propósito? Porque os manuscritos continuaram a ser ditados por longos anos depois que a srta. Morgan, a primeira, morrera e de a srta. Le Fay haver entrado na posse de sua propriedade. Tempos depois, a srta. Le Fay abandonou a prancheta pelo cristal, e em seguida, naturalmente, suas anotações cessaram de ser evidências, a não ser pelos elementos de profecia existentes em seu conteúdo que, devo dizer, eram dos mais marcantes.

Bem, parece que o primeiro comunicante a se utilizar da linha de comunicação aberta pela prancheta foi o monge afogado, muito ansioso por se explicar. Aparentemente, ele queria justificar o que seus confrades andavam fazendo na abadia que tinha levado o mar a tragá-los. E desejava que se compreendesse que

57

eles não eram uma turba de desordeiros, como afirmava a tradição. Contudo, eles andavam fazendo experiências ao longo de linhas específicas e fora uma experiência malograda e incomum que desencadeara a catástrofe.

O monge dissera, e eu podia confirmá-lo, que o nosso distrito havia sido o centro de uma antiga civilização, e que certo irmão, que suponho seria chamado de médium nos dias de hoje, tivera uma porção de sonhos excêntricos; que, à força desses sonhos, eles haviam realizado explorações regressivas até o ponto de partida e o abismo dos tempos, onde nenhum cristão ousaria chegar, e ficaram tão fascinados e absorvidos com tudo o que viram que era como se estivessem embriagados; e o velho abade fora o mais atingido, ficando realmente enlouquecido. O pequeno monge que se manifestava não era ninguém em particular; era apenas um da série de plebeus, que sempre ficava completamente apavorado com todas essas realizações. Na verdade, não falaria mais sobre isso, se o pudesse evitar; tudo o que queria era que rezassem missas pela sua alma, de modo que pudesse sossegar e gozar de algum repouso. Atendendo a esse pedido, a srta. Le Fay mandara rezar missas por toda a congregação, verificando que o sacerdote de nossa região era inesperadamente simpático. Naturalmente que tinha de pagar pelas missas. Ele pareceu compreender tudo, sem que ela tivesse de explicar muita coisa.

Elas não se entristeceram por ouvir o pequeno monge pela última vez, já que ele só ficava resmungando sobre os seus pecados e nada mais lhes contava a respeito daquilo em que realmente estavam interessadas. Depois de tudo, imagino que o seu pecado era a comunicação que mantinha com elas, mesmo que não se desse conta disso. De modo que desimpediram a linha e tentaram outra entidade. Desta vez pescaram um grande peixe, preciosíssimo, que entrou em contato com elas. Seja como for, fizeram contato com o espírito, que revelou ter sido aquele que se comunicara com o velho abade através do monge mediúnico.

Esse indivíduo se chamava Sacerdote da Lua, e, acreditem-me, era um homem impressionante. Sei disso porque o encontrei tempos depois. Aparentemente, não se importava com o pecado e estava ansioso por reviver o velho culto e voltar de novo ao trabalho.

Desse modo, as duas boas senhoras resolveram ajudá-lo. Sabe Deus por quê, com o exemplo do mosteiro submerso diante dos olhos. Mas essas coisas exercem um fascínio notável, como eu disse antes, tal como acontece com a bebida; pois ali estava eu, fazendo a mesma coisa, com o horrível exemplo igualmente diante de mim.

Bem, a srta. Morgan era bastante velha e a srta. Le Fay, por sua vez, não era nenhuma franguinha. A velha dama começou a piorar de sua última doença e precisou ser cuidada dia e noite, de modo que não houve oportunidade para mais nenhuma manifestação nesta vida. Entretanto, a velha srta. Morgan obrigou a srta. Le Fay a prometer que continuaria com o trabalho, assim que estivesse livre para fazê-lo, e deixou-lhe o seu dinheiro com essa condição, embora, naturalmente, isso não constasse do testamento. E então, graças ao meu azarado pai, não houve dinheiro que valesse a pena herdar, de maneira que os planos foram adiados. Todavia, agora que as coisas estavam melhorando, a srta. Le Fay queria recomeçar e desejava para isso a minha ajuda. Ela colocou tudo aquilo como um negócio. Queria comprar e pôr a propriedade em ordem; mas eu estava quase certo de que ela mantinha na manga alguns trunfos escondidos.

Dessa forma, a srta. Morgan segunda juntou seus escassos rendimentos e foi morar no continente, como muitas outras velhas senhoras em circunstâncias difíceis fizeram antes dela, pois a vida lá era mais barata do que aqui. Mas levou a prancheta consigo, e dentro em pouco comprou um cristal, onde o Sacerdote da Lua aparentemente se manifestara também. De qualquer modo, o trabalho continuou na teoria, se não na prática.

E então, algo estranho começou a acontecer. A srta. Le Fay, ou srta. Le Fay Morgan, como suponho que deva se chamar agora, considerando-se forte e madura, tinha o hábito de andar sozinha nesses países latinos, de uma maneira que uma moça nova não ousaria fazer; mas, dentro em pouco, ela descobriu que não compensava. Os rapazotes do lugar começaram a incomodá-la, especialmente depois de atravessar uma noite com a prancheta e o Sacerdote da Lua. E assim que ela se pôs a usar o cristal, as coisas ficaram impossíveis e ela teve de passar a observar por onde caminhava, como se fosse jovem e adorável.

Custou muito para que compreendesse o que estava acontecendo. Certo dia, quando as roupas que herdara da srta. Morgan estavam no fim, um alfaiate ofereceu-lhe um emprego de modelo para exibir sua elegância nas corridas. Ela era tão magra que se poderia derrubá-la com uma pena. Ela aceitou o emprego e passou por uma época boa. Em seguida, voltou novamente aos palcos.

Ela disse que nunca engordava nos países anglo-saxões, onde eles gostam de mulheres magras; mas nos países latinos, onde os homens apreciavam a mulher pelas suas formas exuberantes, foi a Rainha de Maio. Esteve na Argentina no tempo em que esta desabrochava; e no México em seus áureos tempos; e conheceu Diaz. Seja como for, entre as perguntas que lhe fiz – não perguntei o que eles representavam em sua vida, ou como ela conseguiu poupar um bocado de dinheiro, o suficiente para, junto àquilo que herdara, deixá-la livre da necessidade de trabalhar. Mudara-se para Londres, e se instalara naquele apartamento semelhante a um celeiro, onde Scottie a encontrara, e pusera-se a trabalhar a sério. Não era de espantar que esse celeiro infundisse medo em Scottie, um galês das montanhas, pois era lá que ela realizava os seus truques.

Esses eram os relatórios atuais. Então começou a entrar dinheiro a rodo, e ela notou que chegara a hora de continuar com o plano original. Também viu que, amedrontado, Scottie sofreria um ataque de consciência calvinística, e explicar para ele o que havia explicado para mim seria completamente inútil. Se não conseguisse endireitar as coisas de alguma forma, iria ter problemas. No entanto, tendo conhecido o velho, adivinhara que eu poderia ser um tipo diferente de homem. Assim, decidira-se a "inspecionar" também a terra, de olho em seu futuro esquema, e descobriu que eu, sem saber, cruzara pela mesma trilha.

— Acredita em mim agora? – perguntou ela ao fim de tudo.

— Sim – respondi –, acredito. Pois se estivesse mentindo, contaria mentiras melhores do que essas.

Então, Sally entrou com o meu chá e olhou surpresa, como se tivesse visto um fantasma, quando percebeu que eu tinha companhia. Ela ficou meio no ar por um segundo ou dois, sem saber com certeza de que forma deveria agir, pois, como eu já assinalei antes, eu tinha um trabalho insano com ela, e nem mesmo uma aposentadoria por velhice esgota o Velho Instinto de Eva num peito feminino. Por fim, Sally aparentemente decidiu que a adorável dama me animaria; assim, apanhou outra xícara e serviu mais um pouco de pão com manteiga com muita elegância. Fiquei sinceramente agradecido, pois se Sally tivesse sido desastrada, teria feito uma grande sujeira.

CAPÍTULO VIII

O trato foi que, tão logo eu estivesse bom, deveria telefonar para a srta. Le Fay Morgan no hotel em Dickmouth e combinar uma pesquisa para procurar casas. E, acreditem ou não, na manhã seguinte sentia-me tão vigoroso como um touro, em lugar dos costumeiros achaques, próprios da convalescença. Entretanto, fiquei deitado um pouco mais, pois queria pensar tranqüilamente. Na verdade, eu tinha muito em que pensar.

De duas coisas, uma era óbvia: ou a srta. Morgan estava dizendo a verdade, ou não. E, imaginando que não estivesse, Headley já nos alertara para que não nos envolvêssemos no que não era de nossa conta, e considerara improvável que fôssemos envolvidos se, subseqüentemente, acontecessem fatos desagradáveis. De todo modo, era melhor arriscar do que entrar de cabeça num ninho de cobras, preparando-nos imediatamente para ficar fora do litígio e perdendo, desta forma, um bom negócio. O último argumento convenceu Scottie e ele teve um prurido de consciência. O pior que nos poderia acontecer — mesmo que a terceira srta. Morgan tivesse assassinado a segunda srta. Morgan — seria que o juiz nos admoestasse por ocasião do julgamento. Ninguém, provavelmente, iria para a cadeia.

Depois disso, Scottie se acalmou, embora sempre fosse como um leão adormecido no que dizia respeito à srta. Morgan. Qualquer que fosse a pretensão da mulher, ele achava que ela era muito, mas muito má, para a minha moral; e, quanto ao espiritismo, do qual logo veio a suspeitar — embora eu jurasse tratar-se de arqueologia, já que fui obrigado a lhe contar algumas coisas a fim de mantê-lo quieto —, ele considerava ainda pior para a alma, por ser sobrenatural, ao passo que a imoralidade flagrante é natural. De um jeito ou de outro, isso desgostava Scottie; falávamos o menos possível sobre o assunto.

Assim, até onde pude descobrir, mesmo que se provasse que a srta. Morgan era uma sedutora, uma mentirosa, uma aventureira, eu não julgava que pudesse sofrer qualquer prejuízo muito grave em suas mãos se não entrasse com dinheiro. Ao menos, não ganharia mais do que podia despender sem me atrapalhar, pois é justo que se pague pelo próprio prazer. E mesmo que a dama fosse apenas a metade do que Scottie dizia, eu estava disposto a aproveitar minha juventude. Achei que isso seria oportuno, uma vez que até então minha mocidade tinha sido muito desenxabida.

Se, naturalmente, o que ela contara era verdadeiro — como eu estava muito mais inclinado a acreditar —, nesse caso, estávamos começando algo de grande porte. Então, decidi realizar-me com a srta. Morgan de ambas as maneiras: encontrava-me totalmente pronto para uma aventura na quarta dimensão e, caso essa não se materializasse — não sei se esta é a palavra certa —, eu não recusaria uma dose razoável de romance.

De forma que me levantei por volta de meio-dia, na manhã seguinte, e me arrastei para o escritório, tentando parecer enfraquecido; mas nunca me sentira tão cheio de entusiasmo em minha vida. Comecei a percorrer as listas de residências nas redondezas de Dickmouth e Starber que pudessem ser adequadas para a srta. Le Fay Morgan. Quando Scottie percebeu o que eu estava fazendo, fungou estrondosamente, mas parou de resmungar. Na Escócia, negócio é negócio.

Ela queria um imóvel isolado, com salas amplas e um porão que não pudesse ser visto, e o mais próximo possível do mar. Na verdade, era indispensável a visão do mar, pelo menos de algumas janelas. Blasfemei ao pensar nos elefantes brancos que eu praticamente pusera fora por uma colher de chá, e que lhe teriam servido magnificamente. Porões e isolamento chamam a atenção dos criados como manchetes de jornal e é necessário despender pouco mais do que o razoável para se conseguir uma casa desse tipo. Às vezes, por pura raiva, eu tinha pensado seriamente em dar uma volta pela propriedade dos Morgan arremessando latas de gasolina e pontas de cigarro através das janelas. No final das contas, um incêndio teria sido uma economia.

Subitamente, ocorreu-me que eu tinha justamente o que a senhorita queria, embora Scottie praguejasse contra mim por não deixar os elefantes brancos em paz, vendendo a ela a propriedade de outras pessoas e lucrando pouco na transação. De fato, nós não só tínhamos a propriedade adequada como também ela mesma era a dona. Bem além de Dickmouth, no lado mais distante do rio Dick, havia por mais de uma milha uma grande nesga de terra não lavrada que dava diretamente para o mar. No fim desse terreno havia um forte desmantelado que o Ministério da Guerra abandonara às gralhas por ser antiquado e que meu pai adquirira para a propriedade de Morgan por uma pechincha. Ele acreditou que aquele imóvel daria um belo hotel, com uma ligação com o golfo pela duna que ficava atrás. O velho esqueceu-se de perguntar sobre o suprimento de água antes de comprá-lo, e, ao descobrir que dependeria das águas pluviais armazenadas em tanques, soube que um hotel ali não teria futuro. Serviria para uma dúzia de soldados que não tomavam muito banho, mas não serviria para o Grande Palácio Imperial que imaginara. Então, considerou o terreno como uma perda total e não tomou mais conhecimento do caso, a não ser permitindo que quem quisesse cultivasse aquelas terras. Mas quando a fazenda próxima ao mar foi abandonada, ninguém mais a quis cultivar, por ficar muito distante de todas as outras propriedades.

Então, tomei uma série de decisões: aceitar a srta. Morgan pelo que alegava ser e apresentar-lhe um de seus próprios elefantes brancos; desfrutar da diversão que a vida pudesse me oferecer; e deixar Scottie rezando por minha alma, caso fosse necessário. Sentindo que era ou cara ou coroa, entrei de corpo e alma na aventura; não havia muito a ganhar, nem a perder. Telefonei para a srta. Morgan afirmando-lhe que a divina Providência estava do seu lado – o que ela pareceu acreditar – e que o Sacerdote da Lua obtivera seu templo, já pronto e à espera. Pedi-lhe que arrumasse uma cesta de piquenique no hotel (pois eu não pretendia explicar nada a minha irmã, que certamente acharia a srta. Le Fay Morgan velha demais para um piquenique) e dei um jeito de chamá-la na manhã seguinte bem cedo para levá-la a ver o templo que o Senhor providenciara.

Teria me dado um pontapé pela maneira pela qual a julgara tão logo pus os olhos nela. Fosse a dama o que fosse, senti que, julgada pelos padrões convencionais – e a amiga de presidentes sul-americanos provavelmente não seria muito convencional –, ela não era um fraude. A srta. Morgan parecia absolutamente sincera e, se o que dizia não era verdade, não era porque mentisse mas porque estava alucinada.

Fiquei imaginando como se arranjaria nos seus sapatos de salto alto se eu não pudesse guiar o carro até o forte; porém, quando ela saiu do hotel, vi que os havia trocado por um par mais cômodo que, apesar de parecer prático, ainda assim tinha linhas delicadas. Aparentemente, era possível uma mulher calçar sapatos semelhantes aos dos trabalhadores, que não fossem talhados como uma lancha, apesar de minha irmã afirmar o contrário. A srta. Morgan também mudara de indumentária, vestindo uma espécie de casaco leve como uma manta, de cor cinza-esverdeada, com uma grande e dura gola felpuda de pele clara. Acima da gola, apenas se podiam ver os seus olhos e nada mais. Ao que parece, ninguém poderia ver-lhe o rosto. O efeito geral era de uma incomum e estranha elegância. Eu podia notar os ociosos do salão olhando para ela. Jamais tivera antes a experiência de sair com uma mulher cobiçada, de forma tão evidente, pelos outros homens, e o fato imprimiu um novo vigor ao que restara da languidez de minha crise de asma.

A srta. Le Fay Morgan mostrava-se encantadora e amável; contudo, eu me recriminava não só por me sentir daquela maneira em relação a ela, mas também pelo fato de ficar orgulhoso por exibi-la. Eu parecia muito mais com um leiloeiro prestes a obter vantagens pecuniárias. Todavia, essas coisas são como asma: quanto mais você fica tenso, mais elas perturbam. De qualquer forma, a dama percebeu o meu mau humor e entrou no carro sem esperar o meu convite. Cheguei prontamente à conclusão de que eu estragara o passeio, e resolvi me calar.

Apesar de podermos ver Bell Head estender-se como uma baleia encalhada na areia do lado mais distante da baía, tive de dirigir até bem próximo de Dickford antes de chegarmos lá, pois a balsa da cabeceira do rio não transportava carros. Dentro em pouco chegamos à ponte pênsil que dava passagem para os navios costeiros que transportavam carvão e nos dirigimos para os pântanos.

Nesse lugar, a paisagem mudou e, com ela, o meu humor, pois essa era a região onde eu vira pela primeira vez Morgan le

Fay no meu sonho — se é que, conforme a minha suspeita, era realmente dela que se tratava. Atrás de nós ficava o longo recife no mais distante esporão onde fora construído Dickford, aproveitando-se o primeiro chão firme e o vau mais raso. Todas as cidades antigas escolheram sua localização por necessidade, e me divertia passar pela região, quando o meu trabalho me levava até lá, tentando descobrir as razões pelas quais determinada aldeia ficava em determinado lugar ou por que a estrada corria em certa direção. Podia-se descobrir o trecho mais distante do banco de areia pelos sulcos do solo e pelo alinhamento das fazendas que acompanhavam o curso das nascentes.

Essa parte do pântano era dividida por diques elevados e por regos de água, e o gado ficava pastando a insalubre grama verde; mas, à medida que prosseguíamos, os diques cessaram e a terra achava-se entregue a quem pertencia: aos pássaros marinhos e aos deuses antigos. Só que a estrada agora possuía contrafortes, e nas depressões que a ladeavam havia garças, que não se incomodavam conosco pois o tráfego era tão nulo que nem avaliavam o seu significado. Pensei que, se permanecessem imóveis como costumavam estar, não poderíamos vê-las, da mesma forma que os peixes não as viam.

De repente, os demônios que estavam me incomodando sumiram, e, voltando-me para a srta. Morgan, falei: — Foi aqui que precisei guiá-la com faróis de neblina na primeira vez que a vi.

Não pude ver se ela sorriu ou não, por causa de sua grande gola de peles, porém sua voz veio sensual e profunda:

— Então lembra-se disso?

— Pode ser — disse eu, e me concentrei na direção, pois traíra-me com minha própria observação. Tendo tão pouca experiência com mulheres, sou capaz de ser ou cruelmente brusco, ou formal demais. De qualquer modo, precisava prestar atenção no caminho, pois estávamos numa trilha estreita, cheia de mato, que seguia ao lado de um dique de dez pés de profundidade. Eu não desejava fazer companhia às garças.

Bem longe, à nossa esquerda, Bell Knowle surgia como uma perfeita pirâmide destacando-se na vasta amplidão dos pântanos. Nos recôncavos dos lados cresciam abetos, que, vistos acima da terra plana, pareciam bastante nobres, apesar de não terem folhas:

66

o vento os desfolhara. Ergui-me e apontei a cavidade que, na minha opinião, escondia a caverna marítima. Naquelas terras planas de aluvião até mesmo uma elevação de dez pés era um ponto vantajoso. Mostrei à srta. Morgan o fosso de curva superficial assinalado pelo brilho da água parada aqui e ali, que era tudo o que restara do antigo rio Dick antes que este mudasse de leito e inundasse o mosteiro.

Naturalmente, sua curiosidade feminina clamava por uma inspeção, mas seria inútil tentar, pois não havia pontes sobre os braços de rio mais próximas do que Starber, três milhas adiante. Starber era a última cidade litorânea perto de Dickmouth, se é que se podia chamá-la de cidade. Na época, não passava de uma simples vila de pescadores. Fora outrora um porto de certa dimensão e estava registrado no Doomsday Book como tal, pois o movimento do Dick mantinha o porto em atividade. Mas quando o rio mudou de curso, acabou a glória e agora somente barcos que pudessem ser ancorados na praia faziam uso dele. Atrás da cidade, entretanto, existiam vestígios de longas séries de obras em pedra e cal que um dia foram uma série de embarcadouros. Há muito tempo, porém, estavam sendo usados como pedreiras para construir e pavimentar o distrito, sobrando apenas as valas por onde se podia andar. Meu pai adquirira os últimos deles e edificara uma boa porção de seus elefantes brancos com essa pedra. Lembro-me bem de sair com ele em sua carroça quando era garoto, antes que pudéssemos comprar as máquinas, e de ter visto os enormes blocos sendo quebrados por grandes cunhas a fim de serem utilizados em alguma construção. Tratava-se de obras de pedra e cal deveras ciclópicas. O cimento, fino como folhas, possuía tamanha tenacidade que era mais fácil arrebentar a pedra do que deslocá-las do lugar. Se eu conhecesse o segredo daquela mistura, faria uma fortuna. Não temos atualmente nada parecido.

Mencionei o fato à srta. Morgan e ouvi-a rir.

— Sabe que Starber é o porto de Ishtar's Beere? Esse era o local que eu estava procurando quando o senhor quase me deixou encalhar num banco de areia, porque naquela ocasião estava devaneando, como faz hoje.

— Sinto terrivelmente — respondi. — Não sou tão confuso como pareço. Não sou mesmo. Verá quando me conhecer melhor.

— Será que algum dia permitirá que alguém o conheça? — perguntou.

67

CAPÍTULO IX

A estrada acompanhava o aterro através do leito raso do antigo Dick. Agora era um canal de drenagem; antes, um rio navegável. Nesse lugar, podíamos ver com nitidez os restos do que evidentemente fora o velho caminho de sirga, palmilhado, segundo creio, pelos escravos, quando os desajeitados brancos arriavam as velas triangulares e eram rebocados pelos meandros do rio através dos pântanos até Dickford, onde, atrás do morro, viviam os latoeiros das montanhas. Aproveitando o aterro, uma pista estreita se desviava na direção do mar, e foi por onde seguimos até alcançar, por um caminho sinuoso, a fazenda abandonada que pertencia à srta. Morgan, aos pés de Bell Head.

Olhamos para ela por cima do muro de pedras ásperas que separava o pequeno quintal do grande pântano. Há muito tempo ele fora caiado, como é costume no lugar, mas a cal desaparecera, exceto por uma mancha gafeirenta aqui e ali, e as pedras eram tão cinzentas como a grama do pântano salgado.

A casa era baixa, acaçapada e semelhante a uma caixa, tal qual o desenho que qualquer criancinha sem talento faria na lousa. Não havia indícios de jardim; contudo, um canteiro de vegetação rasteira mostrava onde ficara o agourento montão de estrume, perto da porta traseira (pode-se avaliar melhor o nível de um morador pelas instalações sanitárias que providencia, muito mais do que por qualquer outra coisa). O íngreme aclive gramado que nos conduzia até a frente da rocha localizada na retaguarda da casa apresentava as depressões e os sulcos do cultivo. Bell Head tinha o formato de um leão agachado com o rabo voltado para o mar e com a fazenda entre as patas, conseguindo abrigar-se o melhor possível dos ventos ocidentais. A inclinação que nos encaminhava até o peito do leão fora, em algum tempo, aterrada, embora lavouras mais recentes tivessem passado pelos socalcos, antes que tudo fosse devolvido aos cardos e à vegetação marinha, de crescimento vagaroso.

A srta. Morgan logo notou o formato de leão e, apontando aos socalcos entre as patas, disse: — Era ali que eles cultivavam as suas vinhas.

— Quem? — perguntei, surpreso.

— O povo que usava Bell Knowle como templo. Se eu voltar para cá, cultivarei outra vez os vinhedos, nesse mesmo lugar.

Chegamos então a uma estrada, obra do Ministério da Guerra, executada pelo simples expediente de traçar uma linha num mapa, com uma régua, e deixar os pobres soldados cavarem essa estrada nas horas vagas. Essa linha seguia em diagonal, através do íngreme ponto extremo de uma saliência da costa do Head, e na curva muito fechada de seu ponto mais alto fiquei com medo de que o carro rolasse pela ribanceira de marcha à ré. Pensei nos soldados labutando aqui com seus suprimentos, antes da época do automóvel, e senti pena deles.

Depois dessa curva de enregelar a alma, a estrada tornava-se outra vez uma reta a perder de vista, por todo o comprimento da faixa de terra não lavrada. Acima de nós, na crista da chapada gredosa, havia muitas pilhas de pedras soltas, nas quais a srta. Morgan ficou interessada. Naquela ocasião não a deixei descer para olhá-las de perto e continuei a dirigir sempre em frente, através de dez milhões de coelhos saltitantes, até chegarmos à inclinação da estrada e vermos o forte. A meu lado, minha acompanhante fervilhava de excitação.

Era um local pequeno, encoberto para protegê-lo do fogo de artilharia, e construído com a rocha calcária local pelo mesmo arquiteto sem imaginação que traçara a estrada com uma régua. O portão carcomido estava fora dos eixos, e nos dirigimos diretamente para o pátio dianteiro. Atrás de nós ficavam os alojamentos dos soldados; na frente, um semicírculo de embasamento de artilharia, diante do qual um longo cabo de rocha de meia maré chegava até a água. Bastava dar uma espiada no balouçar e no torvelinho das ondas a seu redor para saber o modo como as marés se comportavam nos dias tranqüilos. Em dias de tempestade, imagino que as ondas cobrissem o cabo durante a arrebentação.

A srta. Morgan olhou em volta uma vez e disse que o lugar era ideal. Pensei em como deveria ter sido a vida dos pobres soldados ali e levei a cesta do lanche para um local protegido.

Entretanto, a srta. Morgan ainda não queria se acomodar para o piquenique. Escalou uma canhoneira, percorreu até o fim a longa faixa de rocha aguçada que avançava por uns cinqüenta ou sessenta pés mar adentro e permaneceu de pé, bem na ponta, fitando o mar, junto às ondas que se aproximavam. Fiquei preocupado pois, se ela descarregasse naquelas pedras repletas de crustáceo, não teria salvação, com a maré correndo como a água que corre entre as mós de um moinho. Assim, chamei-a para vir olhar a praia. Ela não respondeu e continuou lá, enquanto fumei três cigarros, retrocedendo um passo cada vez que as ondas se aproximavam mais, já que a maré estava subindo.

O casaco da srta. Le Fay Morgan, cujas dobras soltas apresentava exatamente a mesma cor do mar, vestida com seu amplo casaco cinza esverdeado esvoaçavam ao vento como uma bandeira desfraldada, tinha a cor exata do mar. Parada lá no lusco-fusco do dia cinzento, ela parecia pertencer ao mar; mal se podia ver sua silhueta. Em seguida, arrancou o chapéu, retirando dos cabelos um pente entalhado de casco de tartaruga; sacudiu a abundante cabeleira negra, deixando-a solta ao vento. Eu a observava mais fascinado do que devia: jamais encontrara outra mulher que se comportasse dessa maneira. Fumei o segundo cigarro rápido demais. Na ocasião em que tragava o terceiro, eu já fervia de indignação e, uma vez que ela permanecia parada lá por tempo mais do que suficiente, inclinando-se contra o vento com os cabelos e as roupas esvoaçando, desci a superfície íngreme, pretendendo ajudá-la a escalar novamente as rochas.

A srta. Morgan virou-se e me estendeu a mão. Pensei que fosse se apoiar para subir e a segurei. Mas não: ela me puxou para baixo, para que eu ficasse a seu lado no estreito cabo, retendo-me ali.

— Venha e sinta o mar — disse ela.

Fiquei a seu lado em silêncio, resistindo à pressão do vento da mesma forma que ela o fizera. Não se tratava de uma brisa

70

fria, mas de um vento morno e intenso que nos envolvia com força. A nossos pés ouvia-se a batida incessante e rápida das pequenas ondas e, mais adiante, o sibilante vergastar rítmico dos vagalhões contra as rochas. Era deslumbrante. O mar profundo e com toda a sua majestade nos cercava por todos os lados, exceto pela estreita passagem rochosa varrida pelas ondas que se estendia até o forte. Entreguei-me ao fascínio do momento, parado ali, ao seu lado.

Então notei algo que já me chamara a atenção anteriormente quando ouvia as ondas rebentando nas rochas: o som de sinos na água. É claro que se tratava de uma ilusão produzida pelo ruído, um tipo de reverberação dentro do próprio ouvido fatigado pelo estrondear rítmico. Posso compará-lo apenas com o som que se perceberia se a canção do mar reproduzida na concha tivesse alguma vida. À medida que escutava, embevecido, o som perdeu sua característica indefinível, de zunir de vento numa concha, e transformou-se numa cadência clara, e depois num clangor brônzeo vindo das profundezas, como se elas estivessem se abrindo junto aos palácios do oceano.

Subitamente, fui despertado por uma voz em meu ouvido:

— Meu caro rapaz, acorde, ou cairá no mar!

Voltei-me sobressaltado, para ver *miss* Le Fay Morgan junto de mim, segurando-me pela mão.

Voltamos, escalando as íngremes saliências escorregadias. Admito ter olhado para trás a fim de ver se os deuses do oceano estavam nos seguindo. Parecia-me que, quando aquela voz me interrompera, eu estava de pé no lugar onde os dois reinos se encontram e onde os portais do reino do mar estavam se abrindo para mim.

Em outras palavras, suponho que isso significasse afogamento, e eu teria percorrido esse frio caminho a fim de me juntar ao povo do mar se a srta. Le Fay Morgan não me tivesse despertado.

Então, tomamos nosso lanche e a levei de volta para casa. Fiquei feliz pelo fato de ela ter gostado do lugar, pois sentia que não tinha sido uma companhia muito agradável para um passeio.

71

Quando nos separamos na frente do hotel, já que decidira não entrar para o chá, ela repentinamente colocou a mão em meu braço, dizendo: — Compreenderá algum dia que não existe nenhum motivo oculto quando tento ser sua amiga?

Fiquei tão espantado com essa declaração que fui incapaz de pensar numa resposta e não poderia confiar em minha voz se tentasse falar. Resmunguei qualquer coisa banal e fugi. Teria deixado minha roupa em seu poder, como o cavalheiro bíblico, se ela me tivesse segurado.

No caminho para casa, fui barrado pelo policial de trânsito da região. E ele afirmou que, se não me conhecesse, teria me detido. Perguntou-me o que dera em mim para dirigir daquele modo; será que eu estava sob efeito de algum medicamento que o médico me receitara para a asma? Respondi que sim, provavelmente. Ele me advertiu, de homem para homem, aconselhando-me a deixar de usar essas drogas.

CAPÍTULO X

Sempre fui considerado uma pessoa muito espirituosa, embora sem iniciativa, ou seja, penso em todas as coisas admiráveis que poderia ter dito causando um grande efeito caso pensasse nelas antes e não depois que a porta se fecha atrás de mim. Outra desvantagem minha: meu mecanismo de inibição não age de forma imparcial, pois quando o meu temperamento se inflama, destravo a língua rápida e ferina, freqüentemente para meu perpétuo arrependimento. No entanto, quando me comovo e gostaria especialmente de falar, fico mudo como uma porta.

Diante da minha rudeza, eu não poderia esperar que a srta. Morgan insistisse. Era um contra-senso sonhar com uma amizade que eu queria ir procurar em Londres e quando, depois de ter perdido a esperança de encontrá-la, essa amizade me batia à porta eu querer destruí-la com ambas as mãos e de modo tão persistente que não deixava dúvidas na mente de ninguém sobre quais eram os meus sentimentos aparentes, fossem quais fossem os meus reais sentimentos. Resolvi que no próximo encontro com a srta. Morgan eu tomaria alguns aperitivos, na tentativa de libertar minhas inibições.

Restou-me, entretanto, um consolo – a srta. Morgan me encarregou da tarefa de transformar o forte numa habitação humana, pois o lugar em que o departamento de guerra mantivera os soldados dificilmente poderia ser considerado uma moradia. Assim, em qualquer caso, eu teria de vê-la novamente, não uma, mas muitas vezes. Minhas esperanças se prendiam ao fato de eu poder me tornar um pouco menos desenxabido, à medida que a novidade se esgotasse.

Fui à procura de uma firma para fazer o trabalho. Não quis usar nossos empreiteiros habituais, pois não desejava provocar

73

mexericos; finalmente, deparei-me com um curioso velhote, famoso por consertar as igrejas do lugar – uma forma altamente especializada de construção – e que tinha consideráveis oportunidades de trabalho nas redondezas, pois nossas aldeias possuem algumas igrejas adoráveis.

Esse velho, chamado Bindling, costumava carregar todas as suas ferramentas, os seus três antigos e únicos ajudantes, e seu filho idiota numa enorme carroça de feno puxada por uma parelha de velhos cavalos peludos quando saía para o trabalho em qualquer um dos quatro condados.

Eles subiam e desciam inúmeras montanhas, de modo que levavam algum tempo para chegar, depois de assinar o contrato; Quando chegavam, não tinham pressa; não obstante, nunca paravam e, dessa forma, ao final, terminavam o serviço antes dos prazos estabelecidos, e, às vezes, ainda mais depressa do que os empreiteiros mais ortodoxos e atualizados. O filho idiota era um inspirado escultor, apesar de terem de amarrá-lo ao andaime com uma corda, para impedi-lo de cair, enquanto era puxado para cima com um guincho. Sem dúvida, o rapaz era a parte principal do negócio, devido à sua arte.

Uma semana depois, ou pouco mais, o velho Bindling chegou no forte. Como ele conseguiu subir aquela trilha aberta pelo exército e fazer aquela curva terrivelmente fechada, só Deus sabe, mas conseguiu. O forte fora construído para resistir à artilharia, de modo que não necessitava de reparos na estrutura; contudo, naturalmente, não restara um caco de vidro nas janelas ou uma porta inteira, graças aos turistas, e havia alguma coisa morta na caixa de água. No final, constatou-se que era apenas uma gralha, mas vocês não acreditariam que um mero passarinho pudesse chegar tão longe – ou voar tão alto!

Posso fazer o trabalho de um arquiteto, apesar de não ter recebido nenhum diploma nessa área, de modo que medi o lugar enquanto o sr. Bindling e sua companhia pescavam a gralha – nós todos estávamos convencidos de que seria, no mínimo, uma ovelha – fazendo o trabalho por turnos: um descia, o outro subia, e quem melhor suportava aquele ar empestado era o filho idiota. Ele tinha algumas qualidades notáveis e era jovem, para compensar o que lhe faltava em outros sentidos.

74

Eu queria transformar um lugar que se parecia com uma prisão num templo para a minha sacerdotisa do mar, como chamava à srta. Morgan pelas costas. Faltava-me a coragem de chamá-la assim em sua presença, embora eu tenha a certeza de que isso a teria agradado. Eu não tinha em mãos uma tarefa simples, pois enfeitar aquela pesada estrutura de pedra era inútil; ficaria parecendo um diácono embriagado enfeitado com um barrete de papel. Examinei muitos livros do mundo inteiro sobre arquitetura — a srta. Morgan jamais soube como esteve perto de morar num templo asteca — e finalmente deparei com um templo que tocou a nota certa, e dele tirei minha inspiração. Tratava-se de um antigo mosteiro nos Apeninos, que fora transformado na casa de campo de um rico americano. O arquiteto fizera muito bem o seu trabalho, mantendo a perfeita austeridade original, equilibrando-a, porém, com a linha das janelas e abrandando a severidade do conjunto com uma pérgula.

Rascunhei minhas idéias e vi que o forte se adaptava maravilhosamente a elas. Então, desenhei uma planta e a remeti à srta. Morgan, que há algum tempo já estava de volta a Londres. Ela me enviou uma carta que me manteve aquecido durante uma semana.

"Quando vi o seu quarto, soube que era um artista, mas não imaginava que você fosse um artista tão bom assim."

É desnecessário dizer que no envelope junto à carta do escritório que continha o orçamento incluí um agradecimento. Eu não perderia essa oportunidade!

Obviamente, era impossível reproduzir exatamente o meu modelo e obter uma pérgula coberta de trepadeiras. Qualquer trepadeira, a não ser hera, seria arrastada para o mar na primeira noite de tempestade, e a hera levaria uma geração, provavelmente duas, para cobrir uma pérgula naquelas condições. Assim, voltei ao tema e desenhei um caramanchão construído de pedra, coberto por esculturas de plantas e de exóticos animais marinhos. Quase perdi a vida na ponta da rocha, tentando pescar um fuco gigante para servir de modelo. O velho Bindling, que me agarrou pelo colarinho quando eu ia deslizando para o fundo do mar, contou-

75

me que todo local que é destinado a ser um edifício sagrado, até mesmo a mais humilde capela, sempre cobra o sacrifício de uma vida em sua construção. Era por esse motivo que ele apenas restaurava igrejas, nunca as construía. Ele nem desconfiava, na ocasião, que estava preparando um templo para os deuses do mar, e que era a segunda vez que estes haviam chegado bem perto de tirar a minha vida!

Inspirado pelo entusiasmo da srta. Morgan, tive um bocado de trabalho com os desenhos para as esculturas dessa pérgula. Senti-me bastante satisfeito com o resultado e, finalmente, remeti-os por carta registrada para a srta. Morgan, que passava férias no continente. Ela não só respondeu à carta, mais calorosamente ainda do que antes, como também mostrou os desenhos a um perito no assunto, e estes foram reproduzidos num jornal de arte. Em seguida, mandou emoldurá-los. Ela jamais soube, mas tive de desenhar tudo de novo, de cabeça, para que o Bindling idiota os copiasse. Naturalmente, a segunda série de desenhos não saiu com tantos detalhes como a primeira mas, de qualquer forma, foi um trabalho feito com amor, em que descarreguei um pouco da minha libido. Em meus negócios com ela, eu havia cometido várias gafes que me haviam mortificado muito.

Melhorei a feia linha das construções existentes, abrindo arcos góticos em todas as janelas. A entrada para o forte era feita por uma ponte de pranchas que causava vertigens, uma construção bem eficiente. Substituí o madeiramento apodrecido por uma adorável ponte de pedra em arcos, copiada de uma outra que vira em Cumberland, quando fazia minhas caminhadas durante as férias, antes de ficar com asma. Na entrada em forma de túnel que passava sob os aposentos do comandante e dava acesso para o saguão — e que eu tentara, sem êxito, transformar internamente em estilo gótico, uma vez que não podia fazê-lo externamente sem fazer desabar a construção sobre as nossas cabeças — coloquei enormes portas duplas de carvalho impermeabilizado, copiadas da catedral e decoradas com algumas dobradiças de ferro trabalhado, muito finas, desenhadas por mim mesmo. Eram tão requintadas como peças de legítimo artesanato antigo. Qualquer pessoa gostaria de ter essas peças. Até certo ponto, esse trabalho revelou o meu segredo. Minha irmã estava atenta como uma águia, porém a Providência especial a que se referiu a srta. Morgan, e da qual eu troçara, ainda velava sobre nós. As dobradiças foram emprestadas para uma exposição local de artes e, em seguida, para uma exibição em Londres. Desse modo, uma tênue nuvem de fama se espalhou sobre a família, e minha irmã, que não achou nada para reprovar nas minhas idas e vindas, acreditando que a srta. Morgan estivesse beirando os noventa, me perdoou por não lhe ter contado nada.

— A srta. Morgan ainda está na posse de todas as suas faculdades? — perguntou-me ela certo dia.

— Ela me parece bem — respondi —, mas Scottie acha que ela é uma mulher frágil.

Ele tinha dito isso mesmo, mas não do jeito que elas pensavam.

Depois, minha família se acostumou com o fato de eu ficar cada vez mais lá fora, no forte, uma vez que, na verdade ia para lá quase todos os dias. Descobri que o ar marinho estava fazendo maravilhas em relação à minha asma, o que elas também notaram, de modo que a sorte parecia inteiramente a meu favor. Não que eu alguma vez confiasse demasiadamente naquela deusa temperamental, a sorte. Graças a ela, minhas ações não eram descobertas logo, embora isso acabasse acontecendo. Suponho que isso seja inevitável num lugar em que todos se conhecem, um lugar repleto de caçadores furtivos e onde qualquer namoro acontece junto às sebes; o que os caçadores furtivos perdem, os casais de namorados vêem, e como tanto uns como outros são obrigados a ficar de olho vivo, pouca coisa passa despercebida.

Cheguei finalmente à conclusão de que, neste distrito, a franqueza é a melhor parte da discrição, embora não faça nenhuma objeção consciente a contar mentiras a pessoas que fazem perguntas sobre o que não lhes diz respeito. Calculo que esse tipo de atitude provenha do fato de eu ter sido educado no colégio local para filhos de cavalheiros, onde a primeira coisa que aprendi, e a única que aprendi muito bem, foi me livrar das dificuldades com a ajuda da imaginação. Sendo um artista, como disse a srta. Morgan, e de muito mais talento do que ela supunha, eu me superava nisso. Se eu tivesse sido um autêntico *sahib* usando uma antiga gravata de escola, talvez fosse diferente; mas é necessário

77

um capital considerável para que um menino se torne um homem sem preocupações, e todo o nosso capital estava amarrado no negócio da família. Entretanto, é curioso que, embora minha irmã me chamasse incontáveis vezes de mentiroso, nunca me pegou dizendo uma mentira, tendo enfatizado sempre o lado errado por não conhecer nada da natureza humana.

Agora já não me preocupo tanto com o fato de elas saberem ou não o que se passa; sinto-me protegido pela minha recém-adquirida tranqüilidade. Durante toda a minha vida, até que contraí asma, fora um filhinho de mamãe. Então, quando fiquei doente me libertei. Diz-se que os deuses sempre nos fazem pagar um preço por qualquer grande bênção que nos concedem. Mas, no meu caso, tendo me premiado com uma desgraça implacável, eles investiram elegantemente em outra direção. Posso afirmar, honestamente, com a mão no coração – ou no que restou dele – que se eu tivesse a oportunidade de escolher entre ser um asmático ou um filhinho de mamãe durante o resto de minha vida, e tendo vivido ambas as situações, eu teria preferido ser um asmático. Minha família, contudo, não reagiu muito bem quando comecei a mandá-la para o inferno. Minhas investidas causavam à minha família a impressão de mordidas de coelho.

Trabalhamos no forte durante todo o verão, e devo dizer que foi um sucesso. Visto da terra, o forte se parecia com as ruínas de uma abadia, com suas janelas pontudas. O telhado, pelo contrário, era chato para não acumular água e oferecer o mínimo de resistência ao vento. Como a maioria das telhas fora para a glória há certo tempo, cobri o teto com pedra lascada semelhante às usadas nos chalés de Cotswold. Ficou muito bonito.

Para se chegar às três canhoneiras, havia degraus semicirculares rasos e balaustradas baixas, todas entalhadas com cavalos marinhos e outros animais exóticos do mar. Para chegar até a extremidade das rochas, construí um caminho e uma escada, pois não desejava ver a srta. Morgan deslizando para o fundo do mar, como quase acontecera. Também construí um agradável e arejado terraço balaustrado dando para a praia, uma pequena enseada com vista para o mar, exatamente a sotavento do cabo. Era ali que aquela madeira flutuante era lançada à costa pelas ondas e chegava à praia em quantidades surpreendentes. Eu não achava que a srta. Morgan alguma vez precisasse carregar carvão, pois esperava que ela cozinhasse com óleo. Sempre que o filho do sr. Bindling não tinha o que fazer, nós o mandávamos pescar a madeira flutuante, a fim de conservá-lo longe de complicações. Se ele não se mantivesse ocupado, costumava pôr fogo nas coisas. Eu pretendia ter um bom estoque daquela madeira bem seca antes da chegada da srta. Morgan, pois imaginava que seria de grande efeito que a minha sacerdotisa do mar tivesse uma autêntica fogueira marinha para dar-lhe as boas-vindas, já que a chama azul da madeira impregnada de sal é tão bonita.

Pus a turma a trabalhar na curva fechada, eliminando a maior parte do perigo, apesar de ela ainda continuar bastante perigosa; levamos os carroções com a mobília para cima, sem acidentes, não obstante eu deva admitir que houve uma boa porção de imprecauções. A srta. Morgan enviou um casal para tomar conta da fazenda – gente da Cornualha, do tipo troncudo, tão largo como alto e tão compacto quanto grande. Pude perceber que os dois a adoravam. A tarefa deles seria cuidar da casa.

Eles deveriam morar na fazenda e sair de carro para comprar o que fosse necessário ao forte, voltando em seguida. Fui encarregado pela srta. Morgan de arranjar para eles um veículo para que pudessem se locomover, já que tudo ficava a mais de uma milha de distância. Tive de escolher cuidadosamente o carro para esse trabalho, uma vez que Trethowen não possuía as qualidades essenciais de um motorista. Já era muito, e eu sabia disso, pretender que ele trocasse de marcha. Assim, embora o automóvel tivesse de ser suficientemente potente para subir a ladeira, eu não desejava dar-lhe um que lhe roubasse a vida. Por fim, escolhi um Ford antigo, da safra original, que podia subir puxando um poste telegráfico. Tratava-se de um carro alto, abaulado, de dois lugares, com capota, ainda que eles jamais pudessem arriá-la naquela faixa de terra, exceto com tempo claro. Era um panorama dos mais engraçados vê-los rodando no carro, Trethowen e sua senhora na frente, e todas as vassouras e baldes empilhados atrás. Ele ia atropelando tudo, à ótima velocidade de 10 milhas por hora, buzinando para afastar os coelhos. O homem adorava buzinar. Tive de arrumar-lhe uma buzina nova, pois a original logo se estragou. Ele jamais corria mais do que isso, mesmo na parte plana;

mas também nunca ia mais devagar, mesmo na curva. Vê-lo dirigir naquela curva fechada a dez milhas por hora era algo de fazer gelar o sangue nas veias.

O local logo ficou pronto, embora naturalmente os toques finais tivessem de esperar pela srta. Morgan. Toda a parte que me cabia fora concluída, e eu estava no forte pela última vez, apressando o velho Bindling com seu carroção de feno, pois a srta. Morgan telegrafara dizendo que chegaria à tarde. Ele deveria ter ido embora no dia anterior, mas os construtores têm sido os mesmos desde os dias em que a Torre de Babel ruiu sobre eles, por terem parado de falar.

Havia um único trem no qual a srta. Morgan poderia vir, deixando-a em Dickmouth às 5:15h. Em seguida, ela levaria uma hora de carro para alcançar o forte; portanto, considerei que havia tempo de sobra para me retirar antes que chegasse, e estava dando uma última olhada no lugar antes de partir. Tinha praticamente morado lá durante todo o verão, levando minhas refeições de casa até quando os Trethowen apareceram. Então, eles providenciaciavam tudo. Eu apenas dormia em casa — uma ajuda enviada por Deus.

Vistoriando, pela última vez, tudo o que estava feito, senti-me como uma mãe cujo filho sai de casa para enfrentar o mundo. Acho que, dos artistas criativos, os escritores levam a melhor, pois um autor não perde o livro quando este é editado, mas o artista tem de entregar o seu quadro ao comprador. Até mesmo um compositor depende da interpretação do executante. Quanto ao arquiteto, pobre diabo, ele coloca sua alma e infinitas pesquisas na construção de uma casa no estilo da época, e os compradores chegam e a pintam de cor-de-rosa!

Nenhum ruído me alertou, enquanto andava distraidamente, à vontade, despedindo-me dos cavalos marinhos e dos outros animais exóticos que trouxera à vida, quando um pequeno carro esporte preto parou sob a passagem em arco. Era a srta. Morgan.

Fiquei tão atônito que simplesmente sorri de orelha a orelha e disse: — Alô! — e essa não é a maneira com que os melhores corretores de imóveis saúdam seus clientes.

— Alô! Como vai? — respondeu a dama, sorrindo para mim por trás da gola. Durante todo o verão eu ficara imaginando como ela faria com as golas na época de calor, e se teria de aparecer em público com o rosto descoberto. Contudo, francamente, a srta. Morgan havia se arrumado muito bem. Vestira uma capa de chuva de um brilho sedoso com uma grande gola levantada, própria para os dias chuvosos, que ia até a ponta das orelhas, e um maroto chapéu puxado de modo a se juntar à gola. Ela continuava enigmática e abrigada como sempre.

Sorte minha por não ter de fazer mais nenhum esforço para ser polido, pois eu havia esgotado o meu repertório de conversação com aquele único alô. Os Trethowen vieram dar-lhe as boas-vindas. Em seguida, tive de apresentar o sr. Bindling, cujo filho veio correndo atrás. Assumi a tarefa de afastar o moço enquanto o velhote trocava as cortesias de praxe, pois o pobre imbecil estava resolvido a não ser excluído daquele encontro. Contudo, como ele babava profusamente e tinha outros traços ainda menos cativantes, não podia ser convidado a participar da conversa por muito tempo. Todavia, o velho capataz veio em meu socorro e colocou um croque nas mãos dele, levando-o a pescar a madeira flutuante das escadas cravadas na rocha, já que era maré cheia. No momento em que viu a madeira flutuante, ele se esqueceu da srta. Morgan e todos ficaram satisfeitos.

O velho Bindling e eu percorremos todo o imóvel com a srta. Morgan, que ficou maravilhada e mostrou-se encantadora. Percebi o velho tentando espiar sob o seu chapéu, ou por cima da gola, sem conseguir nada.

Numa das extremidades, o forte consistia nos aposentos do oficial, ou de quem quer que estivesse no comando daquele destacamento esquecido por Deus. Na outra extremidade, havia um grande barracão lúgubre, aberto. Sabendo que não seriam freqüentes os dias em que se pudesse sentar confortavelmente ao ar livre, transformei o barracão numa ensolarada sala de visitas, dotando-a de vidraças que ocupavam toda a frente. No lugar em que ficava o fogão, construí uma lareira, dotando-a de dois bancos laterais. Para queimar a madeira, a srta. Morgan desejava cães-de-chaminé, e não uma grelha. Desse modo, desenhei um par de elegantes cães-de-chaminé e mandei moldá-los numa fundição em Bristol. Ela não tinha dado autorização para isso, mas eu esperava que os aceitasse como um presente. No sentido rigoroso da expressão, acho que não eram cães-de-chaminé, mas delfins, bichos de cara bonita, gorda e agradável, sentados sobre caudas enroladas como um casal de cobras. O pequinês de minha irmã servira de modelo para as cabeças.

Os cães foram devidamente apreciados, e eu estava dando tratos à bola sobre como explicar à srta. Morgan que se tratava de um presente e que ela não teria de pagar por isso. Sentia frio e calor ao mesmo tempo e desejava, por Deus, não os ter construído, quando percebi, de relance, através da grande extensão envidraçada de uma das paredes da sala, o filho do sr. Bindling, que tinha abandonado as escadas onde o haviam deixado, galopando alegremente com os seus desajeitados pés sobre a rocha escorregadia, pois não o tinham amarrado. Não havia tempo para explicações.

Saí em disparada, mas mesmo assim não fui suficientemente rápido. Quando pulei para baixo, na rocha, apenas tive tempo de ver o jovem perder o equilíbrio na encosta traiçoeira e cair sentado com um estalo, rolando o declive íngreme e deslizando rapidamente para o mar com um sorriso beatífico em sua face atoleimada. Nunca mais o vimos, nem seu chapéu, nem nada que lhe pertencesse.

Joguei para longe o meu casaco e corri atrás dele. Tratava-se de uma tolice, pois não existia a mais remota chance de apanhá-lo. Afortunadamente para mim, o capataz que chegara correndo ao ver o que acontecia passou os braços em volta de mim e me impediu de fazer o que pretendia.

— Não é bom jogar a sua vida fora por alguém naquelas condições — disse ele.

Os demais desceram a superfície íngreme e ficaram estatelados de horror, olhando para o lugar onde o pobre imbecil sumira sem deixar vestígios. O velho Bindling tirou o chapéu, não como um ato de reverência, mas para coçar a cabeça.

— Foi melhor assim — falou o velho capataz.

— Acho que sim — respondeu o velho pai —, mas o sangue é mais denso do que a água.

Eu tremia descontroladamente, mas a srta. Morgan não fez um gesto. Foi muito gentil com o pobre Bindling, mas tratava-se de uma gentileza insensível, que me causou uma estranha sensação. Recordei-me das palavras do velho: "Um templo sempre exige uma vida em troca de sua construção." Bem, aquele templo tivera a sua. Três vezes os deuses do mar tentaram conseguir uma vida, e agora a tinham. Também me lembrei de que no meu sonho eu sabia que a sacerdotisa do mar requisitaria muitas vítimas humanas.

A srta. Morgan tentou encontrar uma bebida para oferecer, mas não conseguiu; ofereceu-me chá, mas eu não aceitei. Preferi ir para casa. Ficara completamente perturbado com o choque, pelo que acontecera com o pobre idiota e com a minha — admito que era ilógica — mudança violenta de sentimentos contra a srta. Morgan. O fato de ele cair não fora culpa dela; se houve culpado, esse era eu por não ter cercado aquela rocha com maior segurança. Ainda assim, eu tinha a estranha sensação de que, de algum modo, ela o impelira a isso.

Quando percebeu que eu realmente não pretendia ficar, não insistiu, mas me acompanhou até o carro a fim de se despedir. Foi quando o danado do motor não quis pegar! Estivéramos usando os faróis para trabalhar na noite anterior e a bateria estava descarregada. Essas são as ocasiões em que blasfemar de nada adianta.

Se eu tivesse o mínimo de bom senso, teria chamado Trethowen para dar a partida no carro para mim, mas sempre me esqueço de que sofro de asma — embora, infelizmente, a asma jamais se esqueça de mim. Pus todo o meu peso — o peso que me restara — na alavanca de partida e dei-lhe um par de puxões; então senti que ia ter um acesso. Apoiei-me na lateral do carro e rezei, o que não me fez bem, e sentei-me no estribo. A srta. Morgan chamou Trethowen, e ele e sua esposa vieram correndo. Felizmente, ele já havia assistido antes a um dos meus ataques de asma e estava em condições de tranqüilizá-la, pois, graças à minha crise e ao que houvera com o pobre idiota, a pobre alma estava passando uma tarde desagradável. Não sou uma visão bonita quando tenho esses ataques e fico sempre indeciso entre o desgosto de ser observado e o de ser deixado só.

Eles me levaram para dentro e tentaram deitar-me no sofá, mas eu não quis. Posso suportar melhor essas ocasiões sentado. Puseram-me na enorme poltrona, cujas pernas a srta. Morgan ainda não tivera tempo de serrar. Eu gostaria de saber como nos arranjaríamos, pois não havia telefone ali e dificilmente um médico passaria por aquelas bandas. Calculei que teria de suportar a crise sem fazer uso da morfina. Esses acessos não costumam durar mais do que algumas horas, que podem parecer bastante longas.

Os Trethowen queriam preparar uma refeição para a srta. Morgan depois da viagem que fizera; mas ela não quis comer. Simplesmente ficou parada, olhando para mim. Era tudo o que podia fazer, pobre alma!

— Gostaria de poder ajudá-lo — disse ela.

Foi muita gentileza de sua parte, e eu a apreciei enormemente, mas, como sempre, fui incapaz de fazer qualquer comentário, desta vez por motivos físicos. Ouvi-a murmurar: — Isso é terrível! — e compreendi que ela não era tão insensível como parecia. Ela percorreu a grande sala e voltou para o meu lado.

— Daria qualquer coisa para ser capaz de ajudá-lo — tornou ela. Mas nada havia que pudesse fazer. Eu simplesmente tinha de passar por aquilo.

Então, antes que eu compreendesse o que ela estava fazendo, a srta. Morgan sentou-se no espaldar da poltrona e passou o braço em volta de mim tentando apoiar minha cabeça em seu ombro. Eu não o permiti, pois sabia que a minha transpiração empaparia toda a sua roupa. Ela não insistiu ao notar minha resistência. É claro que, em seguida, desejei não tê-lo feito e me senti terrivelmente aborrecido, por perder as minhas oportunidades. Mas, logo depois, cheguei a um ponto em que não só perdi o orgulho como também a timidez e, voltando-me, encostei-me nela — o que era muito reconfortante. A única desvantagem foi que passei a gostar dessa proximidade carinhosa e, depois, cada vez que tinha uma crise de asma, eu a desejava desesperadamente.

Passado um tempo, não sei como — acho que no final eu estava bastante insensível, pois chega uma hora em que a natureza é o seu próprio anestésico —, o ataque passou e caí no sono.

De forma que a profecia de Scottie tornou-se uma realidade: dormi com a srta. Morgan, embora não da maneira como ele quisera insinuar.

CAPÍTULO XI

Eles devem ter me levado para a cama, pois foi lá que despertei na manhã seguinte, terrivelmente abatido, porém em paz. Como o ataque cedesse rapidamente por si mesmo, meu coração suportou-o melhor do que de costume, e não houve nenhum dos efeitos colaterais causados pelos vários medicamentos.

A srta. Morgan me acomodara em seu próprio aposento. Não sei onde ela dormiu, uma vez que o seu era o único quarto que estava pronto. Fiquei na ala leste do forte, e o sol da manhã entrava através da grande janela. Acordei ao romper do dia e vi uma trilha gloriosa de ouro pálido correndo ao longo das cristas das ondas.

Havia algo de sobrenatural no completo vazio para o qual se olhava através daquela janela, na pálida luz do alvorecer. De minha cama, eu não podia enxergar a terra, mas apenas as rutilantes ondas ainda sombrias nas concavidades, pois o sol ainda não incidia totalmente sobre elas.

E nessa hora, mal desperto do sono, vi os fatos de um modo diferente do que anteriormente. Percebi-os, não como pequenas correntes de causa e efeito, cujas conexões não se podia alcançar além de uns poucos movimentos – que é como a vida geralmente é encarada –, porém como grandes faixas de influência, às quais podíamos submeter-nos ou não. A tendência da nossa própria natureza é que determinava essa escolha.

Era bastante romântico acordar daquela maneira, no quarto da srta. Morgan, e olhar ao redor. Ela havia decorado tudo com um curioso matiz de azul, cinza e verde, com um brilho que causava o efeito de água translúcida do mar. A cabeceira da cama era entalhada de modo a se parecer com uma onda prestes a rebentar, pintada de um prateado opaco, com reflexos de um iridescente azul-esverdeado, que à meia-luz da aurora causava um efeito bem curioso e muito realístico. Todos os utensílios sobre o toucador eram de prata e chagrém sem brilho. Havia grande quantidade de frascos de porcelana marchetada de azul, de formatos exóticos, com os quais, imaginei, a srta. Morgan tratava da sua pele adorável. Aquilo mais se parecia com o laboratório de um alquimista, faltando apenas o astrolábio, um atanor e uma retorta ou duas para completar o quadro. O que me encantou especialmente foi um grande vaporizador de perfume com o bojo oculto por uma enorme borla de seda. Sou muito sensível a perfumes e estava decidido a investigar o vaporizador e o tipo de essência que a srta. Morgan preferia. Eu faria isso assim que conseguisse me arrastar para fora da cama, pois pode-se descobrir uma porção de coisas sobre uma pessoa a partir da fragrância que ela usa. Se a consciência me permitisse, e eu achava que sim, também pretendia furtar uma gota ou duas daquela essência, como lembrança, porque, conforme declarei, perfumes significam muito para mim. Na cama, a srta. Morgan também preferia lençóis de seda e enormes travesseiros recheados com penugem de cisnes. Quem não gostaria de ser agente de imóveis em circunstâncias semelhantes?

Entretanto, não me iludia, acreditando que tudo seria adorável no jardim. Por mais gentil que a srta. Morgan fosse, eu sabia, com a perfeita clareza do instinto, que o culto do qual era sacerdotisa, o frio culto das profundezas do mar primordial, exigia sacrifícios humanos. Recordei o que havia lido sobre a terrível fé asteca, e sobre como um infeliz escravo era selecionado do meio do povo e mantido vivo num barco durante um ano para, em seguida, ser sacrificado num altar de onde corria sangue. Seu coração era extraído enquanto ainda vivia. Esse, pensei comigo mesmo, recostando-me nos baixos travesseiros da cama sedosa da srta. Morgan e observando a luz da manhã que aumentava de intensidade, será o papel que terei de representar, caso não tome cuidado. E me perguntei se a vida do corpo teria tão grande valor que alguém recusasse até mesmo uma experiência das mais reveladoras a fim de preservá-lo! A resposta a essa questão dependia do corpo: com um corpo como o meu, a resposta seria negativa.

A súbita compreensão da conjuntura resolveu alguns problemas que há muito me intrigavam. Eu podia entender bastante bem o fato de a srta. Morgan tentar me seduzir, no caso de ela ser uma fraude e de precisar de minha cooperação, ou ao menos da minha aquiescência, a fim de realizar seus desígnios nefandos. Todavia, se fosse quem afirmava ser – uma mulher rejuvenescida por estranhos conhecimentos –, eu não conseguia explicar por que se preocuparia comigo, pois só Deus sabe que não sou nenhum homem irresistível. Ela mesma era uma mulher que seria o centro das atenções em qualquer reunião, não apenas por sua beleza, que era notável, mas também pelo extraordinário magnetismo que irradiava e por sua personalidade. Além disso, era dona de ampla e elevada cultura. Por que então estaria se incomodando com o produto saído de uma academia para filhos de cavalheiros?

Se, entretanto, eu estivesse destinado ao papel de escravo asteca sacrificado, toda a situação seria inteligível. Naturalmente, ela seria encantadora comigo. Naturalmente, me acolheria e mostraria por mim uma preocupação exagerada. Isso estava claro como água. Por duas vezes eu escapara da morte por um triz, naquela rocha infernal. Se o que ela dizia fosse verdade – e eu sentia nos ossos que era – o cão teria o seu dia de glória e então seria sacrificado. Segundo a tradição ancestral, o coração da vítima era sempre extraído com uma faca de ouro. Eu ficava imaginando como, no mundo, conseguiriam que o ouro tivesse algum tipo de gume, e de que forma atravessariam com a faca as costelas da vítima, se é que o faziam!

Ficar deitado ali, plácido e confortável, com a aparência da morte no rosto, era uma sensação estranha. A vida não significava muito para mim, mas ainda assim eu sabia que, quando chegasse a hora, iria me apegar tenazmente a ela. Além do mais, era isso o que fazia em cada ataque de asma – ao menos, era como eu me sentia, pois tem-se a impressão de estar literalmente lutando pela vida. Descobri, pela minha experiência com esse último acesso sem medicação – o primeiro que atravessei sem estar dopado –, que à medida que se passa para a inconsciência o espasmo cessa. Suponho que fosse por isso que eles, às vezes, me davam uma baforada de clorofórmio.

A explicação para a minha placidez estava no fato de, em meu coração, eu não acreditar que a srta. Morgan fosse o que dizia ser. No fundo, eu estava brincando com a idéia porque esse era o

87

caminho para o qual me inclinava. De uma forma ou de outra eu estava resolvido a arriscar nisso. Tudo o que me interessava estava ligado à srta. Morgan e a única alternativa restante seria: ir para casa, ter asma, brigar com minha irmã e vender casas imprestáveis para clientes fracassados.

Depois de tomar essa decisão, adormeci novamente. Quando acordei logo depois, a sra. Trethowen estava no quarto com a bandeja do café da manhã. É um fato extraordinário, mas a asma nunca estraga o meu apetite. Eu receberia um pouco mais de simpatia se isso acontecesse, pois minha família nunca pôde entender que houvesse algo de errado com uma pessoa que não deixava de se alimentar.

A srta. Morgan veio conversar comigo enquanto eu comia. Em geral, não sou de muito falar. Além disso, estava rouco como uma gralha, não tinha me barbeado e sabia que devia estar com um par de olhos injetados de sangue como os de um buldogue velho — sempre fico assim depois desses ataques. Achava que, por parecer tão pouco atraente, corria o perigo de perder o meu emprego como escravo sacrificial. Pouco depois, ela desistiu de tentar falar comigo e pegou um livro para ler. Virei-me e tornei a dormir. Asma é um mal que esgota.

A srta. Morgan havia mandado Trethowen passar um telegrama para minha família dizendo onde eu estava, mas eu sabia que as duas mulheres não se preocupariam; portanto, aceitei seu convite para passar no forte o fim de semana. No momento, sentia-me incapaz de andar e duvidava que estivesse apto a dirigir o carro com segurança durante as próximas vinte e quatro horas.

Era muito agradável aquele quarto ensolarado, ouvindo o som do mar e com a srta. Morgan sentada lendo em silêncio, sem prestar atenção em mim, mas ainda assim, uma ótima companhia. Gostei de que ela estivesse ali. Nessas ocasiões, parece que descubro os sentimentos mais íntimos das pessoas e sei exatamente no que pensam e como se sentem a meu respeito. Eu costumava estar perfeitamente a par da leal e profunda boa vontade de Scottie: ele realmente gostava de mim, embora eu algumas vezes o irritasse mais do que ele podia suportar. Percebia muito bem que minha irmã estava cheia de mim até o nariz, apesar de tentar esconder isso da melhor forma, ao menos quando eu adoecia. Sabia que minha mãe se preocupava apenas consigo mesma e nada notava, nem se importaria se a casa ficasse em cacos. Diante disso, minha irmã assumira a direção de tudo, porque não queria mudar dali as suas protegidas, ou ocupar uma casa em que sua situação fosse menos imponente. Enquanto eu continuasse a ser um homem de negócios na cidade, ela teria algo semelhante a uma posição social. Mas se eu tivesse ido embora, deixando-a por sua própria conta, ela não seria ninguém. E todas as pessoas a quem havia ofendido, e eram muitas, teriam a oportunidade de uma revanche. Desse modo, ela havia torpedeado tranqüilamente a minha única oportunidade, e agora era tarde demais para fazer qualquer coisa a respeito. Receio não ter desperdiçado muitas gentilezas com ela daí em diante. Minha irmã me tolerava muito bem, mas duvido que me achasse uma companhia agradável.

Enquanto dormitava, o sentimento que a srta. Morgan despertava em mim era o de uma estranha estabilidade. Não posso descrevê-lo de outro modo. Ela me parecia ter os nervos de um cirurgião. No momento, tudo estava tranqüilo, e eu sabia disso; mas eu me encontrava na situação do paciente cuja força está sendo recuperada a fim de sofrer uma operação. Pouco depois, a srta. Morgan mostraria quais eram as suas intenções, a menos que eu reagisse primeiro. Contudo, eu sabia que não ia reagir. Eu pretendia aproveitar a minha vida até que o meu prazo se esgotasse e tivesse que subir ao altar sacrificial. Gostaria de saber de que forma o sacrifício seria perpetrado. Não conseguia imaginar a srta. Morgan me escavacando com uma faca dourada até chegar às minhas entranhas. Esperava ser convidado para um passeio, numa noite de luar, até a extremidade da linha dos recifes, onde, em seguida, uma enorme onda viria me arrebatar, enquanto ela ficava a me observar. O curioso é que o fato de saber disso, longe de me deprimir, me dava uma estranha sensação de poder e de satisfação. Sentia que, com esses trunfos na manga, eu podia enfrentar a srta. Morgan em igualdade de condições. *Morituri te salutamus.*

Assim, depois de repousar por algum tempo, me animei e me pus a falar. Eu sempre divertia os advogados depois que me desinibia e começava a tagarelar; por que não faria o mesmo com ela? Contei-lhe casos sobre o ramo dos imóveis – que é bem menos escrupuloso do que corridas de cavalos – até que ela risse baixinho. A seguir, contei-lhe invencionices escabrosas sobre as pessoas ilustres da região até que ela desse boas gargalhadas. Minhas descrições dos escândalos locais sempre são muito apreciadas nas reuniões do clube, mas acho que terão um fim quando eu levar um tiro vindo não sei de onde. Recebi ameaças em várias ocasiões, mas até hoje nenhuma foi levada a cabo. Sempre fico muito alegre quando posso reunir à minha volta os maridos das amigas de minha irmã para fazê-los ver o lado divertido da vida, que a mulherada leva mortalmente a sério. O vigário acha que exerço uma influência nefanda na cidade. Na sua opinião, eu prejudicava o julgamento das pessoas sobre o que é certo ou errado, pois ele encontrava dificuldade em repreender um pecador depois que demos boas risadas do seu pecado. Por ter uma moral igual à minha, a srta. Morgan apreciou demais essas histórias. Em todo caso, ficamos bastante alegres e me esqueci dos problemas que pouco antes tivera de enfrentar. Senti-me tão bem que lhe pedi um roupão emprestado – já estava usando os pijamas que a mulher de Trethowen havia costurado para ele – e levantei-me a fim de andar um pouco pelo quarto para desentorpecer os membros, como sempre faço depois de um ataque de asma. A srta. Morgan é uma mulher alta e eu tenho estatura mediana e constituição delicada, de modo que foi um arranjo satisfatório, o que era mais do que se poderia dizer sobre os pijamas de Trethowen. Quando a sra. Trethowen entrou, pestanejou ao ver a flanela felpuda de algodão cor de abricó em volta do meu queixo sem barbear. Pode-se dizer que há alguma vantagem em ser loiro – para se descobrir se o homem se barbeou ou não, é necessário examiná-lo com boa luz. Assim, tagarelamos e o tempo passou. Do quarto não podíamos ver o pôr-do-sol, mas observamos seu reflexo rosado juntar-se nas nuvens; dentro em pouco, surgiu a lua, cheia, redonda. Pela segunda vez nesse dia, vi um caminho de luz espalhar-se por sobre as ondas.

Bem, como disse antes, eu era bastante íntimo da lua, e, quando vi minha velha amiga surgir, esqueci-me da srta. Morgan: fiquei olhando para ela, em silêncio. E, como sempre acontecia quando me comunicava com a lua, tomei consciência do lado invisível da natureza. Eu sabia que existia nas águas um tipo de vida muito intenso e com o qual estávamos em íntimo contato, pois o mar praticamente nos cercava e por pouco seríamos uma ilha. A rocha sobre a qual nos encontrávamos erguia-se tão perto da água que era mais marítima do que terrestre. Quando havia tempestade, as sobras dos borrifos das ondas precipitavam-se deslizando pelas enseadas, correndo pelas janelas de barlavento como se fossem chuva, e grandes sargaços eram arremessados na pérgula, no meio dos meus exóticos animais marinhos entalhados.

Todo o aposento era de um verde translúcido, que brilhava em tons acinzentados como a água do mar à luz do sol. Até mesmo o vestido que a srta. Morgan usava era da cor verde-mar, e ao pescoço trazia pendurado um colar de safiras que refletia estranhamente a luz. Tratava-se de uma roupa exótica, medieval, de cetim brilhante, sem acessórios e colada ao corpo. E que formas maravilhosas as daquela mulher! O decote era baixo e quadrado na frente e nas costas chegava até quase a cintura; mas as mangas eram compridas e ajustadas nos braços, terminando em pontas que chegavam até os nós dos dedos como a boca de um peixe. Nessa noite, ela não usava suas garras escarlate; em vez disso, as unhas estavam esmaltadas com verniz branco-perolado cintilante, causando um efeito estranho e sobrenatural.

Minha meditação foi subitamente interrompida.

— Wilfred, o que você sabe sobre a lua?

Fiquei tão surpreso em ser chamado pelo meu nome de batismo que quase tive outra crise ali mesmo — fiquei realmente espantado! Em Dickford, as senhoras sempre se dirigem aos seus maridos chamando-os de senhor fulano.

A srta. Morgan percebeu minha confusão, mas limitou-se a sorrir.

— Se pensa que vou chamar qualquer homem de "senhor" só porque está usando o meu *négligé*, está muito enganado. Digame, Wilfred, o que sabe sobre a lua?

Então eu lhe disse. Contei-lhe como entrara em contato com a lua quando estava deitado, derrubado pelo meu primeiro ataque de asma; contei-lhe como podia sentir suas marés e como sabia exatamente o que os poderes lunares estavam fazendo, quer estivessem crescendo ou minguando; contei-lhe que sabia quando a força das marés estava forte e quando o fluxo se distanciava como as águas do mar na praia, por ocasião da vazante. E disse-lhe que acreditava que as marés lunares influenciavam todos os tipos de coisas de uma maneira que não compreendíamos, e que apesar de eu ainda não entender essa parte, acreditava que algum dia o faria, pois obteria essas informações à medida que a vida se esvaísse de mim depois de cada ataque de asma.

A srta. Morgan concordou comigo.

— Sim — concluiu ela. — É assim que acontece. Você consegue com a asma o que eu consigo com o meu cristal.

(Meu Deus! — pensei comigo mesmo — Eu gostaria de fazer uma troca!)

Entretanto, eu lhe disse que receava que a causa disso fossem os entorpecentes. Contudo, ela balançou a cabeça.

— Você não tomou sedativos na noite passada — afirmou — mas está com uma disposição estranha esta noite, bastante diferente do seu eu costumeiro.

— A senhorita não sabe nada sobre o meu eu costumeiro — respondi. — Esse sou eu quando estou normal, não quando estou amarrado por nós.

— O que o amarra com nós? — perguntou.

— Tentar fazer o meu dever na esfera em que Deus me colocou — retruquei. — E gostaria de saber por que o Todo Criterioso persiste em bater pregos quadrados em buracos redondos.

Então, expus-lhe a minha idéia: considerando que os deuses sempre são julgados por fazer os mortais pagarem por qualquer grande dádiva que tenham recebido, nesse caso, em virtude da minha asma, eu parecia estar acumulando uma espécie de crédito com eles. A srta. Morgan concordou. E então disse:

— Você é uma pessoa muito esquisita; jamais conheci um homem que pudesse manter um silêncio tão animado.

Por um instante, não me veio à mente o que falar. Depois compreendi que, embora nunca tivesse muito a dizer por mim mesmo, sempre estou pensando com bastante intensidade. Meu silêncio não se deve a um tipo de compreensão lenta, nem à reserva, mas a uma cautela arraigada que provém do fato de viver com pessoas que sempre discordam da gente. Aprendi com experiências amargas que quanto menos as pessoas conhecerem os nossos verdadeiros pensamentos e sentimentos, tanto melhor.

Falei-lhe a respeito.

— Mas sente que pode se abrir comigo, não é? – perguntou.

Respondi-lhe que sim, que sempre desejara fazê-lo, mas que a minha conversação estava com as juntas tão emperradas por falta de uso que fora difícil dar a partida, assim como acontecera com o carro na noite anterior; porém, como ela mesma podia ver, uma vez aquecido, tudo funcionava muito bem.

Ela sorriu.

— No futuro – disse – ficarei com o pé no acelerador até ouvir os sons que revelam que você está começando a soltar faíscas.

Desejei-lhe boa sorte nesse empreendimento.

— Quando quer, você sabe ser muito interessante – afirmou. — É uma pena que não o queira freqüentemente e que não permaneça assim.

Sem dúvida me causava prazer divertir a srta. Morgan, e eu achava que ela gostava de ser entretida por mim; mas, a menos que estivesse muito enganado, não era para isso que estava sendo cultivado. E, então, foi pronunciada a palavra, talvez ingenuamente, talvez de forma intencional – isso nunca saberei ao certo –, que me revelou por que fora escolhido para o papel de escravo sacrificial. A cada hora que se passava aumentava a minha certeza de que esse seria o meu papel.

— Embora você pareça ser um homem doente, e acho que é um homem doente, dentre todos os que conheci é um dos que tem mais vitalidade.

Disse-lhe que era falsa qualquer idéia que fizesse a meu respeito, pois eu sempre ocultava meu verdadeiro eu.

— A coisa mais curiosa a seu respeito é que quanto mais debilitado está, maior é a sua vitalidade. Wilfred, você irradia uma quantidade extraordinária de um tipo muito estranho de magnetismo. Acho que esse é o seu problema: provavelmente, extravasamento de magnetismo.

Bem, talvez isso fosse verdade, pois de um modo incongruente sempre me sentia mais animado quando estava na cama completamente esgotado depois de um acesso. Minha mente ficava superatenta e lúcida, até mesmo quando mal podia levar uma xícara de chá aos lábios. De fato, era nessas ocasiões que eu tinha aquela lucidez anormal que me capacitava a ver a face oculta da lua.

De repente, a srta. Morgan se inclinou para a frente e me encarou com aqueles enormes olhos escuros.

— Sente-se daquele jeito agora, não é? — perguntou.

— Sim, até certo ponto. Não tanto como em outras ocasiões, pois desta vez o ataque não foi tão forte. Mas. . . sim, acho que até certo ponto estou lúcido agora.

— Então me diga o que sabe a meu respeito — ou o que pensa, qualquer coisa — contanto que me conte.

— Meu Deus, não sei de nada.

— Sabe sim. Vamos, conte-me. Depois eu organizo os fatos que me contar numa seqüência lógica.

Olhei para ela, sentada na grande cadeira entalhada de espaldar alto, naquele quarto azul-cor-do-mar iluminado apenas pela luz da lua. Em volta do pescoço, as safiras refletiam a luz de uma maneira peculiar e traçavam uma linha de fulgurante fosforescência no seu colo. O pesado cabelo preto estava preso no alto da cabeça. Os olhos eram muito escuros no semblante muito branco. Sim, ela era a sacerdotisa do mar que eu vira deslizando em minha direção, surgindo da névoa e da escuridão num navio de proa elevada.

Vendo-a inclinar-se na minha direção com os olhos escuros fixos em mim com intensidade ininterrupta, tive a impressão de transcender esse limite de tempo e espaço mergulhando numa acetinada maré de águas negras.

— Nosso país está afundando porque o mar é forte demais para nós — disse eu. — Nossos diques não podem detê-lo e ele está inundando todos os campos. Há uma espécie de malícia no mar, com a qual não podemos competir, e tivemos de mandar buscar uma sacerdotisa que tivesse sabedoria. Temos o nosso arcipreste, que dirige a congregação aqui no cabo, mas ele afirma que o mar é forte demais: os poderes da lua se descontrolaram e há maldade nas águas. Precisamos chamar uma sacerdotisa dos povos do mar no país que fica além do pôr-do-sol — o país perdido e inundado, do qual resta agora tão pouco, apenas um ou dois picos de montanhas ao sul. . .

— Os Açores? — perguntou ela.

94

— Sim — respondi. — Os Açores, surgindo de grandes profundezas, tudo o que resta desse país inundado. E eles nos enviaram sua última sacerdotisa, uma sacerdotisa do mar, que também, como era preciso, é uma sacerdotisa da lua.

— Por que é necessário que ela seja uma sacerdotisa da lua?

— Ainda não sei. Mas dentro em pouco saberemos.

— E o que fará a sacerdotisa quando vier?

— Oferecerá sacrifícios.

— O que ela sacrificará?

— Homens.

— Onde?

— Na caverna embaixo de Bell Knowle.

— Como ela os sacrificará?

— Eles serão amarrados vivos na pedra do altar, e a maré virá e os levará embora. Ela sacrificará homens até que o mar fique satisfeito.

— E isso é tudo?

— Isso é tudo o que sei. Pode ser que haja mais, eu não sei. Não posso pensar nisso. Talvez mais tarde. Imagino que mais coisas acontecerão. Sempre achei que haveria muito mais.

Em seguida voltei a mim, como alguém que volta à superfície depois de um mergulho profundo. Descobri a srta. Morgan olhando nos meus olhos como se quisesse cavar dois buracos em meu cérebro, dentro do meu crânio.

(Bem — disse para mim mesmo —, você diz que sou um homem doente, mas adivinho que serei um homem muito mais doente quando acabar comigo, se continuar fazendo esse tipo de coisa!)

95

CAPÍTULO XII

No dia seguinte, pedi emprestado o antiquado aparelho de barbear de Trethowen, desses que os suicidas costumam usar. Graças a isso, barbeei-me com bastante dificuldade. Então, desci para fazer companhia à srta. Morgan na sala da frente. Sentia-me curiosamente leve, como se estivesse num navio e o chão oscilasse sob meus pés. Era muito diferente da costumeira sensação de peso que sempre me ficava depois de um ataque de asma. Tanto fazia: eu não tinha ilusões quanto aos benefícios que pudessem advir dessa sensação.

Como sempre, a senhorita foi muito amável. Permitiu que eu andasse e esticasse um pouco as pernas, e a seguir me instalou numa cadeira de convés. Não era uma dessas cadeiras de lona que nos beliscam os joelhos por trás; tratava-se, aliás, de uma legítima cadeira de timoneiro. Quando neguei que estivesse começando a me cansar, a srta. Morgan não argumentou comigo como minha irmã, mas me contradisse francamente. Segurando-me pelo braço, acompanhou-me até a cadeira, sem querer saber da minha opinião. Quando fico nesse estado, é bom que sejam severos comigo, pois sempre me mostro muito contrariado depois de um ataque e insisto em querer tudo o que faz mal. É como quando mordemos um dente cariado para nos vingarmos dele.

Depois da refeição fiquei mais amável. Não fui exatamente rude com a srta. Morgan como teria sido com qualquer outra pessoa. Por mais que tente evitar, há um tipo de impaciência que sinto nessas ocasiões e que ninguém lamenta tanto quanto eu. Todavia, após dormir a maior parte da tarde, à hora do chá eu já havia recuperado quase inteiramente o meu estado normal de espírito. Não digo que ainda não me sentisse um tanto extenuado, mas mentalmente era eu mesmo outra vez.

Permanecemos deitados em nossas cadeiras de convés. O som dos sinos de uma igrejinha antiga de Starber alcançou nossos ouvidos atravessando as águas tranqüilas. Uma lenta e mansa série de ondas rasteiras chegava do ocidente e varria as rochas com um marulhar macio. Dentro em pouco, um vento frio nos impeliu para dentro. A srta. Morgan acendeu um fósforo e ateou fogo à madeira recuperada do mar, na grande lareira ladeada pelos dois delfins que eu esculpira para ela. Esparramei-me no enorme sofá e ela sentou-se num pufe, com os cotovelos apoiados nos joelhos. Ficamos observando as chamas azuis, cor-de-malva e douradas, lambendo a madeira impregnada de sal. As chamas de uma fogueira feita com madeira do mar assemelham-se às opalas.

Foi nessa ocasião que a srta. Morgan me fez uma proposta.

— O que faremos com estas paredes? — perguntou.

Olhei para o grande aposento onde os soldados tinham se divertido — quer dizer, se é que os pobres diabos haviam considerado um divertimento viver no forte. A parede que dava para o sul era toda de vidro — desses vidros que se prestam para a fabricação de espelhos —, apenas interrompida pelos estreitos pilares de suporte para a pérgula. No fundo, três janelas em estilo gótico abriam-se para o lado da costa na parede de alvenaria. O chão era um mosaico de madeira que ainda recendia docemente a madeira nova, aroma pelo qual sou apaixonado. O reboco, entretanto, era liso, sombrio e despojado, pois eu não sabia o que ela pretendia fazer.

— Se eu fosse a senhorita, apainelaria um quarto grande como esse — falei. — Ou então, usaria tapeçarias. Papel pintado para forrar parede não é indicado nesse caso.

— E o que me diz de colocarmos pinturas nas paredes? — indagou.

— De que tipo?

— Cenas marítimas.

Concordei em que era uma boa idéia e perguntei-lhe como se propunha fixar a pintura a óleo na parede com toda aquela umidade marinha.

— Não pensei em telas a óleo — disse. — Pensei em pinturas feitas diretamente na parede.

— Terá de arranjar alguém para fazê-las. — disse. — Não acha que isso será um transtorno terrível?

— Nem um pouco — retorquiu ela. — Ficarei contente de tê-lo aqui. Já trabalhou com pintura a têmpera?

— Nunca — respondi.

— Oh, bem — disse ela —, vivendo e aprendendo.

Então percebi aonde ela queria chegar. (Que inferno! — pensei comigo mesmo. — Por que ela não põe ordem na caverna sob Bell Knowle e acaba logo com isso?)

— É contra a idéia? — disse.

— De forma alguma — respondi.

Quando a srta. Morgan me deu boa-noite, afagou-me a mão, mas nem pisquei os olhos. Senti que havia percorrido um longo caminho desde que saíra de Dickford na sexta-feira de manhã.

Foi inesperadamente fácil convencer minha família quanto à minha permanência no forte. Minha irmã gostara de apresentar meu trabalho na exposição de arte; sentia que a família marcara um tento devido ao impacto da obra. Agora, eu era um pouco mais importante do que um mero comerciante de Dickford. O sogro de Scottie, por exemplo, nunca expusera qualquer de *suas* peças de artesanato nas exposições de arte. Minha irmã concluiu precipitadamente que a srta. Morgan pretendia transformar-me no herdeiro de sua fortuna. Saiu apressadamente a fim de comprar-me uma gravata nova e uns pares de meias. Pessoalmente, acho que ela ficaria mais predisposta a legar-me o seu dinheiro se eu usasse a minha velha gravata e fizesse por merecê-lo.

Minha irmã sempre se manteve muito atenta às minhas idas e vindas, porém a Providência divina e os meus camaradas sempre conspiraram jogando poeira para encobri-las. E nas raras ocasiões em que esteve na trilha certa, não a identificou, por conhecer tão pouco sobre a natureza humana. Ser filhinho de mamãe traz umas tantas vantagens, como pude descobrir; permite que você se saia bem em quase tudo, pois ninguém imagina o que se é capaz de fazer.

De qualquer forma, eu tinha quase a certeza de que, no momento, podia me arriscar tanto quanto quisesse com perfeita impunidade e, quanto mais a minha consciência me acusasse, tanto menos minha irmã suspeitaria de mim. Quanto ao velho Scottie, desde que não se gastasse dinheiro no negócio nunca daria o contra — atitude, aliás, muito decente. Normalmente, costumo acatar seus desejos, mas desta vez receio que tiraria cabal vantagem da situação. Scottie não disse nada, porém ficou mordendo o lábio superior até que pensei na história de Kipling: "Como o elefante arranjou a sua tromba".

Combinamos que eu iria trabalhar no forte nos fins de semana, voltando ao escritório na segunda-feira a tempo de cuidar da correspondência. A opinião pública da cidade não fez caso do negócio, acreditando que a srta. Morgan estivesse beirando os noventa; exceto, naturalmente, Headley, em quem Scottie confiara. Este ficou rindo cinicamente quando me viu colocando a maleta no carro certo sábado à tarde.

Ao atravessar a ponte pênsil sobre o rio Dick, sentia-me como um garoto saindo de cena numa pantomima, pois no momento em que se atravessa a ponte e se chega aos pântanos, o ambiente muda e os Antigos Deuses assumem o comando. Não há fazendas no meio dos pântanos. Os fazendeiros que têm pastos trazem as suas reses para pastar, atravessando a ponte pênsil e recolhendo-as à noite. Também não há muros ou qualquer estrutura construída de pedra lá fora nas planícies, pois elas são inundadas com tanta freqüência que nenhuma pedra resiste. A própria estrada as atravessa, equilibrando-se sobre um dique. Já dirigi por essa estrada quando a maré estava baixa e a neblina do mar a envolvia de modo a não se poder enxergar a margem do outro lado, a não ser a estreita faixa tortuosa da própria estrada emergindo acima da água. Trata-se de uma experiência perigosa. Nesse dia, porém, a bruma causada pelo calor se esparramava sobre as campinas alagadas onde os camponeses que viravam o feno estavam fazendo a segunda colheita.

Tirei o paletó e arregacei as mangas da camisa. Ia dirigindo alegremente em marcha bastante lenta; pretendia me arrumar antes de chegar quando, além da fazenda, encontrei justamente a srta. Morgan andando a pé. Ela me disse que saíra a fim de falar com Trethowen sobre a plantação de uvas nos velhos terraços de vinhedos e que estava muito satisfeita por me ver. Isso lhe pouparia uma caminhada de volta naquele calorão, se eu lhe desse uma carona. Perto da costa estava muito mais quente do que imaginara ao sair do forte.

Ela me fez acompanhá-la até os terraços de vinhedos. Eu não tinha idéia de como faria essa escalada, mas subi como um passarinho. Encontramos Trethowen inspecionando duvidosamente o que me pareciam umas uvas muito pequenas e murchas arrumadas em esteiras. A srta. Morgan me disse que eram uvas do tipo Concord que mandara vir especialmente da América; pois, se suportavam os invernos da Nova Inglaterra, deveriam resistir aos nossos. Para mim, pareciam dores estomacais em potencial e pude perceber que Trethowen também não nutria grandes esperanças quanto a elas. Mais atraente era o jardim que ficava no terraço mais elevado. Fomos até lá, eu bem mais devagar, o que a srta. Morgan pareceu não notar, pelo que lhe fiquei grato: detesto que comentem minhas enfermidades.

Bell Head é uma protuberância em forma de banana, com o lado côncavo voltado para o sul. Toda essa parte é de rocha pura, verdadeiros poleiros de gralhas, que parecem esturricar naquela inatividade. A inclinação para o norte, coberta de grama, cheia de samambaias nas depressões do terreno, está invadida pelos coelhos. A seus pés fica uma praia de pedregulhos. A extremidade da costa, onde há os terraços, inclina-se para sul-sudeste. Felizmente para nós, um contraforte da rocha nos protegeu do sol da tarde e sentamo-nos à sombra, num assento feito de pedras.

Atrás de nós, a cinzenta parte frontal da rocha erguia-se a mais ou menos cem pés até o cimo da chapada gredosa, recoberta de hera. Um pouco abaixo do topo, a grande entrada escura de uma caverna abria-se para uma sacada. A srta. Morgan contou-me que lá de baixo podia-se descortinar nitidamente, com o uso de binóculos, uma série de degraus esculpidos e de saliências por onde um homem corajoso, que não sentisse vertigens, podia ter descido chegando até a caverna.

– E – disse ela – se você traçar uma linha reta do espinhaço da série de recifes ao longo da duna, acompanhando o declive dos estratos, esta passará exatamente sobre a caverna e terminará em cima de Bell Knowle. E, acredito – continuou –, no dia mais longo do ano qualquer pessoa que estiver observando daquela caverna verá o sol nascer sobre o monte de pedras de Bell Knowle que se assemelha a um monumento.

100

Com efeito, desde o momento em que mencionou esse fato, tornou-se evidente que não obstante o repetido golpear das ondas pode ter causado a inclinação da linha da costa, a posição da rocha que se lançava sobre o mar era reconhecidamente leste-oeste. De fato, Bell Head, Bell Knowle e a saliência estreita acima de Dickford representavam, todos, o final da parte mais elevada da mesma comprida laje de estratos. Quando o Dick alterou o seu curso, e escapou através da fenda na saliência devido a uma falha nesse estrato — causada sabe-se lá por que sublevação antiqüíssima da costa —, ele transformou as dunas setentrionais de areia ao redor de Dickford num terreno alagadiço. Com isso, permitiu que o pantanal que ficava ao sul, em volta de Starber, secasse e se transformasse em dunas de areia. Para um naturalista, trata-se de uma parte interessante do país.

Contudo, nosso interesse não era o do naturalista. Do ponto vantajoso em que nos encontrávamos, debaixo da saliência do rochedo, fui capaz de mostrar à srta. Morgan o declive de terreno e explicar-lhe sua importância. Apontei-lhe a série de colinas e concavidades que assinalavam os alicerces dos antigos embarcadouros atrás de Starber, agora a meia milha do mar, o que mostrava que a terra tinha subido de nível. Mostrei-lhe o leito do antigo Dick e o caminho de sirga, e a mancha de névoa sob as montanhas que assinalavam Dickford; era lá que os funileiros desciam para encontrar os navios dos homens do mar. Mostrei-lhe a rachadura na inclinação íngreme de Bell Knowle. Eu acreditava que ali estava oculta a caverna do mar, agora entupida pelo acúmulo de eras de depósitos de cascalho do mar.

A srta. Morgan focalizou o binóculo naquela direção e a estudou cuidadosamente.

— Você vê — disse ela — que na parte de baixo, o banco do Dick é reto e escarpado? Acha que a água esconde uma construção de alvenaria? Ali é que eu atracaria a embarcação, se me dirigisse à caverna.

Ela me passou o binóculo e pediu que observasse o alinhamento da costa até Starber. Daquela altitude, a abertura do antigo estuário estava bem visível, e em suas entradas elevava-se um cômoro rochoso — sem sombra de dúvida, a ilhota onde eu esperara acender o farol que deveria orientar a entrada do barco da

101

sacerdotisa do mar. Minhas mãos tremiam tanto que mal podia focalizar o binóculo. Juro que eu não sabia da sua existência!

A srta. Morgan com certeza notou minha agitação, apesar de não tê-la comentado.

Ela não deixava escapar quase nada, aquela mulher! Ficamos sentados tranqüilamente, durante certo tempo, até ouvirmos o som das ondas que batiam nas rochas lá embaixo, à medida que a maré subia. Toda a vida antiga desse país côncavo estava se revelando diante dos meus olhos. Podia ver o Naradek fluindo em sua corrente prateada entre os juncos, onde agora só havia tojos e gramíneas. Podia ver a linha escura dos embarcadouros abaixo da caverna e a estrada pavimentada que conduzia até ela. Ao redor, dos lados de Bell Knowle, ainda se podia discernir a linha sinuosa do caminho processional subindo até o monte de pedras erigido em forma de monumento, lá no cimo. Agora, no entanto, eu já não o via como um monte de pedras em ruínas, rachadas e quebradas pelo clima; mas como um círculo de pedras verticais, erguidas e vergadas como um *Stonehenge* em miniatura. Eu estava certo de que a sombra do pico em forma de pirâmide passaria pelo lugar onde estávamos sentados quando o sol surgisse no dia mais longo. Então, o primeiro raio de luz brilharia de cima, passando através da alta entrada monumental do templo do sol, e incidiria sobre a entrada da caverna, acima de nossas cabeças.

Diante dos meus olhos, surgiu a fila de sacerdotes em túnicas brancas, cintos de ouro e cabeças rapadas, andando em procissão pelo caminho. Nas estradas, através do pantanal, eu podia ver o povo, vestido com roupas castanho-avermelhadas e cinzentas, grosseiras como era costume, que se assemelhavam à cor da terra a que serviam. Eu também podia ver os casacos brilhantemente tingidos dos marinheiros e dos guerreiros e o brilho das armas. A fumaça das lareiras acesas ao anoitecer se esparramava sobre Ishtar's Beere. Ao longo dos embarcadouros, estavam fundeadas as estranhas embarcações de proa alta, com o convés coberto de popa a proa pelas velas cor de púrpura, azul e escarlate, arriadas a fim de servir de toldo para os escravos acorrentados que as impeliam com os remos. A abertura escura da caverna marítima de Bell Knowle era nitidamente visível para mim, de tal modo que eu até podia imaginar que conhecia quem se encontrava lá dentro, e que a senhorita estava oferecendo sacrifícios. Então voltei a mim e vi que a srta. Morgan me observava. Fiquei imaginando o quanto de tudo aquilo transparecera em meu rosto.

A srta. Morgan ergueu-se e iniciou a descida. A superfície do terreno declivoso dos canteiros de ervas mantidos pelas rochas estava tão quente que mal se podia encostar-lhe a mão. As aromáticas plantas acinzentadas que cobriam o solo impregnado de sol espalhavam seu perfume acentuado e picante, o que me fez lembrar da essência que me envolvera num outro dia, lá na casa vazia, quando a srta. Morgan abrira o seu manto, revelando o pescoço macio de uma mulher jovem.

Não senti pena por ter de voltar ao carro, pois a descida foi quase tão árdua como a subida por aqueles degraus íngremes e irregulares. Ao chegarmos à estrada que conduzia ao forte, a srta. Morgan sugeriu que saíssemos do carro e escalássemos a crista da duna a fim de ver o monte de pedras. Tive de me recusar e explicar o motivo, o que me deixou mal-humorado e fez com que me sentisse um miserável. Isso a aborreceu, pois sentiu que metera os pés pelas mãos. Não, não sou uma pessoa de convívio agradável. Não é de admirar que minha família estivesse farta de mim. Quando fico com essa disposição de espírito lá em casa, desanuvio o ambiente provocando uma briga com minha irmã, o que nunca é difícil fazer. Mas eu não podia reagir assim com a srta. Morgan. Então percebi o quanto piorara desde que fiquei asmático, por maltratar uma pessoa relativamente estranha com esse mau humor. Essa descoberta me deixou ainda mais contrariado e, quando saímos do carro, segui-a entrando na grande sala de estar num silêncio taciturno, incapaz de proferir uma palavra para me desculpar.

A srta. Morgan voltou-se para mim, observando-me enquanto fiquei parado diante dela como uma criança birrenta. Em seguida, sacudiu-me pelos ombros.

— Wilfred, não seja tolo — disse, e me deu uma beijoca na bochecha, sem grande gentileza.

Eu não ficaria mais surpreso se ela houvesse jogado um balde de água fria em cima de mim. Recebi muitos beijos solenes no rosto, de minha irmã em muitas ocasiões, e lhe dei um na boca, em retribuição, mas esse era um assunto inteiramente diferente.

103

Fiquei arfante de uma forma que não acreditava possível, embora de modo inteiramente diverso do que já me encontrava antes. A srta. Morgan percebeu e sorriu. Em seguida, saindo para tirar o chapéu, deixou-me sozinho. Mergulhei numa das suas cadeiras de pernas serradas a fim de tentar recobrar o que restara do meu juízo.

Sobrara exatamente o bastante para que eu imaginasse como me estaria sentindo quando a srta. Morgan terminasse comigo e fizesse as malas para retornar a Londres. Então, algo surgiu dentro de mim e disse: "Depois de mim, o dilúvio." Acomodei-me novamente na cadeira de pernas serradas, pus-me à vontade, acendi um cigarro e resolvi que a próxima vez que a srta. Morgan me pegasse pelos ombros e me sacudisse, seria beijada por mim. De todo modo, quando ela retornou, eu estava pronto para qualquer jogo que ela escolhesse e já começava a selecionar um dos meus. Ao vê-la, porém, senti que não poderia simplesmente brincar; ela não era desse tipo de mulher.

Então, naturalmente, meu coração disparou de novo, mas por outro motivo. Ela notou e bateu-me amigavelmente nas costas. Peguei sua mão e a beijei — o que pareceu endireitar a situação de uma maneira que não consigo descrever. Seja como for, depois disso senti-me completamente feliz. Houve alguma coisa entre mim e a srta. Morgan le Fay que tornou impossíveis os modos convencionais de procedimento — que eu não desejava, pois arruinariam tudo. Admito que houve ocasiões em que fiquei excitado - afinal, sou um homem — mas, ainda assim, não queria realmente nada que fosse convencional. Foi dessa época em diante que passei a chamá-la de Morgan le Fay. Nunca mais a tratei por srta. Morgan; por outro lado, ao menos diante dela, jamais pude chamá-la de Vivian.

Dirigimo-nos à sala de jantar e saboreei o primeiro dos maravilhosos jantares de cozidos que se habituou a preparar para mim. Era uma coisa das mais fascinantes observá-la fazendo a comida. Na sala de jantar, havia uma longa e pesada mesa, como essas de refeitórios. Numa das extremidades ficavam todos os seus utensílios domésticos, que a sra. Treth deixava prontos antes de desaparecer de vista. Ficávamos com o forte e com o cabo só para nós.

104

Um grande caldeirão apropriado para cozidos sobre um fogareiro a álcool, ao lado de um "abafador", mantinha quente os alimentos. Havia uma bandeja com todos os tipos das mais estranhas especiarias, assim como manjericão doce e páprica, e vinho branco seco em vez de vinagre. Tudo o que devia ser cozido, Morgan le Fay o fazia no creme, na manteiga ou numa espécie de caldo, acrescentando essas especiarias. E ela assava vários tipos de pães estranhos que aprendera a preparar nas diversas regiões do mundo, e não apenas o tipo de pão que usamos na Inglaterra. Por conseguinte, fez Trethowen plantar toda variedade de temperos verdes; ensinou-me a comer couve-marinha crua e cercefi, que achei invulgarmente bons. Ela podia cozinhar desde pratos chineses até receitas peruanas. Aprendi a comer talharim quebradiço frito sem sujar os cabelos e a apreciar o chimarrão. Contudo, mesmo na ponta da longa mesa, vestida com roupas medievais e com uma concha de prata na mão, aquela mulher nunca me pareceu afeita à vida doméstica. Assemelhava-se mais a uma sacerdotisa diante do altar, e o brilho opaco do cobre sobre a chama azul lembrava o de um caldeirão de bruxa. A mesa estava iluminada com velas muito bonitas, compridas e delicadamente alongadas. Do lado de fora, podia-se ouvir o rumor incessante do mar. Acostumei-me a ficar sentado, observando-a, esperando que o jantar fosse servido. Felizmente, eu tinha o bom senso de saber que aquela era uma mulher que ninguém, exceto um tolo, tentaria domesticar, da mesma forma que só um tolo prenderia uma andorinha numa gaiola, pois sua beleza está na sua forma de voar.

Podia ser, como ela afirmava, que ela fosse muito velha, tendo preservado maravilhosamente a juventude por meio de estranhas artes. Ou talvez fosse uma mulher muito esperta, fazendo um jogo que ela mesma inventara. Eu ignorava a verdade, e há muito tempo isso deixara de me preocupar. Sabia apenas que ela era Morgan le Fay e que não havia ninguém que a igualasse.

Bem, tratava-se do meu primeiro jantar naquelas circunstâncias. No lugar onde estava, na ponta da mesa, apoiei os cotovelos diante de mim e, encostando o rosto nas mãos, pus-me a observá-la; poderia ter permanecido assim durante horas. Ela conhecia também o uso adequado da bebida para levantar os ânimos e, como abstêmio, senti melhor esse efeito. Havia um velho garção

105

que servia vinho no "George" que costumava divertir-me imensamente com sua maneira de "ir levando" os advogados: ele tanto podia embebedá-los como mantê-los sóbrios durante uma longa noite. E se alguém lhe desse um tratamento que ele julgasse indigno de um cavalheiro, céus, esse acordaria na manhã seguinte com uma tremenda dor de cabeça! Não era tanto a bebida, mas o modo como ele as combinava. Eu costumava arrematar os vinhos para o "George" nos leilões e tive várias reuniões com esse velho camarada. Quando percebeu que eu apreciava a sua arte, ensinou-me uma porção de coisas. É sempre muito instrutivo conversar com os especialistas de qualquer ramo de negócios.

Morgan le Fay, que viajara por todo o mundo, costumava receber bebidas de todos os tipos, oriundas das mais longínquas vivendas campestres, de castelos e de estâncias. A produção desses lugares era de invulgar qualidade, só que em quantidade insuficiente para ser comercializada; portanto, negociavam-na apenas com os compradores da região. Sempre que Morgan experimentava alguma bebida de que gostasse muito, pesquisava sua proveniência. Em seguida, seguia-lhe a pista e fazia amizade com o produtor. Para uma alma caseira como a minha, beber vinho ao mesmo tempo em que olhava para o parreiral era um fato emocionante. Naturalmente, parte desse vinho se estragava na viagem e nós o jogávamos ao mar, desfazendo-nos depois dos barris. A maior parte, entretanto, chegava em bom estado, pois Morgan Le Fay era uma excelente juíza nesse assunto. Alguns desses vinhos eram realmente maravilhosos.

Tanto ela como Sally cozinhavam bem, apesar de divergirem inteiramente na maneira de fazê-lo. Sally se fiava na manipulação de um alimento de modo a extrair dele o sabor, mas Morgan le Fay apenas o considerava como a matéria-prima para a arte culinária. Quanto a minha irmã, ela se limitava a dizer à cozinheira aquilo de que dispúnhamos na casa e a encomendar ao açougueiro o que este devia mandar entregar. Ela repreendia a ambos, provavelmente baseada no princípio de que o que não fosse usado na ocasião serviria para depois. Mas minha irmã jamais punha a mão na massa, e ficaria completamente desnorteada se a cozinheira se demitisse. Ela entendia tanto de cozinha como eu de aerostatos — o que, em absoluto, a incomodava. Ainda assim, considerava-se uma ótima dona-de-casa pelo fato de as escadarias estarem adequadamente alvas e as cortinas de babados limpas, coisas com as quais normalmente não me importo.

Depois do jantar, caminhamos lentamente até a extremidade da linha de recifes para observar o reflexo da lua na água. Eu estava curioso por descobrir se uma enorme onda viria das profundezas para me arrebatar e andei diretamente até o ponto onde as algas marinhas flutuavam a fim de ver o que aconteceria, até que Morgan le Fay, inquieta, me chamou de volta. Porém, tudo estava mortalmente tranqüilo. Havia apenas o sussurro prateado das ondas sobre as rochas e a leve agitação da maré no auge do refluxo. Dentro em pouco, todas as algas passaram a flutuar na mesma direção e soubemos que a maré começava a mudar. Entramos, então, e nos sentamos junto ao fogo. Os delfins sorriam para nós. Eu era absolutamente feliz.

CAPÍTULO XIII

Na manhã seguinte, iniciei o esboço dos desenhos para as pinturas da parede com carvão, nas grandes e irregulares extensões de reboco. Ao mandar que rebocassem as paredes, eu não havia contado com essas pinturas – o Ministério da Guerra achava suficiente fazer uma caiação para abrigar sua minguada tropa de pseudo-heróis. Entretanto, a srta. Morgan recusara minha oferta de fazer um revestimento de gipsita. Por fim, chegamos a um acordo: Trethowen passou rapidamente uma cobertura de cola nas paredes. Da próxima vez em que me encontrou, a srta. Morgan tinha a me dizer poucas e boas sobre a cola. Eu lhe respondi que ela deveria ter conhecido o forte na ocasião em que a gralha boiava livremente no tanque de água, pois nesse caso seria grata por pequenos favores do céu. O cheiro da cola assemelha-se ao das patas traseiras das vacas, um odor perfeitamente higiênico.

Uma parede inteira do grande aposento era ocupada por uma lareira emoldurada por estantes de livros – o que certamente foi uma bela idéia. No meu quarto, tenho uma arrumação igual. Além disso, Morgan le Fay instalou prateleiras de cedro, o que imprime o mais delicioso dos aromas aos volumes; sei disso, porque vivia tomando emprestado os livros dela. Se um livro antigo já exala um cheiro agradável, guardado em estantes de cedro, então, é um prazer manuseá-los.

Restaram os espaços entre as janelas góticas e a parede vazia do outro lado para eu trabalhar. Para os primeiros, planejei um céu revolvido pelo vento e um mar vazio sob uma luz brilhante; para o outro espaço, um amontoado de névoa e água escura como óleo e formas indistintamente delineadas, e mais: pesadas ondas e, na tempestade, os vagalhões brancos com as cristas impelidas pelos ventos. Em seguida, um mar tranqüilo à luz do luar.

Todas essas eram cenas de superfície. Para o outro lado da sala, onde não havia interrupções na parede, eu arquitetara um panorama de profundos palácios marinhos, com sereias e tudo o mais, tendo como figura central a srta. Morgan no papel de sacerdotisa. Todos os projetos foram aprovados, com exceção da figura de centro, uma vez que me abstivera de pedir sua opinião.

A roupagem era o que Kipling chamava de "harumphrodite" e os traços um borrão, que é como devem ser as pinturas inspiradas.

Calculei que essas pinturas iam ser algo mais do que uma composição minha. Sabia que no jogo de luz e sombra iriam surgir faces indistintas, como acontece em certas gravuras de quebra-cabeças. Tínhamos volumes encadernados dessas velhas revistas na nossa sala de visitas. Em primeiro lugar, a pessoa vê uma figura comum, para só depois descobrir que as linhas formam uma imagem dentro da outra; encontra-se o jóquei dentro da figura do cavalo. Acredito que, de certa forma, me entreguei à tarefa, e a vida que existia no fundo do mar se interpretaria espontaneamente em minhas pinturas.

Dei um jeito de deixar o projeto inteiro toscamente preparado em carvão, naquele primeiro fim de semana, o que era aproximadamente o quanto esperava produzir, pois sabia que passaria bastante tempo conversando com a srta. Morgan. E foi isso mesmo o que fiz! Na segunda-feira de manhã, coloquei uma braçada de livros emprestados na parte traseira do carro e parti com a cabeça zunindo como um enxame de abelhas. Na verdade, lidar com Morgan le Fay não era brincadeira para um solteirão de Dickford! Durante toda a semana, os clientes me acharam um tanto distraído e Scottie manteve um olho desconfiado sobre mim. O *office-boy* foi ostensivamente compreensivo, pelo que lhe daria uns bons sopapos. Acho que Scottie o fez.

A srta. Morgan mencionara pintura a têmpera, mas quando investiguei do que se tratava, tive minhas dúvidas sobre se seria apropriada para aquele úmido ar marinho. Em todo caso, essa área apresentava uma mudança de nível perigosa. De modo que ela achou muita graça quando me viu chegar na sexta-feira seguinte com a traseira do carro repleta de latas de tintas próprias para decoração de casas, e por que não o faria? Não deve causar perplexidade os efeitos impressionantes que se obtêm com essas tintas, pois elas têm consistência. De modo que obtive magníficos efeitos opalinos, tanto nas nuvens como nas ondas, pelo método de aplicar descuidadamente as tintas em camadas pegajosas, penteando-as em seguida com um pente comum de cabelos, da mesma forma como se fazem as barbas do papel na manufatura de livros. A srta. Morgan divertia-se demais vendo-me trabalhar; contudo, admitiu a eficácia do meu método. Seja como for, obtive resultados e os obtive rapidamente.

Com todo o trabalho de base esboçado, ainda restavam os traços finais; mas para esses eu precisava esperar pela inspiração. Pretendia aguardar a oportunidade e comunicar-me intimamente com o mar, adaptando-me à disposição que este apresentasse no momento. Então, trabalharia no painel. A primeira impressão que o mar me deu, bem a propósito, foi a de espaços varridos pelo vento e banhados por luzes intermitentes. Por esse motivo, caminhei até a extremidade da linha dos recifes, apesar dos protestos de desaprovação da senhorita. Lá, comunguei com a vida marinha que estava por toda parte.

Perdi qualquer noção de terra firme à medida que permaneci ali, olhando para o ocidente, onde não se avistava a costa. Uma ou duas gaivotas voaram e sumiram de vista. Um bataló passou impelido pelo fluxo da maré. E então o mar e o céu ficaram desertos e fiquei a sós com as ondas.

O sol aparecia e desaparecia em caprichosos lampejos, e sua claridade salpicava a água. Aqui e ali havia ondas cujas cristas brilhavam com a espuma branca, mas a maior parte do mar corria mansamente, com séries de pequenas vagas que vinham a meio galope e rebentavam contra as rochas. Naquele dia o mar não se manifestava em toda a sua força, mas ainda assim não se devia brincar com ele. Para o oeste, as águas apresentavam-se com uma escuridão que era mais do que o lusco-fusco acentuado de um entardecer de outono. Estava frio e a maré subia. Uma onda alcançou meus tornozelos, o que me deixou irritado. Portanto, fiquei satisfeito de voltar para perto de onde Morgan le Fay estava sentada, fumando um cigarro, à minha espera para preparar o chá, junto da lareira onde queimava a madeira resgatada ao mar. Meus pés estavam molhados, não me viera nenhuma inspiração e tudo isso junto me deu um sentimento de inferioridade. Animei-me, entretanto, e conversamos até tarde. Dormi bastante e, finalmente, resistindo a todas as tentações para sair novamente até os recifes banhados pelo sol, resolvi trabalhar na primeira das minhas pinturas.

Ora, não sei o que aconteceu lá fora nos recifes, ou qual seria o verdadeiro significado da onda que me molhou o tornozelo. Porém, assim que comecei a tarefa, compreendi que havia vigor em minha pintura. Na minha imaginação, visualizei toda a vida que existe no mar e tive a impressão de que nessa vida havia inteligência. Uma mente semelhante à nossa, porém mais ampla e imensamente mais simples. A natureza elemental difere da nossa existência em nível, mas não em espécie. Essa vida tem o mesmo tipo de animação autônoma, como a de uma colmeia de abelhas ou um rebanho, que existe apesar de não se encarnar em forma humana. E, se eu resolvesse, poderia desenhá-la da mesma forma que expressaria a vida que existe num rosto humano. E por que não fazê-lo? Portanto, dei às pequenas ondas encrespadas traços indistintos: aqui uma sobrancelha, acolá uma boca, mas em nenhum lugar um rosto completo. E cada uma dessas formas parciais expressavam um modo de existência idêntico — uma vida iluminada, desumana e insensível, bastante bonitas, de uma maneira bem trivial, mas inteiramente destituídas de alma, como acontece com certas moças demasiado jovens. Só alcançamos uma grande beleza onde se manifesta o espírito, como acontece no caso de Morgan le Fay.

Assim, durante o dia inteiro, desenhei a vida marinha das ondas menores, como a daquela onda que me apanhara pelos tornozelos. À luz do sol, havia nessas ondas uma centelha, semelhante à alegria de pequenos seres estouvados que se rejubilam de sua própria vitalidade. Mas, à sombra das nuvens, podia-se notar nitidamente que eram todas graciosamente desalmadas. Quando terminei de pintá-las, estava bastante cansado. Morgan le Fay aproximou-se, sentou-se a meu lado num banco, e conversamos enquanto eu me esparramava no sofá diante da lareira acesa. De tão fatigado, precisei repousar antes de poder comer. Morgan tirou o colar de safiras e me entregou a fim de que o examinasse. Observei o exótico lampejo e o brilho das pedras à medida que a luz das chamas refletia sobre elas. Percebi que irradiavam um curioso magnetismo. Às vezes, ficava imaginando qual seria a razão pela qual ela costumava me entregar o colar para que brincasse com ele.

Naquela noite, sonhei com o mar e com Morgan le Fay. Sonhei com ela como uma sacerdotisa da lua, e não do mar. E, de um modo estranho, compreendi que a lua domina o mar, e que, portanto, Morgan era muito mais do que uma sacerdotisa do mar.

No dia seguinte, andei com ela até o topo da duna para inspecionar o amontoado de pedras dispostas como se fossem um monumento. Não foi uma escalada tão difícil ir até o pico, acompanhando a elevação disposta em camadas, desde a base. Teria sido pior galgar diretamente no meio dos coelhos a partir da estrada e consegui fazer bem essa subida.

As rochas eram interessantes. Não sei de nada tão fascinante como interpretar a vida de povos remotos através dos escassos vestígios dos montes de terra e de rochas. Para mim, parecia bem evidente que ali viveram congregações de sacerdotes quando o mar estava baixo. Ao construírem os seus templos, os povos antigos sempre escolhiam lugares que impressionassem, algo capaz de despertar a imaginação dos *hoi polloi*. E, onde quer que se perceba algo de impressionante na configuração do solo, pode-se iniciar com segurança uma pesquisa e se encontrarão vestígios de antigos rituais. Não são fáceis de encontrar esses vestígios, pois nem túmulos nem dólmens assinalam o lugar, porque um túmulo druida não é diferente de qualquer outro túmulo; e os monumentos funerários logo desaparecem.

Ali em cima, entretanto, na duna nua e solitária, ninguém passara o arado no solo pouco profundo, nem tentara carrear as pedras por aquela estrada perigosa, de modo que as pedras estavam onde haviam caído, e podia-se descobrir de onde pelo plano simétrico dos fragmentos de rocha tombados na grama árida. As rochas seguiam, aos pares, pelo espinhaço da duna, e deviam ter uma aparência magnífica quando estiveram todas enfileiradas ao lado do caminho processional — pirâmides de pedra branca, construídas como muralhas ásperas, da altura de um homem de seis pés de estatura.

Adivinhei que as pedras levavam da ponta do cabo até o lugar em que a trilha perigosa se desviava para a caverna da vigília. Com efeito, quando olhei no meio das samambaias e do solo solto dos viveiros de coelhos, descobri as pedras brancas onde imaginara encontrá-las. Ficamos terrivelmente excitados. Esqueci-me completamente da minha asma e corri por ali como se tivesse dois anos de idade. Bem na parte mais alta da duna, achamos três grandes pedras tombadas e concluímos que teriam sido as duas colunas e o lintel de uma entrada monumental. Com tanta certeza quanto podia deduzir sem o uso de instrumentos, seria possível avistar, através dela, um pilone semelhante, ou até mesmo um círculo de pedras no pico de Bell Knowle, bem como olhar diretamente para o sol nascente no mais longo dos dias.

Também adivinhamos que, uma vez que a linha dos rochedos descia rumo à base, algo especial devia ter estado no lugar onde era o forte. Entretanto, o Ministério de Guerra, explodindo tudo a caminho de sua derrota, apagara qualquer vestígio. Todavia, contei a visão que tivera para a srta. Morgan, sobre a pira do mar ardendo no ponto mais avançado da maré de quadratura. Ficamos imaginando se quando as rochas mais distantes fossem deixadas à mostra, localizaríamos os vestígios que procurávamos. Estávamos excitadíssimos com a perspectiva dessa descoberta. A senhora Treth fez soar três vezes o gongo antes que atendêssemos à sua chamada para o jantar. E que jantar! A idéia que a sra. Treth fazia de um jantar britânico apropriado para um sábado obrigou-nos a ir para cama logo depois.

Enquanto dormia, sonhei. Só me recordava de algo parecido com um sacerdote vestido de branco que desapareceu na neblina quando a sra. Treth nos despertou ao jogar mais uma acha de lenha no fogo que se extinguia. Andamos até o cabo para ver os últimos raios do pôr-do-sol, mas não havia crepúsculo nesse entardecer. Tudo era sombrio, frio e da cor cinzenta do aço. Ficamos contentes por entrar outra vez.

Por cima da beira da xícara de chá, contei o meu sonho para Morgan le Fay, que me olhou com estranheza. Tive a impressão de que ela não se surpreendera e que as coisas se desenvolviam como esperava, talvez melhor. Ela se levantou e saiu da sala sem dizer palavra. Quando voltou, trazia uma caixa de couro na mão. Abriu a caixa e dela tirou um grande cristal.

— Gostaria de olhar dentro dele? — perguntou, colocando-o nas minhas mãos.

113

O cristal era surpreendentemente pesado para o seu tamanho. Apoiei os cotovelos nos joelhos, a fim de suportar melhor o peso. Olhei fixamente para o seu interior, onde estranhas luzes brilhavam, refletidas pelo fogo.

Quando o peguei pela primeira vez, estava gelado; mas dentro em pouco, à medida que o calor de minhas mãos começou a aquecê-lo, a luz do seu interior pareceu tornar-se mais brilhante. Talvez fosse apenas o fogo que crepitava com mais força – não sei. A seguir, notei que o enevoado brilho dourado do interior do cristal se concentrava num único ponto luminoso, que se movia à proporção que eu o olhava. Mais tarde, compreendi que o movimento acompanhava o compasso da minha respiração – conforme meu peito subisse ou descesse modificava-se o ângulo dos meus braços e, conseqüentemente, o ponto de luz me seguia. No entanto, antes de chegar a essa conclusão, julguei tratar-se de fenômenos psíquicos e fiquei fascinado observando esse ponto. Segundo minha experiência, todos os fenômenos objetivos com que me deparara admitiam uma explicação natural e o verdadeiro reino da fantasia provinha do íntimo.

Mesmo assim, qualquer que fosse a explicação, esse foco de luz que se deslocava me hipnotizou da maneira já conhecida. Acho que Morgan le Fay sabia que isso ia acontecer. O brilho dourado do cristal espalhou-se, aprofundou-se e dentro em pouco envolvia-me por inteiro, encerrando-me numa nuvem dourada. Através dessa nuvem mística, ouvi a voz da sacerdotisa do mar comandando e fazendo perguntas.

Contei-lhe que avistava a longa série de dunas e os rochedos verticais emparelhados, pirâmides brancas do fogo do luar. Ali, onde agora se erguia o forte, havia um palácio antigo, construído de pedras, parecido com os palácios de Knossos. Lá fora, no cabo, havia um amplo espaço plano, com um lugar para acender o fogo. Eles acendiam piras de madeira do mar, na praia, quando a maré estava no auge da vazante. Na enchente, as ondas recebiam o fogo, justamente como eu vira no meu sonho. A pira era montada com madeiras de aroma adocicado. Tratava-se de um sacrifício e de um tributo pagos pela terra ao mar, pois este é mais antigo. Ao redor da pira ardente, os sacerdotes vestidos de branco, com cintos de ouro e com as cabeças rapadas, ficavam em semicírculo, esperando a primeira grande onda alcançar a fogueira. Quando as brasas ardentes caíam chiando na água, eles entoavam uma canção que estabelecia a paz entre a terra e o mar. Esse canto implorava que o mar se recordasse de que era regido pela lua e que lhe devia obediência. Eles saudavam o mar como a mais antiga das formas criadas, mais ainda que as montanhas, e o reverenciavam como a mãe de tudo o que existe. Porém, suplicavam para que o mar se lembrasse de que a lua é a doadora da vida magnética, e de que era a luz do luar, banhando as águas, que fazia surgir as formas viventes. Pois o mar é amorfo, mas a lua magnética dá forma e vida às águas.

O efeito que essa experiência me causou foi estranho pois, à medida que me recostei na grande poltrona, respirei profunda e facilmente pela primeira vez desde que tive meu primeiro ataque de asma. E soube, além de qualquer contestação, que os portais da vida que julgava fechados para sempre, desde que recusara a oferta de ir para Londres, estavam se abrindo diante de mim. Soube então que, mais uma vez, minha vida se movimentava e progredia e que nunca mais voltaria a ser uma existência estagnada.

CAPÍTULO XIV

Minha vida se resumia num encadeamento de fins de semana. Scottie olhava-me cada vez com mais azedume, e os olhares do *office-boy* tornavam-se cada vez mais atrevidos quando eu voltava para trabalhar, segunda após segunda-feira, sempre mais confuso e distraído. Não obstante, por enquanto, eu não tive mais acessos e não fazia nenhum caso do que acontecesse à minha alma imortal, agora que o corpo voltava a ser habitável. Até mesmo minha mãe, que nunca repara em nada, notou que fiquei livre da asma e observou que sempre pensara que eu superaria a doença. Foram muitas as vezes em que tive a curiosidade de saber com que idade minha mãe passaria a me considerar um homem maduro.

Eu vivia num tipo de mundo de sonho; apenas Morgan le Fay e o forte me pareciam reais. Todavia, como forma de compensação, algo mais estava se transformando em realidade: o curioso reino da lua e do mar. Desde que vira aqueles rostos na água, eu não podia ver outras coisas e, à medida que as ondas vinham rolando, eu lhes sentia o estado de ânimo. Para mim, cada rocha tinha a sua personalidade, e dentro em pouco comecei a sentir o humor dos ventos. O fogo, naturalmente, tinha vida própria.

Entrar em contato com o Invisível é como tomar uma bebida — se você começar, não conseguirá mais largar. Também achei que tinha o poder de reconstruir a vida remota de um lugar e vê-la desenrolar-se como figuras de sonho num devaneio. Com esses brinquedos à minha disposição, não seria de estranhar que me afastasse da vida que até ali me proporcionara tão pouco e partisse para explorar os caminhos secretos do Invisível.

Com a evolução dessa estranha consciência, também surgiu um vislumbre do relacionamento entre Morgan le Fay e eu. Entre

116

nós existia uma simpatia muito curiosa, e isso tinha um grande valor para mim. Eu não estava cego para o fato de que me encontrava prestes a me apaixonar perdidamente por ela, se apenas me acenasse com o dedinho – o que não seria de surpreender que acontecesse com os virgens de Dickford, fosse qual fosse o seu sexo.

Muito embora eu fosse o único solteiro disponível na cidade – se é que um asmático pode ser considerado um bom partido – e, conseqüentemente fosse perseguido como uma lebre elétrica, eu sempre me lembrava do poema:

When I thinks of what I is and what I used to was,
I thinks I throwed myself away without sufficient
cause.

[Quando penso no que eu sou e no que costumava ser, Acho que desperdicei as oportunidades sem motivo suficiente.]

Admito ter gasto uma porção da minha libido com algumas coisinhas fofas da região, mas uma cautela inata impediu que me envolvesse com qualquer mulher que razoavelmente esperasse conduzir-me ao altar. Meu pai fizera papel de bobo com mais de metade da região, de modo que suponho ter nascido escaldado. Em minha defesa posso dizer que minhas carícias paravam no pescoço; embora, de certa forma, isso fosse uma pena, pois o amor é como o sarampo – quando o pegamos na idade certa, trata-se de uma indisposição infantil, mas quando acontece mais tarde na vida, torna-se uma doença grave.

Quando fiquei asmático, meu médico me perguntou se tivera algum contratempo amoroso.

– Bem – respondi – o senhor conhece Dickford tão bem quanto eu. Acha isso provável?

Ele concordou comigo em que não seria. Conseqüentemente, quando entrei em contato com o que parecia ser um artigo genuíno, estava tão suscetível ao sarampo como um negro.

As mulheres das vizinhanças de Dickford, na minha opinião, eram excepcionalmente destituídas de atrativos. O tipo inte-

117

riorano é assim. Num dos vales encontraremos uma multidão de rostos femininos parecidos com pudins, e no próximo haverá garotas bonitas debaixo de cada arbusto – e atrás deles também! De qualquer forma, Dickford oferecia tão pouco em matéria de tentação que não sei como meu pai se arranjou para fazer o que fazia. O fato é um mistério para mim. Acho que me pareço com ele até o ponto em que não tenho muita consciência nessa espécie de assunto, pois minhas inibições são de natureza estética, e não de natureza ética. Se houvesse qualquer oportunidade de me envolver com Morgan le Fay, certamente eu o faria. Mas no fundo do meu coração, pressentia que isso seria improvável; também entendia que qualquer situação dessa natureza teria quebrado o encantamento e arruinado todas as coisas.

Eu também sabia que Morgan le Fay não se importava que eu a amasse; isso não a preocupava nem um pouco. Ora, em Dickford, se alguém se apaixona, tem de se declarar. E se for recusado, você não o ouvirá referir-se ao fato durante um intervalo decente. Ou, se o casamento não for indicado, vai-se passar fora um fim de semana, ou então mantém-se um encontro furtivo atrás do muro, conforme a posição social de cada um. No sentido literal da palavra, eu passava todos os fins de semana de minha vida com a srta. Morgan. Se alguém de Dickford estivesse interessado nela, nossa reputação há muito estava arruinada. Então, poder-se-ia dizer que esse arranjo tinha todas as desvantagens e nenhuma das vantagens de uma ligação amorosa.

Com efeito, eu lucrava algo muito definido com isso tudo, embora achasse difícil precisar do que se tratava. Houve momentos, naturalmente, em que quis mais do que obtive e, conseqüentemente, ocorreram ocasionais "movimentos orgânicos" e "derramamentos de fluidos" de que Morgan não tomava o mínimo conhecimento, assim como se faz com um animal de estimação que é afastado para o cruzamento na época certa, sem que ninguém fale sobre o assunto. O bom da situação era que ela permitia que eu a amasse, aceitando o fato com naturalidade e sem se preocupar com isso. Creio que, a esse respeito, os temperamentos variam, e que algumas pessoas na minha posição teriam usado facas de trinchar contra o outro. Admito que prometi a mim mesmo que,

118

quando tudo terminasse, eu me suicidaria nas rochas do recife. Não achava nada engraçado voltar para a minha família, para a asma e para Dickford. Enquanto isso, eu possuía algo que fazia a vida valer a pena e, como não tinha nem ilusões nem escrúpulos, não fiquei com nenhum complexo.

Nosso médico, em conversa no celeiro onde eu morava, depois de me atender profissionalmente, contou-me que nesses assuntos o povo podia ser dividido em tipos sádicos e tipos masoquistas – o que em bom inglês quer dizer em botas e capacho. Os sádicos socam os olhos da dona ou a insultam na frente do mordomo, conforme a posição social; e os masoquistas nunca estão felizes, a menos que a dama lhes torne a vida um completo inferno. A vida é muito estranha. Penso que, pessoalmente, tenho tendência para o masoquismo, embora exista um limite quanto ao que pretendo suportar.

De qualquer forma, eu preferia uma Morgan le Fay remota como lua a uma que remendasse as minhas meias; assim eu poderia alimentar meus sonhos de magia, de luar, de palácios no mar. E tinha para amar uma princesa dos poderes do ar. Tudo isso se teria transformado em pó como fruto do Mar Morto, se ela se transformasse em carne e sangue. Morgan le Fay, ao deixar que me importasse com ela sem medo ou como se estivesse fazendo um favor, e consentindo que o seu magnetismo feminino extravazasse desenfreadamente para mim, dava-me, embora eu jamais a tocasse, o que está faltando em muitos casamentos. Os moralistas falam em sublimação de desejos, mas apenas porque desconhecem o que aprendi sobre a magia do luar, sozinho lá fora, no forte, com Morgan le Fay. E, então, acho que amar da maneira como ela me permitia amá-la não era um mau remédio para o pecado, e uma situação extremamente melhor que o tipo errado de casamento, contanto, é claro, que você não seja do tipo que soca e deixa arroxeado os olhos do povo quando tem um acesso de cólera.

E assim nos arranjávamos muito bem, Morgan le Fay e eu. A cada dia o forte se transformava para mim num palácio do mar, e Morgan le Fay na sua sacerdotisa. Cada vez mais, eu vivia em outra dimensão, onde obtinha o que sabia que nunca teria na terra. Sentia-me muito feliz, embora possivelmente um tanto louco; mas qualquer coisa era melhor do que Dickford e a asma.

E assim, imperceptivelmente, se passaram as semanas – no que me dizia respeito, exatamente uma série de fins de semana. Com a minha amizade com Morgan le Fay, algo de novo entrara em minha vida: eu tomava emprestado os seus livros e ela me preparava as mais interessantes refeições, ensinando-me a apreciar a comida como já me ensinara a degustar o vinho. Enquanto isso, contava-me o que sabia sobre a vida e, incidentalmente, sobre a sua filosofia de vida, que era exatamente como seria a minha, se eu não tivesse sido criado com tão grandes cuidados. Tudo aquilo que sempre observara em mim como um pecado original, descobri elaborado num código ético por Morgan le Fay. Nunca houve qualquer pergunta a respeito, mas minha asma melhorou consideravelmente.

Adotando um termo usado pelo médico, houve algo mais que também melhorou com o rompimento de meus princípios éticos: foi a minha capacidade para o desenho. Lembro-me de ter ouvido certa vez a história de um dos maiores pintores modernos. Quando era jovem, ele era um homem bom, importava-se com a mãe e pintava de forma semelhante à das tampas usadas para caixas de chocolate. Porém, certo dia, quando estava de férias, escorregou de uma rocha e fraturou o crânio, transformando-se num grande artista – e nunca mais obedeceu à mãe.

Indubitavelmente, eu estava começando a esparrinhar a tinta nas paredes de Morgan num grande estilo. Há algo a dizer em favor da arte moderna: você pode elaborar sua própria técnica à medida que pinta. E não precisa aprender laboriosamente a técnica tradicional, enquanto obtiver bons resultados. O fato de ter esparramado tintas para a pintura de casas sobre o reboco nu e têlas penteado com um pente não depunha contra mim como artista – na verdade, para algumas pessoas, isso me seria favorável. Entretanto, preciso dizer que tinha a me escudar o treinamento de desenhista, pois seria um arquiteto se meu pai não morresse prematuramente e me tivesse confiado uma responsabilidade antes da hora. Em conseqüência, quando eu criava minhas ondas ou minhas nuvens, fazia-o com o senso de proporções inato de um arquiteto, e sabia fazer isso muito melhor do que tentar desenhar pessoas.

E assim, como disse, as semanas se passaram. Realizei todo o trabalho mais pesado dos desenhos, se é que esse é o termo correto; mas, para trabalhar nas formas indistintas que se revelavam no mais íntimo de minha alma, precisava esperar pela inspiração que o mar me forneceria. Terminara o painel do mar calmo pouco profundo e Morgan ficou entusiasmada. Mas eu sabia que esse era apenas o começo e que muito mais haveria de vir.

E, dentro em pouco, aconteceu. Levantei-me certa manhã de sábado e, ao olhar pela janela, não pude ver os canos das chaminés da margem oposta.

– Bem, – disse a mim mesmo – se está assim aqui, como estará ao longo da costa?

Assim que, num piscar de olhos, vi essa neblina, comecei naturalmente a respirar ruidosamente como asmático, embora tivesse dormido tranqüilamente a noite inteira enquanto a névoa estava se formando. Isso mostra como a asma é mental, apesar de parecer não fazer qualquer diferença saber que se trata de um mal psicossomático.

Entrei para pegar algumas camisas limpas que minha irmã deveria estar remendando, mas ela não o fizera por andar preocupada com coisas mais elevadas. Ela me ouviu arquejar e não quis me entregar as camisas, dizendo que eu não estava bem para sair naquela neblina. Então, fui de roupão até a cooperativa, comprei algumas camisas grosseiras de marinheiro e mandei pô-las na conta da manutenção da casa, levando-as penduradas no braço sem embrulhar. Foi uma lição para minha irmã. Ela nunca mais tentou esse truque. Quem preza demais a opinião pública está em grande desvantagem quando lida com pessoas que não fazem caso disso.

Fui até a casa de Beardmore, nosso médico, e fiz com que me desse uma injeção de sedativo.

– Você não está em condições de dirigir – disse ele, quando viu o carro do lado de fora.

– Isso não deve preocupá-lo, se não me preocupa – respondi.

– Mas, e quanto às outras pessoas na estrada? – indagou ele.

– Que vão para o inferno! – repliquei.

121

— É disso mesmo que tenho medo — argumentou.

Não foi mau guiar através da cidade. Eu podia ver o sol como um disco de cobre polido deslizando através das ondas de névoa. Mas, assim que atravessei a ponte pênsil e cheguei aos pântanos, começou a ficar realmente frio. Acho que eu não podia enxergar mais do que alguns metros à minha frente. Por sorte, a estrada era reta e não apareceu nada no caminho, exceto uma ou outra vaca. Dirigi o carro com extremo cuidado, pois havia profundas valetas de cada lado e o meu carro fechado é do tipo que atola em três dedos de água.

Avancei penosamente a dez milhas por hora, tempo que me pareceu uma eternidade. Não demorou para chegar à fazenda. Ao me ouvir chegar, Trethowen saiu. Disse que não fora capaz de subir ao forte de carro e que sua mulher tivera de subir a pé naquela manhã. Ele me advertiu que não tentasse fazê-lo. Porém, sabia que não ia agüentar a caminhada e levaria quatro horas para subir o trecho que normalmente faria em uma hora. Então, afirmei que o que tivesse de acontecer aconteceria. Ele acenou concordando e me deu o leite para levar. Ao que parecia, no momento Morgan estava se alimentando com comida enlatada.

Consegui subir bem o aclive; não podia deixar de fazê-lo, pois estava bem protegido por barreiras de ambos os lados das quebradas, de modo que podia deslizar sem susto ao longo de uma espécie de pista. Mas por pouco deixei de ultrapassar a curva muito fechada e foi a barreira que me salvou. Mesmo assim, derrubei boa porção dela, pois estava dando tudo o que podia pisando fundo. O carro avançou aos solavancos. Sempre guiei carros de alta potência, de forma a evitar freqüentes mudanças de marcha quando estou sob a ação de sedativos.

Entretanto, sobrevivi e cheguei ao alto da duna. Aí recebi em cheio no rosto o impacto do *fog*. Havia um leve ar gélido e a névoa vinha em espirais; entrava pelo pára-brisa do carro e se condensava do lado de fora, tão cerrada como eu jamais havia visto antes. Acendi os grandes faróis altos, que uso para dirigir à noite, razão do ódio que me devotavam os outros motoristas. Mas isso representava apenas desperdício de bateria, razão pela qual os desliguei, optando por praticamente farejar o caminho, palmo a palmo. Correr ao longo da estrada não faria sentido, pois haveria

122

bastante risco de resvalar diretamente para dentro do mar. Eu não enxergava nada, na verdade; mal podia ver a ponta do capô do automóvel. Contudo, continuamos, o radiador do carro fervendo como uma espécie de samovar numa festa escolar, por causa da subida vagarosa, como se escalássemos a ladeira a pé. E ainda mais tendo de esquadrinhar cada ângulo de estrada! Quanto a mim, achei que nunca mais respiraria outra vez!

Dentro em pouco, senti que a estrada se inclinava na direção dos recifes e agradeci a Deus por isso. Buzinei para anunciar minha chegada. Morgan veio abrir os grandes portões, o que me alegrou, pois não posso fazê-lo quando estou ofegante. Se alguma vez alguém se pareceu com uma sacerdotisa do mar, esse alguém era ela, parada no meio da neblina, com um halo de névoa a emoldurar-lhe o rosto.

Ela quis que eu entrasse para tomar café junto à lareira, porém recusei. Era justamente aquela a atmosfera do mar que eu queria captar; portanto caminhamos até a ponta das rochas e ficamos parados ali, ouvindo tranqüilamente o murmúrio das ondas. No princípio, parecia haver silêncio, mas se se prestasse atenção, o ar estava repleto de sons. Para o sul, lá longe à distância, o barco-farol de Starber alternava os dois sons que lhe granjearam o nome de Vaca e Bezerro. No mar, ao longe, dois ou três navios apitaram e obtiveram resposta. Um navio pesqueiro invisível fez soar um sino. A batida lenta e regular do mar espirrava continuamente a água no meio das rochas e, durante todo o tempo, a neblina a tudo envolvia. Em tudo havia uma tranqüilidade, uma calma aparente.

Contei a Morgan que era essa a "atmosfera" do mar que desejava captar e pedi-lhe que me deixasse sozinho e fosse fazer o café. Ela resmungou um pouco, porque não gostava muito que eu chegasse até os recifes; mas era preamar, de modo que eu não podia ir longe; assim, ela concordou em entrar. Observei-a atravessar a neblina, com as roupas flutuando à medida que andava, graciosa e firmemente, sobre as rochas, até que desapareceu na névoa e eu fiquei a sós com o mar.

O nevoeiro adensou-se à minha volta e tudo sumiu, exceto a rocha coberta de hera exatamente sob os meus pés. A bruma passava por meu rosto com um toque estranho, macio, impalpável,

123

semelhante ao toque de um casaco de peles. Os grandes navios apitavam e buzinavam lamentosamente. O barco pesqueiro afastou-se lento, fazendo soar o seu sino como um leproso que se tivesse perdido no mar.

Passado algum tempo, abriu-se uma brecha no nevoeiro e uma mancha de pálida luz solar rompeu por ela e, pela primeira vez, pude avistar o mar. Era de um cinza esmaecido e prateado como se estivesse enfermo, e movia-se em marolas lentas, lânguidas e doentias; sim, esse era um mar muito doente, podem acreditar. O nevoeiro não lhe caía bem. Depois, a névoa tornou a se adensar e o tênue e longínquo gemido continuou. Uma gaivota gritou numa rocha como se fosse uma alma errante. Para mim bastava, e virei-me para entrar.

À medida que me virava, resvalei e, antes de saber onde estava, senti a maré que subia chegar até meus joelhos. Não me importei, pois havia calçado quatro pares de meias e podia tirá-las, e os sapatos, e secá-los junto à lareira. Certo dia, muito tranqüilamente, Morgan havia tirado a camisa das minhas costas com a mesma finalidade. Mas senti um abalo curioso ao perceber que toda vez que me comunicava com o mar, ele parecia querer agarrar-me, e cada vez a água alcançava um ponto mais alto. Primeiro, os tornozelos; agora, os joelhos. Na ocasião em que terminasse o último painel, talvez tentasse alcançar-me a garganta.

Quando Morgan le Fay viu que eu estava encharcado até os joelhos ficou zangada. Acho que pensou a mesma coisa que eu. Nunca haviam encontrado o corpo do pobre idiota que desaparecera sem deixar rastros. O canal se aprofunda exatamente junto ao forte onde, seja o que for que não consiga ficar na superfície, escoa-se rapidamente "para o bacalhau e os congros, comedores de cadáveres", e é devorado antes de poder inchar e boiar. Morgan serviu-me café e, depois de vestir roupas secas, me senti melhor. Minha asma desaparecera por completo. Não há nada melhor do que um choque para eliminá-la. Certa vez, caí da escada durante um acesso e, ao chegar embaixo, sentado no tapete, já estava completamente normal.

Escureceu mais cedo, tanto que às três horas da tarde tivemos de acender as luzes. Morgan acrescentava cânfora, cedro e óleo de sândalo à parafina de suas velas, de modo que estas recendiam docemente à medida que queimavam. Eu havia trazido comigo alguns bolos leves, redondos e chatos, semelhantes a sonhos. Nós os assamos nas brasas da lareira. Eles ficaram impregnados com o exótico sabor de iodo do mar, bem como com o aroma delicioso da fumaça. Morgan le Fay me ensinara que se podia cozinhar de maneiras diferentes com diversos tipos de fogo; que um fogão a gás dava um fogo seco e áspero que nunca substituiria os pedaços de lenha ardente, que produziam um fogo macio, lento. Além disso, contou-me que havia diferentes espécies de lenha e, para certos pratos, nada poderia substituir os carvões de zimbro. Revelou-me ainda o antigo sinal mágico —

Take two twigs of the juniper tree.
Cross them, cross them, cross them.
Look in the coals of the Fire of Azrael' .

[Pegue dois galhos da árvore de zimbro.
Cruze-os, cruze-os e cruze-os.
Olhe para os carvões de Fogo de Azrael.]

e nos esquecemos de tudo o que se referisse às mãos do mar que tentavam me agarrar e ao pobre idiota que se fora para sempre.

Certa ocasião, Morgan peguntou-me se eu gostaria de olhar nos carvões do Fogo de Azrael. Quis saber do que se tratava. Ela explicou que teria de fazer uma fogueira com vários tipos de madeira; depois, ao olhar para as brasas, à medida que o fogo as consumisse, poderíamos ver dentro delas o passado que estava enterrado. Algum dia, disse ela, faríamos isso e veríamos o passado: a duna do mar e a região côncava dos pantanais reconstruindo-se por si mesmas. Quando isso acontecer, pensei com meus botões, o mar estará à altura do meu pescoço. *Morituri te salutamus!*

Nessa noite, tivemos uma magnífica refeição, apesar de Morgan estar assassinando as latas com um abridor. Ela cozinhou mexilhões como os americanos o fazem, com manteiga e migalhas de pão. De cada país por onde Morgan viajava trouxera receitas culinárias – e ela viajara por uma boa porção deles. Era fascinante sentar-me por perto, observando-a trabalhar, e ouvir suas conversas. A chama azulada do fogo a álcool brilhava por baixo do grande caldeirão de cobre, e todos os pequenos frascos de vidro refletiam a luz. Sentia-me como se ela estivesse aviando a fórmula de um elixir de vida para mim e, para dizer a verdade, acho que estava mesmo.

Pois uma mulher como Morgan le Fay, que conhece as artes da magia do luar, pode fazer um elixir muito estranho para um homem beber. Há uma qualidade em suas mãos que se transmite aos alimentos. Eu despediria uma cozinheira rabugenta mesmo que tivesse de me alimentar com biscoitos de cachorro pelo resto da minha vida, pois, no meu entender, qualquer coisa que ela tocasse ficaria envenenada para alguém mais sensível.

No dia seguinte, acordei de madrugada, fui até a ponta do recife e vi algo maravilhoso: vi o nevoeiro baixar à medida que o sol surgia. Uma brisa leve, intermitente, vinha do alto-mar e empurrava o nevoeiro para trás, em grandes espirais. O sol brilhava num céu de nuvens de um azul outonal dos mais pálidos e refletia-se nas pequenas ondas que acompanhavam a oscilação do vento. Todo o mar cor-de-ouro descorado faiscava e o nevoeiro, cor-de-neve, acumulava-se ao longo da margem, numa barreira que ocultava a terra firme. Era como se o mundo todo tivesse mergulhado no mar e só restasse a grande duna.

Subi até o cimo da duna onde jaziam as três pedras caídas da entrada monumental do templo e observei Bell Knowle surgir lentamente da bruma. Pensei na vigília que mantivera na caverna dia após dia. Essa caverna ficava de frente para a terra lá no alto, no seio da rocha. Pensei se devia ficar ali, descendo pelo caminho tortuoso ao longo das saliências rochosas enquanto o dia clareava, ou se ficava de guarda durante a longa escuridão, junto à fogueira feita com lenha trazida pelo mar. Prometi a mim mesmo que Morgan le Fay logo teria uma fogueira de madeira aromática. Eu sabia onde obter achas de lenha de cedro, pois vieram ter à nossa praia durante uma tempestade de verão; madeira de sândalo podia ser comprada a bom preço e o zimbro crescia nas montanhas atrás da cidade. Sim, acenderíamos um Fogo de Azrael antes que ficássemos mais velhos. Eu olharia para as suas brasas e veria o passado. Depois de algum tempo, voltei para o café da manhã: descobri Morgan de olhos arregalados, pois imaginara que eu havia afundado na extremidade do recife.

126

Durante todo o dia, trabalhei no segundo painel. Pintei os raios do sol abrindo caminho entre o nevoeiro e o doentio mar prateado que se encapelava tão lentamente. E na rota oceânica que se abria dessa maneira, aparecia a sombra do *Flying Dutchman*, um navio de feitio antigo, de velas pendentes em diagonal. Suas cordas traçavam uma trilha na água, e no elevado castelo de proa havia um grande sino corroído pela ferrugem. Havia sido mergulhado ali há longos séculos, no mais profundo lamaçal. Lentos remoinhos de água seguiam a pá da roda de proa e, através deles, entreviam-se os rostos dos marinheiros afogados que se agarravam à popa à medida que o veleiro passava. Alguns deles não tinham rosto pois, como o pobre idiota, tinham naufragado em águas profundas, integrando-se às serpentes do mar.

Morgan le Fay não apreciava muito essas coisas, e perguntou: – Acaso terei de conviver com essa horrível pintura?

Respondi:

– Você escolheu viver com o mar, Morgan le Fay. E o mar é terrível. Eu, que a amo, talvez algum dia fique parecido com essas coisas sem rosto.

Ela me olhou de um modo estranho, e disse:

– Mas, enquanto isso, vivamos o presente.

127

CAPÍTULO XV

Três tipos de madeira eram necessários para o Fogo de Azrael de Morgan le Fay. Dois eu sabia onde arranjar; mas teria de procurar o terceiro.

Do outro lado da pequena garganta por onde corria o rio Dick, um cedro explodira atingido por um raio no último verão, para meu profundo desgosto, pois tratava-se de uma árvore nobre. Além disso, sua queda abrira uma horrível falha na vegetação. De forma que atravessei o rio por Bridge Street e, virando à esquerda num labirinto de alamedas, pus-me a campo para tentar localizar a casa em cujo jardim o cedro estivera, na esperança de me apoderar do que tivesse restado, por meios honestos, ou de qualquer outra maneira.

Essa era a parte mais velha e humilde da cidade, e havia sido condenada por sucessivas gerações de inspetores sanitários; contudo, como os proprietários eram todos conselheiros, nunca se pôde fazer nada. Acho que a administração local é mais ou menos a mesma, onde quer que se vá, e não há relatório que faça milagres, tanto quanto pude observar. De qualquer modo, tínhamos criado ali uma incômoda favela, a última coisa que se poderia desejar na junção do Dick, em Dickford.

Parecia bastante improvável que algum dentre aqueles infelizes tivesse cultivado cedros; mas insisti e, dentro em pouco, cheguei a um muro alto, bambo e velho como o meu estábulo, do qual se desprendera a maior parte do reboco. Nas fendas, cresciam bocas-de-leão selvagens, verbascos e trepadeiras, o que parecia promissor, pois esse muro de tijolo mole, vermelho, combinava bem com cedros.

Segui pela alameda que ladeava o muro e logo cheguei a uma casa em ruínas, cujos fundos davam para a rua, como era costume no estilo Queen Anne. Toquei a campainha e uma governanta veio atender – uma velhinha entroncada, parecida com a minha Sally Sampson, que ficara para semente. Disse-lhe a que viera e ela me contou que a velha senhora, a última da linhagem, estava morta; e ela cuidava da casa para uns herdeiros distantes. Meia coroa mudou de mãos e o cedro era meu. Descobri quem eram os herdeiros distantes, pois adivinhei que o velho local seria vendido por uma ninharia, devido ao cortiço que se aninhava ao redor. Mas – pensei comigo mesmo, depois de comprar a casa por uma bagatela: posso não animar o conselho da cidade a fazer alguma coisa com a favela... Sou um verdadeiro imbecil! É dessa maneira que os pobres corretores de imóveis ganham a vida!

Saí para ver o que restava da árvore. Tratava-se de um cedro do Líbano e considerei que serviria muito bem. Assim, providenciei para que fosse serrado e transportado para Trethowen, na fazenda, de onde seria levado para o forte aos poucos, juntamente com a senhora Treth e as vassouras. Eu não pretendia que ninguém de Dickford pusesse os olhos em Morgan. Afinal, eu tinha de viver naquela cidade excomungada.

A casa estava repleta de metais de Benares e de máscaras de raposas, além de desajeitadas aquarelas de navios de carreira, com velas enfunadas, muito corretos quanto aos detalhes náuticos. E havia diversas espadas ao longo de toda a escadaria. Pela decoração interior podia-se aquilatar de que tipo de família se tratava. Seus membros haviam servido ao rei e ao país, e pelo rei e pelo país devem ter morrido, até que não restou ninguém mais a não ser a velha senhora. E como esta não podia servir ao país, sobreviveu até a idade de noventa anos.

Havia alguns desenhos amarelecidos do Líbano e de seus cedros; e a velha senhora me contou que o cedro caído tinha nascido de semente trazida para casa por um dos seus filhos. Era curioso pensar que, em solo inglês, tinha germinado a semente que havia amadurecido sob o sol das Arábias, e que uma cidade morta-viva como Dickford tivesse um elo vivo com o Oriente antigo. A velhinha mostrou-me uma pintura da árvore que era a ancestral da sua que, penso, devia se lembrar dos cruzados, ou – uma lembrança mais agradável – de Saladino.

Então, deixei-lhe o encargo de pedir a seus filhos agricultores que serrassem o tronco, trabalho que eles aceitaram com prazer. Com meu carro, fui até as montanhas que ficam atrás de

Dickford, onde eu sabia que crescia o zimbro, uma planta nativa em terreno gredoso. Era um dia claro e, à medida que dirigia pela estrada, subindo a cordilheira, podia ver nitidamente a fazenda no sopé de Bell Head, recentemente caiada por Trethowen; mas não dava para ver o forte, que ficava escondido pela curva da duna, que, como já disse, segue o formato de banana. Fiquei contente por isso pois, embora ficasse longe, eu não queria que Dickford ou Dickmouth vissem o palácio do mar de Morgan le Fay. Não sei por que, com Starber, uma pequena aldeia de pescadores, era diferente.

Logo avistei um velho senhor consertando o muro de pedra seca junto à estrada. Encostei o carro e expliquei-lhe o que desejava. Ele disse que o zimbro não ardia muito bem, fazia muitas faíscas e crepitava bastante. Respondi-lhe que isso não importava. Ele me disse que nunca ouvira falar em cortar zimbro para queimar. Afirmei-lhe que isso também não importava. Ele balançou a cabeça negativamente, duvidando que aquilo pudesse ser feito. Perguntei-lhe por que, e não soube dizer, mas continuou a balançar a cabeça. Que país pelo qual morrer!

Dirigi um pouco mais para a frente e cheguei a um acampamento de ciganos. Pensei em ter uma conversinha com eles e ver se podia persuadi-los a roubar o zimbro do velho senhor, já que este não queria desfazer-se da madeira honestamente. Desnecessário será dizer que não foi preciso usar de muita persuasão. Uma velha dama saiu de uma das tendas desejosa de predizer o meu futuro. Concordei, pois tenho uma fraqueza por ciganos. Eles se afastaram dos lugares freqüentados pelos homens, como eu gostaria de fazer. A cigana tirou um baralho de cartas tão velhas e gastas como ela mesma e pediu que eu escolhesse uma, pedido que atendi prontamente. Dei uma olhada para ela e percebi que tinha nas mãos o retrato de Morgan le Fay, como a vira sentada na proa elevada do navio que a trouxera até Ishtar's Beere. Lá estava ela, em sua grande cadeira entalhada, com o livro sobre os joelhos. Atrás dela, havia frutas muito estranhas – romãs, segundo creio, – e, sob seus pés, a lua. Isso me causou um abalo. A cigana percebeu minha reação e pediu que eu tirasse outra. Foi o que fiz, e saiu a carta do Enforcado – um valete pendurado pelos calcanhares num tipo de forca, com um halo em volta da cabeça e uma expressão tranqüila na face. Cobri com reluzentes moedas a palma da mão da velha senhora e ela me disse que na minha vida havia uma mulher que me sacrificaria para seus próprios fins.

("Diga-me algo que não sei, mãe!") – pensei comigo mesmo.

Então comi pão com queijo e tomei cerveja num bar da estrada transversal, bastante afastado de Dickford para não prejudicar as obras assistenciais de minha irmã, e voltei para Bristol.

Bristol é um porto peculiar de que gosto muito, pois os barcos entram na cidade de maneira íntima e agradável, e pode-se andar à sombra de mastros de navios de forma que ainda sobra espaço livre suficiente para os bondes. Deixei o carro no cais e saltei sobre as pedras arredondadas à procura de pau-sândalo. Serragem de sândalo é fácil de obter, mas muito difícil de queimar. O que eu queria eram lascas do sândalo ou, melhor ainda, pedaços de ripas que pudessem ser partidas. Eu estava à procura de uma loja de curiosidades. Dentro em pouco, entre estabelecimentos onde se vendiam tecidos impermeáveis e se salvavam almas, encontrei uma.

Tratava-se de uma legítima parte da antiga Bristol. Por pouco passei sem vê-la ao atravessar o depósito subterrâneo. A vitrine estreita estava tão abarrotada de sucata empoeirada, que era impossível distinguir o que havia ali. Em nada se encontrava um preço marcado, salvo em alguns cartões muito vulgares e, na minha opinião, adoráveis, por dois *pence* cada um. Temos alguns bens rústicos em Dickford, que custam um *pence*.

Algumas pedras dentro de uma lata de cacau amarrada à maçaneta da porta anunciaram a minha entrada. De um aposento que ficava atrás da loja saiu um homem grande e obeso como um gorila. Esse aposento possuía uma meia porta de vidro, cuidadosamente encortinada. Ao me ver, seus olhos brilharam, achando que eu queria os cartões postais muito vulgares e, na minha opinião, muito caros, ou o que eles simbolizavam. Disse-lhe o que desejava, e ele mostrou-se decepcionado com a natureza humana em geral e com a minha em particular. Entretanto, fiz-lhe uma reverência e ele me indicou um armazém em ruínas mais para baixo na rua, aonde eu deveria ir. A rua inteira, na verdade, parecia estar em perigo de ruir sobre o estaleiro. Isso, creio eu, seria a melhor coisa que poderia acontecer.

131

Um jovem eurasiano me fez entrar e instalou-me num pequeno escritório, onde dei de cara com um homem de tipo mongol; mas acho que não se tratava de um chinês. Não houve dificuldade em obter o que necessitava, e logo fiquei abastecido com pequenos pacotes de pau-sândalo arrumados como gravetos, que eles tiraram do estoque. Imagino que o homem me cobrou mais do que valiam, embora não fossem baratos. Tive curiosidade de saber quem queimaria essa madeira tão cara e por quê. Naturalmente, faziam o que ele imaginou que eu fosse fazer, pois não ficou surpreso nem me fez perguntas.

Em seguida, dirigi-me para casa e tive uma briga dos diabos com minha irmã por causa do jantar. Se existe alguma coisa que me faça sair rapidamente do sério é servir carne de porco no jantar. E foi o que aconteceu. Além de tudo, a carne estava mal cozida. Então saí para comer qualquer coisa decente no "George" e, de passagem, entrei no açougue para avisar ao açogueiro que, se entregasse outra vez carne de porco em minha casa, eu encerraria a conta e passaria a comprar em outro lugar. Ele sorriu zombeteiramente. Há ocasiões em que fico surpreso comigo mesmo.

Tive uma noite muito agradável no bar do "George" e resolvi freqüentar o restaurante mais vezes. Assim, tomaria em paz o meu copo de vinho ao jantar — e que Deus tivesse pena das obras assistenciais de minha irmã e de tudo o mais que precisasse de misericórdia. A idéia de dar bom exemplo sempre me parecera muito grotesca, e nunca pude entender por que insistimos nisso. Pois, se não fizermos caridade de forma pródiga, alguém notaria? Pessoalmente, nunca achei que as pessoas reparassem nisso.

Os três dias seguintes passei num mercado, não como leiloeiro – atividade que detesto. Estive, porém, comprando no interesse de um grande negociante de Bond Street – atividade que aprecio. No terceiro dia, o negociante apareceu pessoalmente, atrás dos quadros, o que não achei reprovável. Jantei com ele, quando encerramos a venda, num salão privado do "George". No "George" você é bem servido. A mãe do proprietário cozinha e eu escolho os vinhos. Imagine as iguarias de um banquete: assados despretenciosos e cozidos, tortas de frutas e coisas semelhantes. O trabalho é grande, mas rende significativamente porque a família vive às custas do negócio. Há no salão particular algu-

132

mas telas de linho muito finas que o meu camarada quis comprar, mas das quais os proprietários não quiseram se desfazer. Pudemos ouvir a avó dizendo, lá da cozinha, que não estavam à venda. Vimos logo que não adiantaria insistir. Depois do jantar, levei-o até minha casa e dei-lhe a provar alguns dos vinhos importados por Morgan le Fay. Quando o dia clareou, ajudei-o a ir para casa. O dia seguinte passei fora e, assim, chegou um novo fim de semana.

CAPÍTULO XVI

Quando saí para o forte, na sexta-feira de noite, o carro recendia como um templo oriental, pois todo o sândalo estava na parte de trás. Encontrei o sr. Treth de olho roxo, muito zangado e com o cabelo cheio de zimbro. Como conheço os ciganos, eu não lhes pagara pelo zimbro. Preferi entregar-lhes um bilhete que eles deveriam apresentar ao sr. Treth. Nesse bilhete eu recomendava a Treth que lhes pagasse o preço estipulado, que eu depois acertaria com ele. Ao tentarem levar vantagem alterando os algarismos da conta, os ciganos rabiscaram tanto o papel que o transformaram num borrão indecifrável. De forma que Treth ajustou o preço da transação a seu modo e lhes disse que deviam aceitar a transação ou levar o carregamento de volta. O preço que fez era consideravelmente menor do que o que estava primitivamente no bilhete, e eles se sentiram lesados. Aí os ciganos o nocautearam e emborcaram o zimbro sobre ele e, não fosse o zelo de sua esposa, nada o salvaria de morrer sufocado. Ela estava aplicando um pedaço de bife no olho do marido quando cheguei.

Ajudei-o a carregar o zimbro na carreta barulhenta e iniciamos a marcha. Grande parte do cedro já havia sido transportada e vi pelo estado da estrada como o velho camarada havia trabalhado. Quando se corta uma árvore de cedro, ela rende bastante, mas achei difícil acreditar que todos aqueles troncos proviessem da mesma árvore. Suspeitei que a prole empreendedora da governanta andara comprando todos os cedros do distrito. O interior da cabeça de um trabalhador rural muitas vezes é um bocado mais esperta do que o seu exterior deixa entrever, dependendo do seu lugar de origem.

Morgan enfiou o nariz no interior do carro, deu uma fungadela no pau-sândalo e ficou enlevada. Disse que o aroma a fazia lembrar-se de Kashmir e que o meu pseudochinês provavelmente era um tibetano. De qualquer forma, tínhamos grandes esperanças quanto ao nosso Fogo de Azrael. Ela fez para mim o bife que sobrara do olho roxo de Trethowen. Caminhamos de braço dado até a borda dos recifes para observar o mar, que estava calmo; e então entramos para tomar café. Brinquei com o seu colar de safiras à luz do fogo, olhando para a mudança e cintilação da estrela de luz que havia dentro delas.

Passamos a manhã de domingo caminhando sobre a duna, ao som dos sinos de Starber, observando bem a disposição da região e assimilando-a bem em nossos cérebros, preparando-nos para o grande acontecimento.

Bell Head estende-se diretamente para a frente mar adentro, apontando para a América. Quando o vento sopra do oeste, os grandes vagalhões do oceano Atlântico chegam rolando violentamente sem encontrar obstáculos ou barreiras. É em virtude disso que os mares são tão bravios nesse ponto. Bell Head é formado por estratos em montes cônicos, como se fossem lajes superpostas; isso deixa uma descida íngreme ao longo dos cantos das camadas de rocha, resultando um precipício no socalco do terreno. A parte superior, alterada pela exposição aos elementos, é completamente chata e se ergue, como uma baleia, até o ponto mais elevado sobre o precipício que dá frente para a terra. Logo a seguir, há um istmo estreito, formado por um monte de escombros, ligando o que alguma vez certamente fora uma ilha de terra firme, ao lado do qual localiza-se o antigo canal do rio Dick, agora um córrego quando chove, e que às vezes torna-se seco, uma vez que não é alimentado por água de nenhuma fonte.

Mais ou menos cinco milhas para o norte fica Dickmouth, e a mais ou menos três milhas fica Starber. Entre as duas há apenas o pantanal, que se enche com os canais de maré. No meio do pântano ergue-se Bell Knowle.

Pelo grito das gaivotas sobre a água e pelo cacarejar das gralhas nos ressaltos, julgamos que o clima estava prestes a mudar. Naquela noite, a senhora Treth tirara da lareira as cinzas da madeira trazida pelo mar e nós tínhamos armado o Fogo de Azrael, invocando o Anjo sombrio dos Portais a fim de que este permitisse a nossa saída.

135

Cedro é uma madeira que queima adoravelmente e o mesmo se pode dizer do sândalo; mas logo descobrimos que o zimbro não era recomendável como combustível. Entretanto, era fascinante observar as chamas passando de galhinho em galhinho e ver o chuveiro esvoaçante de centelhas douradas, à medida que as pilhas de troncos cheias de vitalidade estalavam com o calor. Mas quando o fogo diminuiu, a luminosidade aumentou, e o zimbro produziu um carvão de lenha desbotado muito característico. A cinza dos raminhos jazia em finas linhas douradas no meio das brasas de cedro e das outras madeiras. Era um fogo de rara beleza; ninguém até agora fez justiça ao valor artístico das fogueiras.

Então nos acomodamos para olhar para o fogo, Morgan le Fay com um caderno de apontamentos na mão para registrar o que víssemos.

Olhei fixamente para o âmago das cavernas de brasas que agora vibravam em vermelhidão e estavam orladas com resíduos cinzentos. Um fogo de zimbro queima rapidamente, e em seus volteios ardentes eu vi os palácios de todos os reinos do mundo. Mas não eram palácios marítimos os que vi, o que me desapontou. Em seguida, uma baforada de sândalo me atingiu, e vi o Oriente imemorial, e ouvi sinos dos templos e suaves gongos, além de cânticos. Pensei no tibetano que me servira e fiquei imaginando o que ele estaria fazendo na distante Bristol. Gostaria de saber quem era a mulher ocidental com quem se casara e que lhe dera um filho eurasiano.

E disso, minha mente passou para o platô em que ficava o seu lar, que sempre me interessara e sobre o qual havia lido alguma coisa. Vi os penhascos e as ravinas que circundavam aquele país destruído, lançado descuidadamente pela mão dos deuses no nascimento da terra e imutável desde aquela época. Dizem alguns que foi lá que nasceu a raça humana e é de lá que vieram os grandes rios ao longo dos quais caminhou a civilização. Os homens do altiplano descampado mudaram menos com o passar das eras do que qualquer outro povo, e podia ser que conhecessem mais sobre a mente dos deuses que a maioria dos outros. O fato de ter comprado pau-sândalo de um tibetano em Bristol me causava prazer.

Cada povo acredita que suas montanhas é que são os tronos dos deuses; mas nas geladas montanhas do Himalaia estão os tronos dos deuses que fizeram os deuses. Para o nosso trabalho de magia fora conveniente que tivéssemos um elo com o platô através do mongol que viajara de tão longe e que me vendera sândalo nas fronteiras do mar em Bristol. Existe algo nesses vínculos, tenho certeza disso.

Mas não pretendíamos retornar ao nascimento do mundo, e desviei minha mente do Oriente antigo, voltando pelo elevado Pamir até Óxus, uma vez que eles diziam que a sabedoria original dos homens viajara para o Ocidente com os Magos. E vi o universo inteiro estendido a meus pés como se fosse um mapa, pois eu estava bem longe, nas asas da fantasia, tendo atravessado as cavernas chamejantes do Fogo de Azrael para uma outra dimensão.

E vi a cidade de Babilônia entre os dois rios gêmeos, onde as donzelas de Israel penduravam suas harpas nos salgueiros e onde Belteshazzar aprendeu a sabedoria dos astros. E fui ainda mais na direção do Ocidente, seguindo a minha estrela, que se movia e brilhava na grande safira no peito de Morgan le Fay. Cheguei ao país do povo que adora as estrelas, povo para quem a Estrela Polar é santificada como o centro dos céus. O seu deus é o Senhor deste Mundo, o Anjo Pavão; então vi as tendas escuras dos viajantes da Caldéia, cujos pais haviam conhecido Abrãao e cujos rebanhos ainda pastam nos vales onde haviam lutado reis, quatro contra cinco – Amraphel, rei de Shinar; Arioch, rei de El-lasar; Chedorlaomer, rei de Elam, e Tidal, rei das nações. Lembrei-me também de quem veio enfrentar e a quem, trazendo pão e vinho; e então vi os imemoriais cedros do Líbano, por onde Seus Pés talvez tenham passado.

Recordei-me de que Morgan me contara que havia uma fonte principal de sabedoria ocidental, mais recente do que a dos deuses do Himalaia. Entretanto, mais antiga que essas duas era a sabedoria do mar da Atlântida. E, em visão, viajei pelos picos de Atlas e pelas elevadas montanhas de Tessália, famosas por suas feiticeiras; atravessei as tundras do Báltico, de onde se originou a nossa raça, até chegar finalmente ao nosso país. Então vi os raminhos de zimbro esmaecidos e polidos no meio das brasas do cedro e do sândalo.

Certamente o zimbro é de linhagem mais antiga do que o teixo e pertence à greda de onde a civilização surgiu nestas ilhas. Trata-se da árvore dos deuses antigos, mais velhos que o carvalho ou o freixo, o pilriteiro nórdico ou o visco celta, pois era a árvore sagrada do povo das margens do rio, que era mais velho do que o povo da Idade da Pedra. Até eles vieram os Atlantes viajando de lugares remotos. E foram eles que prestaram culto à Deusa-Mãe. E eu sabia que as fogueiras que ardiam no mais distante recuo das marés eram Fogos de Azrael, ateados para obter a visão, bem como para ser um sacrifício; e eu sabia que eram de zimbro.

Então, despertou para mim a ancestral civilização em toda a sua glória e vi, em primeiro lugar, a montanha, como um cone truncado em que fora construída a Cidade dos Portais Dourados na ilha de Ruta, no perdido país da Atlântida, e isso me fez lembrar de Bell Knowle.

Vi uma vez mais o grande cone arder em chamas, pois tratava-se de um vulcão: todos os atlantes submergiram nas suas lavas — todos os templos em que eles cultuavam a si mesmos e onde entregavam os seus escravos a tormentos indescritíveis. Toda a cidade de teto dourado da sabedoria e da abominação, mais corrompida do que Babilônia, brilhando como uma jóia ao alvorecer, com seus telhados de calcáreo de ouro que brilha como ouro antigo. E vi, no último nascer do dia do mundo antigo, as grandes ondas de maré arrasar e engolir tudo. E bem distante, no alto mar, vi, cavalgando as ondas, um pequeno navio, de proa elevada e popa alta, com um dragão bordado em sua vela púrpura dirigindo-se para o leste, seguindo o caminho traçado pelo brilho do alvorecer sobre as águas. Vi remadores acorrentados na calma manhã, e a perdida Atlântida com todas as suas maldades e toda a sua sabedoria, que o mar cobriu para sempre, pois os deuses odiavam suas abominações. Nada restou, salvo algumas coisas que flutuavam e às quais alguns homens se seguravam; eram menos afortunados do que os outros, pois a morte destes havia sido instantânea — quando os deuses chamam, é melhor ir rapidamente. Então Morgan le Fay me despertou, dizendo que bastava.

O Fogo de Azrael transformara-se em cinzas, mas a noite estava amena. Saímos, portanto, novamente para o recife a fim de ver o mar à luz do luar. O céu estava claro, embora nuvens escuras se amontoassem no oeste, movendo-se vagarosamente para encobrir as estrelas. Em seguida, fomos nos deitar e dormimos tranqüilamente, pois após essas experiências sobrevém uma grande paz, intercalada com tênues sombras de reflexos oníricos.

Na segunda-feira de manhã voltei para Dickford e tive outra briga infernal com minha irmã pelo fato de eu fazer minhas refeições no "George". Então, dei uma volta pela cidade, cancelando todos os crediários, em todas as lojas. Destinei-lhe a importância de cinco libras por semana e mandei que pagasse as compras a dinheiro e se arranjasse dessa forma pois, se não o fizesse e se não pudesse comportar-se com decência, então nem essas libras ela teria. Na terça-feira de manhã, começou tudo de novo, de modo que tirei-lhe dez pesos e deixei-a com quatro libras e dez. Por fim, minha irmã se acalmou, mas fiquei com asma pelo resto da semana, e minha mãe afirmou que Deus estava descontente comigo. Talvez fosse verdade, pois a velha Sally estava me incomodando também, embora eu nunca fosse capaz de entender por que Deus se importaria com esses assuntos. Como Ele permitia que brigássemos uns com os outros? Eu mesmo recusara-me a interferir quando o *office boy* deixou de ir ao ensaio do coro. Sempre me intrigou também o fato de Deus achar tempo para cuidar de tudo isso. E de qualquer jeito, se Ele tem de interferir, por que não o faz de verdade, em vez de adotar uma política que permite todas essas brigas?

CAPÍTULO XVII

Minha asma me incomodou um bocado durante toda a semana, embora não me pusesse realmente de cama. Quando saí para o forte, sentia-me péssimo. Mal cheguei, iniciei uma briga com Morgan le Fay. Eu lhe disse que, se não me amava o bastante para casar-se comigo, seria melhor que nos separássemos, pois não podíamos continuar daquela maneira. Eu, pelo menos, não podia.

Ela sentou-se no banquinho ao lado do sofá, para onde me acompanhara. Colocou minha mão entre as suas e começou a falar tranqüilamente comigo. Quando terminou, entendi uma porção de coisas que não havia compreendido anteriormente. Algumas delas eram agradáveis; outras, maravilhosas; e outras ainda, muito amargas.

Ela me contou como, através de sua convivência com o Sacerdote da Lua que lhe aparecia no cristal, havia aprendido uma doutrina estranha, perdida desde que o mundo se tornara ou pensara ter-se tornado experiente. Tratava-se da sabedoria interior e intuitiva dos patriarcas e do povo primitivo até nossos dias. Revelou-me também a linhagem antiga de uma alma que voltava repetidas vezes à terra, aprendendo suas lições e terminando por alcançar a liberdade. E havia algumas almas que, não necessitando mais das lições terrenas, vinham para ensinar. Ela acreditava ser uma delas. Contou-me que tais almas não nasciam da forma comum, mas eram encarnadas por meios mágicos, entrando de mansinho no corpo quando as condições fossem propícias. A mistura de sangue bretão com sangue galês é que proporcionara as circunstâncias para que sua estranha alma pudesse vir à luz, pois ela acreditava ter sido realmente Morgan le Fay, a irmã feiticeira do rei Artur, cujo pai de criação fora Merlin.

140

A mãe de Artur, rainha de Uther, fora uma princesa do mar na Atlântida – assim Morgan me narrou – casada por motivos comerciais com um marido abrutalhado; esses interesses garantiram a abertura dos portos de Tin Islands para o povo de seu pai. Merlin, que fazia parte do clero da Atlântida, veio daquelas ilhas para a Bretanha a fim de orientar o culto. Como Bell Knowle se assemelhasse com a montanha sagrada de seu país natal, fora adaptada para os seus propósitos. Depois da extinção de Uther, a princesa do mar voltara para o seu próprio povo, casara-se com um homem do clã sagrado e tivera uma filha.

Bem, como era costume entre eles, essa filha tinha de ser levada e treinada na Casa das Virgens, pois todas as crianças do clã sagrado eram levadas para o grande templo por ocasião do solstício de inverno, na época em que completavam sete anos. As que fossem consideradas dignas eram levadas para os recintos do templo, a fim de serem treinadas. As outras eram devolvidas às famílias até atingirem a idade de quatorze anos. Nessa ocasião, os homens tornavam-se escribas ou guerreiros, de acordo com a escolha. As donzelas eram dadas em casamento aos homens do clã sagrado. E casar-se com alguém que não pertencesse ao clã significava morte – e morte pela tortura. Eles resguardavam com muito rigor o sangue sagrado, pois ele detinha a força da visão profética.

As sacerdotisas não se casavam com qualquer homem, mas apenas com os sacerdotes, como o exigiam as finalidades da magia.

E Morgan le Fay me contou como chegara à condição de mulher na Casa das Virgens, guardada e servida como uma abelha-rainha, sabendo que era uma pessoa diferente das outras e que os prazeres e vínculos da vida humana não eram para ela. E quando renasceu como filha da união celta e bretã, reteve a memória e nenhum laço humano a prendeu. Houve ocasiões, disse ela, em que, como jovem, buscara o amor que o destino se incumbira de proibir-lhe. Mas logo compreendeu e aceitou a sina, e a vida ficou mais fácil, embora não muito fácil, pensei, pois tinha de viver esta vida, embora não lhe pertencesse.

Em seguida, com o advento do poder de visão profética, veio o despertar da memória e o retorno da esquecida sabedoria.

141

Morgan le Fay se reconheceu como uma sacerdotisa, com as forças do sacerdócio latentes em sua alma. Mas não havia ninguém para ensiná-la, para treiná-la, ninguém que lhe despertasse os poderes, salvo o Sacerdote da Lua que apareceu no cristal mas que não era deste mundo.

Pouco a pouco, ela aprendeu e evoluiu, sempre em posição desfavorável, pois a magia do luar requer um parceiro e esses parceiros eram difíceis de encontrar.

Assim, pensei, eu estava certo quando achei que fora selecionado para representar o papel de escravo sacrificial e tive a curiosidade de saber se Morgan le Fay se assemelharia ao cirurgião que inutilizava um chapéu cheio de olhos, até aprender a operar uma catarata.

Perguntei-lhe à queima-roupa qual era exatamente a tarefa do parceiro da sacerdotisa. O que acontecia com ele no final? Seria sacrificado?

Ela disse que, de certa maneira, sim e que isso era tudo o que podia me contar. Parece que a sacerdotisa do mar era um tipo de pitonisa e que os deuses falavam através dela. Por ser uma pitonisa, ela era negativa, passiva. Não fazia a magia por si mesma, era, porém, um instrumento nas mãos dos sacerdotes e, conquanto pudesse ser um instrumento perfeito, de nada adiantaria, se não houvesse quem a orientasse.

— Então você precisa — concluí — é de um sacerdote adequadamente treinado como empresário.

— Sem dúvida — respondeu ela.

— Onde vai encontrá-lo? — perguntei.

— Esse problema é meu — foi a resposta.

Em seguida, fiquei sabendo por que Morgan le Fay não me desposaria.

— Mas eu não estou preocupada — disse ela. — Nesses assuntos, a estrada fica desimpedida à medida que se avança. Dê um passo e o passo seguinte será mais fácil.

— E qual será o próximo passo? — perguntei.

— O próximo passo — afirmou, olhando para o fogo sem olhar para mim — é completar o meu próprio treinamento.

— E isso significa. . . ? — retruquei.

— Formar a imagem mágica de mim mesma como uma sacerdotisa do mar.

142

Perguntei-lhe se era para eu fazer a imagem e, se assim fosse, como deveria fazê-la, pois eu não sabia, da mesma forma como não sabia voar.

Ela balançou a cabeça.

— Uma imagem mágica definitivamente não existe neste plano. Ela está em outra dimensão e nós a formamos com a imaginação. E para isso — acrescentou — necessito de ajuda. Não posso fazê-la sozinha. Se pudesse, há muito já a teria feito.

— Conta comigo para isso? — indaguei.

— Sim — confirmou ela.

Estava na ponta da língua perguntar-lhe se eu devia providenciar a abertura da caverna marítima de Bell Knowle, a caverna onde a maré avançava e recuava para receber seu sacrifício. Porém, mantive silêncio, porque estava na hora de aprender o máximo, de preferência, a mostrar-lhe que adivinhara tudo.

— Para mim, fazer uma imagem mágica por mim mesma é auto-sugestão — disse ela. — E isso começa e termina subjetivamente. Mas, quando dois ou três de nós trabalhamos juntos, e você me descreve da forma como eu me imagino, então as coisas começam a acontecer. A sua sugestão ajuda a minha auto-sugestão e daí. . . daí ela transcende a nós mesmos, e as coisas passam a se construir nos éteres astrais. E elas são os canais de forças.

— Céus! — exclamei eu, para quem tudo isso era grego — você não precisa de mim para nada mais do que já lhe estou dando?

— Não muito mais, a imagem mágica se formou rapidamente desde que o conheci, porque você acredita em mim e porque está disposto a fazer sacrifícios.

Perguntei-lhe o que queria dizer com isso e ela me explicou que essas imagens mágicas são formadas pela imaginação. Assim, quando pensei nela como se fosse uma sacerdotisa, ela se transformou numa sacerdotisa.

— E o que o sacrifício tem a ver com esse assunto? — quis saber eu, imaginando de que forma o vendaval viria quando chegasse a hora.

— Ele desprende o poder mágico — revelou. — Sem poder, não se pode fazer nada em magia.

— Exatamente o que quer dizer com isso, Morgan? — perguntei, esperando que ela usasse um cordeiro e que não me pedisse para participar de um crime. Pois, embora eu tivesse Morgan em alto conceito, sabia que não havia muito a que ela se apegasse.

— É difícil de explicar — respondeu ela — pois tipos diversos de sacrifícios têm de ser feitos para diferentes espécies de deuses. Seja qual for a linha, você tem de dar um pouco de si mesmo.

— Oh! — exclamei, mais aliviado do que gostaria de admitir — então não sacrificamos ninguém no altar, não usamos o sangue derramado?

— Não — disse ela, balançando a cabeça. — Ninguém pode sacrificar-se pelo outro. Cada um de nós se sacrifica e por isso recebe o poder de ajudar-se por meio da magia. Não posso tornar a coisa mais clara do que isso, porque você não entenderia; mas verá como funciona na prática, etapa por etapa, mesmo nas esferas sobre as quais não temos controle.

— Já percorremos juntos boa parte do caminho — continuou Morgan le Fay. — Você já fez de mim uma sacerdotisa, pois me deu bastante de si, Wilfred, talvez mais do que pensa. Ser-lhe-ei sempre grata, assumam as coisas as feições que assumirem.

Mudei depressa de assunto, pois não há nada que me embarace mais do que as pessoas me agradecerem.

— Não foi por fazerem esse tipo de imagens que os habitantes da Atlântida foram afogados? — indaguei.

— Foi por causa do abuso desse poder — disse ela. E me contou como a elaboração das imagens mágicas originariamente fora uma prerrogativa da classe sacerdotal, e que elas eram inteiramente dedicadas aos deuses e estavam livres de quaisquer vínculos e desejos. Além disso, os sacerdotes jamais podiam sentir a tentação de usar seu conhecimento para fins egoístas. Contudo, rapazes são rapazes, quer vivam na antiga Atlântida quer vivam aqui. E, em cada geração, sempre houve alguns jovens sacerdotes que andaram pulando o muro à noite. Acontecia o mesmo que acontece quando uma dama de Kerry, mal-orientada, introduz o seu *dachshund* no meio de cães *terriers*. Por fim, os deuses submergiram a Atlântida, o que creio ser o que os homens de Kerry tiveram de fazer com os seus *terriers*.

Bem, pensei comigo mesmo, desde que ela me queria para formular uma imagem mágica e já que essa imagem agora estava elaborada, qual seria o próximo item do programa? Pois, apesar

144

de todas as afirmativas em contrário, eu tinha a certeza de que no final me esperava uma faca dourada. Assim, perguntei-lhe a queima-roupa se eu lhe serviria para mais alguma coisa, tão logo o seu palácio do mar estivesse terminado e a sua imagem mágica estivesse em funcionamento.

— Sempre será bem-vindo aqui — respondeu ela. — Não me desfaço de meus velhos amigos.

— É muita gentileza sua — retruquei.

— Estou começando a simpatizar com sua irmã — acrescentou ela.

— Tente levar um pouco a vida que levo, Morgan le Fay — disse eu — e veja se ela melhora o seu humor!

— Bem, o que *você quer*? — interpelou-me.

— O que todo ser humano normal quer — respondi — é "satisfação". Sentir que estou conseguindo alguma coisa, que estou fazendo algo com a vida. Eu deveria estar feliz por sustentar minha mãe e minha irmã?

Ela contemplou o fogo durante muito tempo, em silêncio.

— Você tem apego à vida, Wilfred? — perguntou por fim.

— Amo tanto a vida como amo a mulher do meu coração — respondi. — A vida e eu temos um relacionamento de cão e gato, contudo, partir seria uma separação dolorosa.

— Posso usá-lo — disse-me ela — de forma muito desapiedada, muito perigosa; e, depois de ter dado cabo da sua vida, não lhe restaria muita escolha. Mas, se quiser assumir o risco, eu poderia, creio, dar-lhe a plenitude da vida durante certo tempo. Depois disso, eu não sei.

— E não me importo — acrescentei. — Qualquer coisa é melhor do que o modo como vivo agora, que é a metade de nada.

— Então, gostaria de tentar?

— Eu tentaria qualquer coisa, ao menos uma vez — afirmei.

Morgan le Fay sorriu.

— Certamente, não tentará isso duas vezes, se não der certo.

Ela pegou o atiçador da lareira e empurrou a madeira chamejante para os lados, e no centro que ficou vazio empilhou as madeiras para o Fogo Azrael. Então nos sentamos e ficamos olhando a madeira pegar fogo.

— Desta vez — disse ela — tente descobrir e seguir o navio que viu saindo da Atlântida.

145

Olhei para as chamas e esperei. Em breve, os carvões se tornaram claros; nos côncavos apareceu o brilho feiticeiro do calor radioso que provém da combustão violenta do zimbro, à medida que ela arrefece. Observei e, gradativamente, o brilho se transformou na luz dourada do alvorecer sobre as ondas; e lá estava o longo navio com a vela e o dragão. Observei-o à medida que viajava para o oriente. Vi o sol surgir, banhá-lo e sumir atrás dele, e vi a rotação dos astros através dos céus. Em seguida, vislumbrei, exatamente como se apresenta nas gravuras, o íngreme pico elevado de Tenerife, em cujo sopé ancorou a embarcação.

Então, a cena mudou, e reconheci os pântanos em volta de Bell Knowle, mais da maneira como se mostram hoje; atrás deles, onde agora existem fazendas, havia uma vasta charneca. Nesse instante, percebi a diferença: o raso canal do rio Dick estava cheio até a borda e ao lado de um cais de pedra estava atracada uma embarcação.

Então, soube que estava de volta aos velhos dias e que essa visão era diferente das outras: em vez de mero observador, eu fazia parte dela. Soube que havia descido à praia a fim de acender o farol que serviria de orientação para o navio que entrava; e soube que o encanto da estranha sacerdotisa, vislumbrada por um momento no meio da neblina, me fizera seguir o bote até que este chegou ao cais abaixo da caverna de Bell Knowle. Eu a segui, contrariando o bom-senso, pois se tratava de uma mulher diferente de qualquer outra que tivesse visto ou que esperasse ver. Ouvira a lenda sobre os sacrifícios exigidos pelo mar – sacrifícios humanos. Os olhos da sacerdotisa eram frios, embora cheios de desejo, e pensei que ela me notara ao passar. Sabia que devia ser esperto e manter-me afastado: não seria bom para mim que aqueles brilhantes olhos insensíveis me fitassem outra vez. Entretanto, fui perseguindo a embarcação que subia o rio em direção ao cais abaixo da caverna, vi a sacerdotisa aportar, descer à terra com a mesma graça flexível e equilibrada com que Morgan le Fay anda sobre as rochas. E soube que se tratava de uma e da mesma mulher.

A seguir, o cenário se transformou na noite e eu me achava entre os que estavam agrupados ao redor da abertura iluminada da caverna, para ver o que se passava lá dentro. A sacerdotisa do mar estava sentada a uma mesa elevada e, à sua volta, havia uns homens de cabeça raspada – os seus sacerdotes – e alguns outros homens barbudos e armados – que pareciam guerreiros ou chefes de tribos. Estes me pareceram infelizes e meio apavorados, pois havia algo de sinistro naquelas faces de pergaminho, imberbes e pálidas, de olhos inexpressivos e cruéis lábios resolutos. Assemelhavam-se a homens acostumados a coisas terríveis. A sacerdotisa do mar olhou para eles com indiferença, como se estivesse habituada aos horrores de seu culto. Os chefes barbudos observavam-na desconfiados e cheios de temor.

Eu sabia que aqueles chefes, atendendo aos pedidos do clero de Bell Head, tinham mandado vir a sacerdotisa do mar a fim de que ela oferecesse os hediondos sacrifícios, os únicos capazes de apaziguar o mar. E agora arrependiam-se do que haviam feito, pois tinham deixado o sangue correr livremente no país e ninguém sabia como tudo ia terminar. Existe uma loucura sanguinária que se apodera dos homens e, uma vez que comecem a matar, eles não conseguem parar. Esses homens barbudos, afeitos aos ferimentos e à guerra, temiam, entretanto, a tranqüila matança desapaixonada dos sacerdotes. Também sabia que homens assim como eu, jovens no auge da força e ainda virgens, seriam um sacrifício aceitável, que a insensível sacerdotisa do mar escolheria. Sentia, ainda, que cada um dos chefes barbudos gostaria de saber se ela os chamaria para que entregasse um filho ou os filhos em sacrifício, pois o que havia de melhor no país teria de ser oferecido aos deuses. E fiquei lá, no meio da multidão, perto da abertura da caverna, onde encontrei mais uma vez o olhar da sacerdotisa do mar. Pareceu-me, então, que até mesmo por uma mulher como aquela, qualquer coisa valeria a pena, até mesmo ser imolado.

Eles estavam jantando na mesa elevada e, quando a refeição terminou, como de costume, os restos foram jogados aos cães e uma grande tigela foi colocada no centro da mesa. Não se tratava do caldeirão de ouro brilhante, usado atualmente, mas do opaco calcário de ouro que era usado na Atlântida. Ele estava ricamente ornado com ondas do mar e exóticos dragões e feras. Em volta da borda, havia pedras preciosas em forma de medalhão que captavam a luz. Eu sabia que se tratava de uma Taça Sagrada, de um protótipo do Graal. De um alto jarro de água, de manufatura se-

147

melhante, eles despejaram um vinho escuro e aromático dentro da Taça. Em seguida, atearam-lhe fogo com um tição e a superfície do líquido brilhou com estreitas chamas azuladas. Serviram o líquido ardente com uma concha em copos dourados e, quando as chamas arrefeceram, todos os presentes beberam. Eu sabia que esse vinho originara-se das pequenas uvas pretas provenientes dos vinhedos na encosta de Bell Head, e também que nele tinham sido maceradas as ervas aromáticas que cresciam no terraço mais elevado, onde o seio da rocha refletia-lhes o calor, extraindo-lhes os óleos voláteis.

O cenário tornou a mudar. Eu estava no cais de Ishtar's Beere à luz do sol, admirando maravilhado os marinheiros bronzeados, com barbas cacheadas e anéis de ouro, que vinham de terras distantes.

Descendo para o cais apinhado de gente, chegou um pequeno grupo que se movia em formação militar: meia dúzia de lanceiros e um capitão que portava uma pequena espada, larga e em forma de folha: um sacerdote sem barba, de pele semelhante a pergaminho e com olhos escuros, brilhantes e sem pestanas sob sobrancelhas sem pêlos, pois sua religião impunha que todos os pêlos do corpo fossem raspados.

As pessoas se desviavam para, respeitosamente, dar-lhes passagem. Mas, ainda que ninguém fugisse deles, a multidão se dispersou pelas alamedas e caminhos pouco freqüentados, até que não restou ninguém a não ser os marinheiros espalhafatosos e uns poucos pedintes e mascates. O cais apinhado de gente ficou vazio, à medida que o pequeno grupo passava.

A multidão dispersou-se rapidamente mas não o bastante, pois o sacerdote tivera tempo de observá-la. Aqui e ali, ele apontava com o dedo, e os soldados cercavam um ou outro que eram obrigados a retornar para o grupo. Não havia protestos, nem luta. Apenas uma vez uma mulher gritou quando pegaram seu filho, porém seus gritos foram prontamente abafados pelos que estavam à sua volta. O povo escapava quando podia, mas os que não conseguiam continuavam andando tranqüilamente. Esse grupo do sumo sacerdote estava escolhendo os sacrifícios para o mar, e o fato de um homem resistir seria de mau agouro e faria com que a maldição das águas caísse sobre toda a população. Além

148

disso, o homem que fossse escolhido era considerado um afortunado, pois seguia para uma eternidade de bem-aventurança nos palácios submersos, onde a mais graciosa das mulheres do mar seria sua, e as pérolas e as gemas marítimas, bem como fartura da comida mais rica e da bebida mais preciosa. Mais ainda, todos os de sua família seriam abençoados até a segunda ou terceira geração, e o rei os recompensaria com doação de terras e presentes em jóias. Sim, era deveras uma ocorrência feliz ser selecionado para um sacrifício. Os escolhidos sentiam-se honrados, e cada um deles podia pedir, na véspera de sua morte, que tudo lhe seria concedido, exceto a misericórdia.

Bem, não sei que loucura me possuiu, mas pareceu-me que, uma vez tendo visto essa sacerdotisa, não havia sob o sol outra mulher que me agradasse. E quando o grupo do sumo sacerdote passou, coloquei-me no caminho e, febril de ansiedade, assim como os outros evitavam ser notados, eu buscava ser visto. Seus olhos escuros confrontaram os meus; e com a impaciência de um condenado à espera de uma suspensão temporária da pena vi seu dedo se erguer. Os guardas me cercaram e juntei-me ao grupo.

O panorama tornou a mudar. Mais uma vez vi-me de volta à caverna sob Bell Knowle, iluminada pelas fogueiras. Desta feita, todavia, eu estava sentado à mesa elevada — eu e mais dois — e de frente para mim estava a sacerdotisa do mar em sua grande cadeira entalhada. Tinha, à sua direita, o sumo sacerdote, com sua face barbeada, de pergaminho; e à esquerda, o imponente rei, bronzeado e de barba. Sentada entre os dois, ela sorria para mim e era ainda mais adorável do que eu havia pensado. Portanto, senti-me bem pago pelo sacrifício. Festejei e bebi com prazer no meu coração, embora os que estivessem a meu lado não fizessem menção de comer. E quando o vinho chamejante foi servido, brindei à sacerdotisa com tanta alegria que todos os presentes me olharam com estranheza. Apenas ela me lançou um sorriso lento e divertido, desprovido de sentimento, pois vira muitos homens morrerem nas minhas condições.

Bem, havia a ordem para que nenhum homem conhecesse a hora de sua morte até que esta chegasse, pois se pensava que as últimas horas poderiam ser nubladas; o mar gostava de seus sacrificados no pleno vigor da sua virilidade. Por isso, cada noite três deles eram convidados a participar do jantar à mesa principal; desses três, dois sairiam livres e um morreria. Todos, portanto, tinham esperança, pois neles a vida estava no auge. Ninguém sabia qual deles ia morrer, nem mesmo a sacerdotisa do mar. Três taças eram preparadas e enchidas com o vinho flamejante, mas numa delas havia uma pérola e quem a recebesse, seria o destinado ao sacrifício. Junto a mim, os dois homens sorviam vagarosamente o vinho, mal podendo engolir. Eu, entretanto, tomei-o todo de um só gole e senti a pérola entre os lábios. Coloquei a taça vazia sobre a mesa, gritando "Eu sou o escolhido!" – e a pérola caiu da taça e rolou na direção da sacerdotisa. Seus lábios curvaram-se num sorriso quando sua mão a apanhou.

A seguir, todos ergueram suas taças na minha direção e saudaram-me como o escolhido do mar. O sumo sacerdote e o imponente rei juntos me perguntaram sobre o meu último desejo, brindando o compromisso de que ele me seria concedido – e eu pedi a sacerdotisa!

Houve confusão entre eles, pois algo assim jamais ocorrera antes. Os homens costumavam pedir terras para suas famílias, ou desejavam que suas esposas os acompanhassem na morte, ou exigiam vingança contra um inimigo; mas uma coisa como essa jamais se ouvira antes e eles não sabiam o que fazer, pois a sacerdotisa pertencia ao clã sagrado e o castigo por possuí-la seria a morte pela tortura.

Sorri e disse que esse era o meu desejo e que, se não fosse concedido, eu contaria lendas desfavoráveis sobre eles para os deuses do mar que iria encontrar. A sacerdotisa acompanhou-me no sorriso, e achei que ela também havia gostado da idéia. O sumo sacerdote, contudo, estava pálido de ódio e não sei o que teria feito se o rei não houvesse paralisado sua mão, segurando-a contra a mesa. Ele afirmou que um juramento era um juramento e precisava ser mantido, caso contrário, eu deveria ser libertado. Porém, o sumo sacerdote não se atrevia a negar o sacrifício aos deuses do mar, que já fora marcado por eles, de outro modo males piores poderiam assolar o país. Eu devia morrer e haveria de morrer. Acho que o rei estava bem satisfeito com a oportunidade de humilhar o clero e, talvez, fazer uma interrupção no culto sanguinolento que liberara no país.

A seguir, o sumo sacerdote, sorrindo com escárnio, disse que a lei do sagrado clã decretava a pena de morte para a mulher que misturasse seu sangue, e morte pela tortura para quem a possuísse.

"Então que seja", pronunciou o rei, mostrando-se muito contente porque veria o fim da sacerdotisa do mar e de seus sacrifícios. Todavia, o sumo sacerdote parecia doente de cólera, pois não pretendia destruir sua sacerdotisa. Então, olhou a situação com bons olhos, deu um sorriso — muito mais terrível do que a expressão carrancuda de outros homens — e decidiu que seria como eu desejava; a promessa seria mantida. Eu deveria possuir a sacerdotisa até a maré subir; depois, deveria ver a morte chegar, lúcido, com os olhos abertos, em vez de beber o vinho drogado, como era costume, pois poder-se-ia considerar a morte por lento afogamento como morte por tortura, caso fosse enfrentada em plena consciência. Dessa forma, ambas as leis seriam cumpridas. E, voltando-se para mim, o sumo sacerdote perguntou se eu estava de acordo e se juraria não desgraçá-los indo para os deuses do mar com luta. Prometi que não o faria.

Assim, afastaram os ricos tapetes que cobriam a pedra do centro da caverna, pondo à mostra uma cavilha de arganéu presa a uma das lajes do chão. Dois escravos passaram uma barra através da cavilha e levantaram a laje, mostrando uma escadaria. A sacerdotisa, ainda sorrindo, pegou uma tocha, e descemos, eu depois dela.

Descemos uma escada cheia de curvas, de degraus toscamente entalhados na rocha, até chegarmos a uma caverna natural, de teto baixo e fundo arenoso. Adivinhei que estávamos no nível do rio, pois a areia e as paredes estavam molhadas e cobertas de algas. No centro da caverna havia um bloco de rocha cujo comprimento era duas vezes a largura e cuja altura se igualava à sua largura. Tratava-se do altar do sacrifício sobre o qual seríamos entregues ao mar e esperaríamos a sua vinda.

Mas, enquanto os que me haviam precedido deitaram-se ali drogados, de forma a não perceber o que se avizinhava, eu, por castigo à minha presunção, fui condenado a esperar as águas em plena consciência.

E, nessas horas, enquanto a maré subia, foram-me entregues tesouros com que muito poucos homens sonham e muito menos homens conhecem. Soube por que Tróia fora incendiada para uma mulher – que não era uma mulher, mas todas as mulheres – e eu, que mantive relações sexuais com ela, não era um homem, mas todos os homens. Contudo, esses ensinamentos fazem parte da sabedoria do sacerdócio e, por lei, não é permitido revelá-los. E através da minha bem-aventurança, ouvi o rumor das ondas aproximando-se cada vez mais. Quando o mar chegou aos nossos pés, a sacerdotisa me beijou e saiu. Dentro em pouco, eu estava encoberto e lutava por ar no meio da agitação das águas. Até que, por fim, eu não respirava mais.

Quando a vista se escureceu na morte, despertei e, à medida que acordava, senti que a asma me havia pego pela garganta.

CAPÍTULO XVIII

Nunca me esquecerei desse ataque enquanto viver. Eu jamais tivera um como esse antes ou depois. Morgan le Fay que, por experiência anterior, sabia o que esperar, apressou-se em ir buscar um médico. Fiz com que abrisse as janelas antes de sair, de forma que pudesse conseguir tanto ar quanto possível. E, enquanto estava deitado ali, sozinho, alcançou-me entre os espasmos uma nota baixa, curiosa e lamentosa, vinda do mar, um som que eu nunca ouvira anteriormente. Percebi que o barômetro tinha caído rapidamente durante todo o dia e gostaria de saber se esse seria o som que prenunciava tempestade. Uma rajada de vento desceu por dentro da chaminé, fazendo as cinzas dançarem na lareira. Então começou, no alto da chaminé, um assobio pungente; em seguida, o primeiro dos vagalhões atingiu as rochas com um estrondo e escutei os remanescentes de espuma chegarem de mansinho ao jardim. Compreendi que havia problemas em marcha, problemas de um tipo que ainda não suportáramos no forte, embora já houvéssemos passado por alguns vendavais bastante violentos. Fiquei imaginando se Morgan seria capaz de voltar; repentinamente assustei-me com a idéia de ser deixado sozinho e sem ajuda durante toda a noite.

Permaneci deitado, lutando para respirar e ouvindo o estrondo constante das ondas chocando-se contra as rochas e a saraivada de borrifos da espuma no jardim, onde, dentro em pouco, algo mais sólido do que os borrifos pareceu-me que estava entrando. Uma das janelas grandes oferecia-me ampla visão, e subitamente notei o brilho da água do lado de fora. Não imaginei que passasse além da altura dos tornozelos no pátio da frente, mas a cena da água deixou-me completamente em pânico. Senti que a volta de Morgan le Fay era impossível e que ficaria sozinho durante toda a noite. Levantei-me e me arrastei pelo quarto até alcançar a janela. Fiquei encostado à coluna, olhando para a noite lá fora. Estava negra como breu, mas à luz que brilhava dentro do quarto pude perceber a espuma elevar-se bem alto no ar, à medida que as vagas se chocavam contra os rochedos. Era uma noite aterrorizadora e estava ficando pior a cada minuto.

Eu já estava decidido a agüentar tudo sozinho, visto ser inviável que Morgan le Fay retornasse, quando um facho de luz aproximou-se na direção do pátio e compreendi que eram os faróis dianteiros de seu carro. O estrépito lá fora era tão grande que mal pude ouvi-la entrar no quarto. O primeiro som que escutei foi o seu grito ao descobrir o sofá vazio. Ela achou que eu tivesse saído na tempestade. Saí de trás das cortinas parecendo o meu próprio fantasma. Ela me chamou pelo nome e, correndo até mim, abraçou-me, para minha grande surpresa, pois eu não tinha noção de que ela se sentia assim a meu respeito. Estava quase me esquecendo da asma ao imaginar o que aquela atitude significava, quando tive outro paroxismo. Então, sobre o ombro de Morgan, pude ver o médico, que também parecia estar admirado. Juntos os dois me colocaram no sofá.

Acho que nenhum dos que passaram aquela noite lá no forte será capaz de esquecê-la. Em todo caso, foi uma das piores tempestades que já assolaram a Inglaterra. O vento estava exatamente a um ou dois pontos ao sul do ocidente, o que significava que as ondas alcançavam o forte com toda a violência do Atlântico a empurrá-las. Era como um bombardeio. Mesmo deitado na cama no andar de cima, eu podia sentir os golpes vibrantes quando as tremendas vagas de rebentação atingiam o muro de suporte. A tempestade aumentou com a maré e, por volta da meia-noite, estava no auge. O retorno do médico estava fora de cogitação; ele estava ali e ali tinha de ficar.

O pátio fronteiro fora alagado; porém, graças a Deus, apenas pelas vagas impelidas pelo vento e não pelo grosso das ondas que chegavam. E as janelas resistiram, o que foi uma sorte, pois a pérgula fora destruída, e eu temia que grandes pedaços dela fossem jogados contra as janelas pela força do vento.

154

O barulho era indescritível. Havia o alto clamor estridente do vento, e cada pináculo de rocha, e cada junta da construção emitia sua própria nota. Havia o bramir do mar em volta de nós e o trovejante bum, bum, bum dos vagalhões à medida que atingiam toda a extensão do cabo; podíamos ouvir os estalos e o ruído contínuo das cristas das ondas entrando no pátio. Em toda a minha vida eu jamais passara por nada semelhante.

De qualquer modo, há algo de destrutivo nos ruídos altos demais, mesmo que não haja um perigo real; mas não sabíamos o que ia acontecer lá no cabo pois, se o mar conseguisse abrir uma fenda em qualquer das canhoneiras, havia uma boa possibilidade de sofrermos uma inundação, como aconteceu com a Atlântida. E estivemos bem perto disso também, como descobri uma semana mais tarde, quando escalei a rocha em volta dos alicerces e achei as calçaduras da construção arrancadas em meia dúzia de lugares.

Assim estávamos lá, no forte, no meio do barulho e das trevas mais negras; então, para regozijo das nações, meu coração começou a se entregar. Depois disso, fiquei com a melhor parte, pois deslizei para a inconsciência, deixando que o resto do pessoal se arranjasse sozinho.

Foi quando me encontrei com os deuses do mar. Parecia que eu estava fora do meu corpo, flutuando a prumo e vestido numa mortalha. Sentia-me pendurado em pleno ar, em cima do forte e, embora o barulho e o clamor da tempestade estivessem em toda a minha volta, sua força não me atingia, pois eu pertencia a outra dimensão, não à dos elementos em guerra. Havia um luar intermitente que ia e vinha no meio das nuvens agitadas pelo vento; quando ele brilhava, eu podia ver, provenientes do Atlântico, séries e séries de grandes vagas com suas cristas brancas erguendo-se e caindo em longas linhas regulares, semelhantes a cavalos em galope. Então, fora do cabo, onde as correntes e marés assumiam o controle, tudo se dissolvia numa mistura de água espumosa e tonitroante, com jorros e fervuras no lugar em que os bancos de areia submersos reprimiam sua investida. A seguir, a lua desaparecia atrás das massas denteadas de nuvens e, na escuridão, o clamor retumbante parecia mais alto do que nunca. Então a lua tornava a aparecer quando o vento veloz varria o céu, e eu podia ver o recife e todas as rochas submersas bramindo e esguichando água como fontes.

155

A seguir, notei que em todo aquele estrépito havia um ritmo. E meu ouvido começou a selecionar a tremenda orquestra da tempestade. Eu podia ouvir o rugido surdo da rebentação embaixo nos penhascos, e o clangor das ondas nas rochas que se estendiam ao longo do cabo, e o tenor do vento clamoroso e as notas estridentes de um flautim causados pelo vento em volta dos edifícios. Através de tudo isso havia toques de clarins e sinos, os quais, suponho, para falar a verdade, eram as drogas cantando na minha cabeça, não obstante eu pensasse que fossem fenômenos psíquicos. No meu delírio, cavalguei o vento equilibrando-me contra a sua pressão, do modo como o fazem as gaivotas do mar. E então, rostos começaram a aparecer nas ondas e nas espumas agitadas pelo vento. E as formas se esboçavam por si, e eu vi que os cavalos brancos tinham cavaleiros.

Em certas ondas havia vikings alados, alguns com elmos e armaduras, outros com selvagens roupas e cabelos esvoaçantes. Estes últimos eram os Selecionadores da Matança, que alcançavam e puxavam para os arções anteriores de suas selas aqueles que eram derrubados pelos cavalos brancos e os transportavam para o Valhalla. Atrás desses batedores voejantes, à medida que a grande vaga chegava à arrebentação, vi os deuses do mar aproximarem-se, movimentando-se num impulso irresistível, não erguendo-se no ar como cavaleiros, mas profundamente, em seu elemento próprio, sem pressa, sem intermitências. Pois a força indomável do mar está no peso de suas águas e não na crista das ondas impelidas pelo vento. Esses Grandes Seres subiam com a maré e, como a maré, nada podia resistir-lhes. De faces enormes e tranqüilas, eles eram os regentes das vastas extensões de água; em seu reino, sua palavra era lei. Por sua graça, e de nenhuma outra forma, a vida se movia na superfície ou vivia no tempo da maré, e só os que conheciam esse fato conseguiam viver.

E vi, com lucidez, a loucura dos homens que pensam poder dominar o mar. Pois o homem vive sobre a face desta terra por bondade dos deuses do mar e, caso estes se juntem encolerizados, podem inundar o mundo. E vi que a vida do homem é tecida como um fio entre forças irresistíveis capazes de destruí-lo com uma respiração; mas vi, entretanto, que é delas que ele extrai sua energia.

Na terra, há um reservatório de forças elementais, assim como existe uma fonte de vida por trás dos astros distantes e da violência do mar. Da violência de sua própria natureza, o homem tira sua energia bem como retira o alento do ar, pois todas as coisas, em última análise, são uma só, e não há parte de nós que não pertença aos deuses.

Aquilo dentro de mim que correspondia ao mar fora despertado pela tempestade, e eu sabia que num homem pode haver uma força indômita que abate o que se lhe opõe por puro impulso. Mas isso só seria possível num homem cruel como o mar, e que não se importasse nem um pouco com a destruição ou autodestruição, pois os pólos gêmeos dessa força são a coragem e a crueldade, e nisso não há nobreza. O mundo esqueceu o culto do amor.

Com a virada da maré, as águas começaram a baixar e, ao raiar do dia, o médico de Dickmouth saiu em seu carro e chamou um clínico de Bristol pelo telefone, e da mesma forma chamou Beardmore. No devido tempo, toda a turma se encontrou no forte e teve começo em mim o que parecia ser o início de um exame *post-mortem*. O homem de Dickmouth havia tirado todos os tipos de diplomas universitários fantasiosos e guiava-se pelos livros; o velho Beardmore tinha um número menor de diplomas que o capacitava a assinar um atestado de óbito e guiava-se pela natureza humana. Eles discutiam sobre o meu corpo como um par de hienas. Beardmore tinha o hábito de me encher de morfina, o que punha em risco a minha vida. O cavalheiro de Dickmouth insistia em que isso não estava de acordo com Hoyle. Então, um pôs-se a recriminar amargamente o outro acerca do decreto sobre drogas perigosas e comecei a parar de respirar. Então o clínico interveio e salvou a minha vida, concordando com ambas as partes de forma imparcial e injetando-me, com uma seringa cheia do seu próprio entorpecente, sem dizer a eles o que continha. Dormi até a tarde do dia seguinte e acordei com bastante disposição. Certamente que eu conhecia o conteúdo da seringa – pois não se pode enganar alguém que já tenha usado morfina – mas mantive a boca fechada. Estivera mais perto da eternidade do que imaginara.

Tive uma melhora rápida, como sempre acontecia quando Morgan le Fay está por perto ou ao largo, já que não sentia a depressão penosa que freqüentemente se segue a um ataque. Morgan tomava chá comigo, e eu me reanimava de uma forma singular quando, subitamente, ouvimos um reboliço na parte do forte que dava para a costa e guinchos de raiva da sra. Treth. Morgan desceu para ver do que se tratava e retornou com Scottie. Eu não podia entender por que Scottie causara tanta excitação e exigi mais explicações, pois notei que Morgan a custo tentava dissimular seus sorrisos.

Em resposta ao meu interrogatório, soube que Beardmore havia informado minha família sobre meu apuro, e minha irmã se propusera a abandonar seu trabalho na paróquia e vir ao forte para ajudar a cuidar de mim. Beardmore porém – Deus o abençoe – disse-lhe para não deixar minha mãe sozinha e que ele traria Scottie em seu lugar.

Bem, Scottie não dirigia carro próprio, já que eu sempre o transportava no meu quando ele queria ir a algum lugar. Alugar um carro que o trouxesse até o forte custaria uma libra esterlina, o que Scottie relutou bastante em pagar. Então ele teve a brilhante idéia de pedir que seu sogro o transportasse até aqui. Ora, o sogro de Scottie, como acho que já mencionei antes, é o agente funerário da localidade e também não possui automóvel, mas dirige uma espécie de carro fúnebre em que transporta esquifes e mortalhas. E foi nessa coisa que, com um mudo à direção, Scottie e ele chegaram, pois o velho camarada quis vir também, apesar de eu não saber se foi no interesse da direção ou por estar de olho no negócio. Portanto, não era de admirar que a sra. Treth explodisse quando os viu chegar.

Assim que ouvi que o velho Whittles chegara, pedi que subisse, pois gostava dele. Entrou parecendo bastante embaraçado, uma vez que nunca encontrara um cliente no meu estágio de desenvolvimento antes, e não sabia que linha de procedimento devia adotar comigo. Privado de sua fita métrica, ele parecia perdido. Para deixá-lo à vontade, perguntei-lhe o que fazia em geral quando o cadáver se sentava e acenava para ele. Ele respondeu que isso dependia inteiramente de quem se tratava – com algumas pessoas ele cuidava de aparafusar rapidamente a tampa. Morgan serviu-lhe uma bebida e o homem sentou-se para nos entreter com contos fúnebres. Jamais ri tanto em minha vida. Um agente funerário por dever, desfazendo-se de suas repressões, é realmente uma piada terrivelmente boa. Podíamos ouvir ruídos de gargalhadas vindas da cozinha também, onde os Treths estavam entretendo o mudo. Então, no meio de toda essa confusão, o clínico de Bristol voltou, ansioso por constatar o efeito que sua injeção tivera sobre mim, e quando viu o equipamento de Whittles parado em frente à porta, concluiu que me enviara desta para a melhor, obtendo o desfecho mais temido e arruinando sua reputação. Entretanto, Morgan fez com que entrasse e acalmou-o servindo-lhe uma bebida. A seguir, ele juntou-se à festa no andar de cima. Houve mais bebidas e a minha convalescença progrediu a passos largos.

Parecia que o avô de Whittles, que fundara o negócio, começara a vida como desenterrador de cadáveres. Vocês deveriam ter visto o rosto de Scottie quando essa informação foi revelada! Todavia, o especialista de Bristol deixou todo o mundo à vontade, fornecendo espontaneamente a informação de que seu avô havia sido açougueiro. Para não ficar de fora, contei-lhes sobre o meu ancestral que fora enforcado por furto de residências. Então, mais bebidas foram servidas e discutimos a teoria mendeliana da hereditariedade. Finalmente, quando a festa terminou, Whittles e o especialista eram tão bons camaradas que Whittles se ofereceu para mostrar-lhe o atalho pelos pântanos. Eles partiram com o carro fúnebre de Whittles na frente e a limusine de luxo do médico atrás, o que era uma inversão na ordem costumeira dos fatos.

CAPÍTULO XIX

O médico especialista havia aconselhado que eu não me levantasse da cama durante uma semana, em virtude das condições do meu coração. Tendo em vista o estado desse órgão, tanto metafórica como literalmente, esse foi um conselho que me senti inclinado a aceitar. Foi uma semana muito agradável. Não vou tão longe a ponto de dizer que estive deitado durante sete dias, mas de qualquer forma tive umas férias muito boas.

No primeiro par de dias, fiquei naturalmente bastante satisfeito em permanecer deitado, ouvindo a marulhada que sempre acompanha um vendaval, as ondas avançando pesadamente contra as rochas como se fossem uma artilharia. Então, seguiram-se os mais maravilhosos dias de bonança que, como notei, freqüentemente acontecem depois de uma tempestade. Fiquei deitado lá fora no pátio ensolarado, ouvindo as gaivotas que festejavam a vida no meio de enormes pilhas de sargaços trazidos pelo embate das ondas. Havia um pedaço de fuco, cujo caule era tão grosso como o meu braço e que media vinte e oito pés da raiz até a ponta. Também havia remanescentes trágicos, pedaços de tábuas azuis e vermelhas que só podiam pertencer a algum barco salva-vidas. Tivemos também os mais deslumbrantes ocasos, como se os Fogos de Azrael tivessem sido ateados no ocidente. E o nascer da lua sobre o mar encapelado é uma cena que jamais esquecerei.

Morgan cantava para mim. Jamais tivera conhecimento de que soubesse cantar. Seu canto não se assemelhava a nada que tivesse ouvido anteriormente. Ficava a meio caminho entre a canção folclórica e o jazz, em semínimas mais graves e mais agudas, muito rítmicas. Suas canções também não eram como as outras; tratava-se de hinos aos deuses antigos e de cantos de sacerdotes. Além disso, sua entoação não era moderna, de modo que a princípio pareceu curiosamente monótona e desafinada. Mas, assim que o ouvido da pessoa se acostumava aos exóticos intervalos, compreendia ser aquela uma música verdadeira, estilo próprio e que falava diretamente ao subconsciente.

E ela cantou as canções, não com a voz treinada da cantora de ópera, nem com a voz lamentosa de uma *crooner*, mas com uma entoação mântrica. A voz não era alta, mas de um timbre profundamente ressoante, que achei muito bonito. O ritmo das canções era como o ritmo dos monstros do mar. E houve horas em que na sua voz surgia um estranho timbre desumano, curiosamente metálico: e, quando isso acontecia, havia uma mudança de estado de consciência e Morgan le Fay se transformava numa outra pessoa.

Foi quando aprendi algo sobre o segredo das imagens mágicas e sobre o seu uso. Arrebatada nas asas de sua canção, Morgan se transformava naquilo que imaginava ser ao elaborar essas imagens. Então, vi a sacerdotisa do mar da Atlântida de pé, diante de mim, Morgan le Fay, a filha adotiva de Merlin, instruída com toda a sua sabedoria.

Certa noite, depois de cantar para mim, eu lhe disse:

— Morgan, você se transformou no que imaginou.

Sorrindo, ela falou:

— Esse caminho fornece o poder.

Então, contei-lhe sobre a minha visão profética da caverna de Bell Knowle, e acrescentei:

— Supondo que eu entre também no jogo, terei o poder?

Ela sorriu outra vez e respondeu:

— Por que não?

Assim, disse-lhe que na minha visão ela não havia sido ela mesma, mas todas as mulheres; e que eu não fora eu próprio, mas todos os homens. Eu não conseguia me explicar de forma mais clara, uma vez que não sabia o que isso significava. Ela me olhou com estranheza e falou:

— Essa é a chave para a caverna marítima de Bell Knowle.

— Morgan, o que quer dizer com isso? — perguntei.

— Não se lembra — continuou ela — de que na Atlântida as sacerdotisas e os sacerdotes não se casavam por amor, mas se uniam de acordo com as exigências do ritual?

161

— Naquela caverna, você era mais do que uma sacerdotisa para mim. Pensei que fosse a própria Afrodite — acrescentei.

— Eu era mais do que Afrodite — confirmou ela. — Eu era a Grande Mãe.

— Mas a Grande Mãe é uma deusa da terra — contestei. — Como pode ser a sua sacerdotisa, ao mesmo tempo que é uma sacerdotisa do mar?

— Você não conhece o Mistério que diz que todos os deuses são um deus e que todas as deusas são uma deusa, e que há um *initiator*? Você não sabe que no alvorecer da manifestação os deuses teceram a teia da criação entre os pólos dos pares de opostos — ativo e passivo, positivo e negativo — e que todas as coisas são essas duas polaridades em diferentes modos e em diferentes níveis? E que isso acontece até mesmo entre os sacerdotes e sacerdotisas, Wilfred?

— Sendo assim — concluí — se não pode me amar como um homem, Morgan le Fay, trabalhará comigo como um sacerdote?

Ela esboçou seu estranho sorriso.

— Certamente — anuiu — era isso que eu tinha em mente.

— Bom Deus! — exclamei. — Você tem sangue-frio!

A seguir, Morgan le Fay começou a me contar sobre sua vida e como as coisas lhe pareciam do seu ponto de vista. Era uma experiência curiosa, pois eu nunca sonhara que um ser humano pudesse ter um ponto de vista como aquele. Ela me disse que os escolhidos dos deuses eram desumanizados e eram semideuses.

— Por uma afirmação como essa — observei — antigamente você teria sido queimada, e com bastante razão.

— O que são os deuses? — perguntou ela.

— Só Deus sabe — respondi.

— Acho que são protótipos das forças naturais. Assim, para nos unirmos aos deuses, tornamo-nos canais das forças naturais. E isso não é tão raro como você pensa.

E ela me falou sobre homens devotos de todas as crenças que haviam assegurado ser possível trazer a alma a um ponto único de adoração, meditação e dedicação. E que, quando isso acontecia, o deus descia e se apossava do adorador. O poder do deus se irradiava dele como a luz se irradia de uma lâmpada. Ela também me disse que os antigos possuíam um conhecimento em cuja fímbria os homens modernos mal conseguiram tocar.

– Quando o sacerdote da Lua me apareceu no cristal – continuou ela – perguntou-me se gostaria de ter acesso a esses ensinamentos, ao que respondi afirmativamente. E ele me revelou que para fazê-lo eu teria de me entregar aos deuses. Com o que também concordei. A seguir, o sacerdote disse que eu aprenderia, e, pouco a pouco, ele me instruiu.

– Ensinou-me – prosseguiu ela – que existe apenas um sacerdócio, que está a serviço do Um, de onde provém toda a vida e para onde tudo retorna. Ele é o Invisível, e nenhum Homem em qualquer época O conheceu ou conhecerá. Apenas O percebemos através de suas obras, e dessas obras deduzimos o seu caráter, e esse caráter é a Natureza. O homem primitivo personificou os Seus poderes e os chamou de deuses. O homem moderno os despersonifica e chama-os de forças ou fatores. Ambos estão certos, mas nenhum tem a verdade perfeita. Pois os deuses são forças, e essas forças são inteligentes e têm propósitos, sendo expressões da natureza do Um.

– E, assim como Ele é, assim é a criação, pois a criação é a expressão da Sua natureza. Como dizem os oráculos caldeus, "o homem sábio olha para a face da Natureza e percebe dentro dela o semblante luminoso do Eterno". E a natureza humana – disse ela – faz parte da Natureza, e se você a estudar, apreenderá muito sobre ambas as naturezas e sobre os deuses.

Em seguida, Morgan descreveu a idéia que os antigos faziam do clero – pensavam tratar-se de mediunidade. Mas não era o deus personificado que falava pelo inspirado sacerdote ou pitonisa que encarnava, pois o deus personificado é a forma sob a qual o homem representa essas potências para si mesmo. O deus real é decididamente diferente – mas, o sacerdote, protegido pelo deus, revelava os seus poderes. O que estava latente nele era liberado, e ele se transformava durante certo tempo no que todos os homens serão quando forem perfeitos.

– Sendo assim – perguntei –, o que são os deuses?

– Só Deus sabe – respondeu ela. – Mas temos consciência de que, ao agir de determinado modo, obtemos resultados.

– E o que propõe que façamos? – questionei.

– Eu lhe direi. – E Morgan le Fay contou-me que, em virtude de sua virilidade, todo homem pode ser um sacerdote. E que, em virtude de sua feminilidade, toda mulher pode ser uma sacer-

163

dotisa. Pois a Fonte de toda a Vida criou os mundos pelo ato de dividir a sua Unidade Invisível na Dualidade visível. E nós, ao sermos criados, mostramos em nosso ser a Realidade incriada. Cada alma vivente tem suas raízes no Invisível e daí extrai a sua vida; e voltando ao Invisível, encontramos a plenitude da vida.

Mas, por sermos seres limitados e imperfeitos, não podemos revelar o Infinito em sua totalidade. E porque estamos aprisionados no plano da forma, só podemos conceber o que é Amorfo na medida em que as mentes habituadas às formas podem imaginá-lo.

— E isso — disse Morgan le Fay — não é uma grande evolução; contudo, os matemáticos vão além, Wilfred. Mas nós — que somos homens e mulheres e que queremos conhecer Deus na medida em que Ele se manifesta na Natureza — nós vemos o semblante luminoso do Eterno nas belas formas dos deuses. E dessa maneira — continuou Morgan — aprendemos mais e podemos realizar mais do que se lutássemos por captar essências abstratas que nos iludem.

Morgan falou-me sobre como o Sacerdote da Lua, que a instruiu, pediu-lhe para voltar ao Grande Invisível e se dedicar ao Um, deixando de lado todas as manifestações menores. Tendo se dedicado e obtido a compreensão da Unidade, ela descobrira as raízes do seu ser. O sacerdote pediu-lhe, ainda, que visse a Vida Única manifestando-se em todas as coisas e nela também.

Ensinou-lhe que a Vida em manifestação tem dois modos ou aspectos: o ativo, dinâmico, estimulante; e o latente e potencial, que recebe o estímulo e a ele reage. Ele mostrou-lhe como esses modos trocavam de lugar um com o outro na dança interminável; dando e recebendo, acumulando força e descarregando-a; nunca tranqüilos, nunca estáveis, sempre em estado de fluxo e refluxo, como aquele revelado pelo mar e pela lua, bem como pelas marés da vida — fluindo e refluindo, crescendo e diminuindo, construindo-se e destruindo-se na dança da vida com a música das esferas. E o sacerdote mostrou a ela a passagem do Sol através do cinturão estrelado do Zodíaco, formando a maior de todas as marés.

— Essas marés zodiacais — completou o sacerdote — são as iluminações da fé. E hoje o Sol está passando para Aquário, o signo do Homem. Os velhos deuses estão voltando e o homem está descobrindo Afrodite e Marte, e o grande Zeus, em seu próprio coração, pois essa é a revelação da eternidade.

Morgan le Fay disse-me que fora escolhida para representar seu papel no culto da Grande Deusa, a Mãe primordial. E essa deusa era simbolizada pelo espaço, pelo mar e pelo âmago da terra. Ela era Réia, e Géia, e Perséfone, mas acima de tudo ela era a Nossa Dama Ísis em que todas se concentravam. Pois Ísis é tanto a deusa do trigo como a rainha dos mortos – que são os mesmos que não nasceram ainda – e ela tem o crescente lunar acima da fronte. Sob outro aspecto, ela é o mar, pois em primeiro lugar foi nele que a vida se formou, e no seu aspecto dinâmico ela surgiu das ondas, como Afrodite.

Buscando esses ensinamentos, Morgan le Fay havia estudado os símbolos, culto após culto, pois todos adoravam a mesma força sob nomes diferentes e sob diferentes aspectos. Até que, por fim, ela descobriu o ritual com o qual a sua natureza estava sintonizada. E não foi a austera fé egípcia, nem os radiantes deuses da Grécia, mas o primordial culto britânico que tinha raízes na Atlântida que o secreto celta iônico partilhava com os bretões e os bascos.

– Pois esse culto – disse ela – é mais antigo do que o dos deuses no Norte, e há mais sabedoria nele, pois os deuses nórdicos não têm inteligência, uma vez que são as formulações de homens guerreiros. Mas a Grande Deusa é mais antiga até mesmo que os deuses que criaram os deuses, pois os homens conheceram a função da mãe muito antes que compreendessem o papel representado pelo pai. E eles adoraram o Pássaro do Espaço que botou o Ovo Primordial muito tempo antes de cultuarem o Sol como o Fecundador.

– Eles conceberam todos os seres como surgindo do mar, e estavam certos, pois houve um tempo em que as águas cobriram as terras, como as Escrituras e as pedras podem testemunhar. Veio, então, a hora em que os homens compreenderam o papel do pai, e procuraram na Natureza pelo pai fecundador de tudo, e perceberam esse fecundador que era o Sol. Assim, eles adoraram o Sol, bem como o mar; mas o culto do mar é mais antigo, pois ele é a Grande Mãe.

– Contudo, em minha dedicação à lua e ao mar – continuou Morgan le Fay – eu escolhera a parte passiva, e tinha de esperar pelo *fecundador*; e ainda o estou esperando.

— Pode ser — perguntei — que eu deva representar esse papel para você, Morgan le Fay, pelo fato de amá-la?

— Pode ser — ponderou. — Não obstante, podemos tentar. E não faz diferença se você me ama ou não, se puder manifestar esse poder.

— Para mim, isso tem muita importância — observei.

— Para mim não interessa — disse ela — pois sou uma sacerdotisa dedicada; e se isso lhe importa, você não será capaz de irradiar o poder.

Só mais tarde entendi o que ela queria dizer nessa ocasião.

— Com quantos tentou fazer isso, Morgan le Fay? — perguntei.

— Com uma boa porção deles, Wilfred Maxwell — respondeu — e de todos eles recebi alguma coisa, mas de ninguém recebi tudo. E estava começando a pensar que eu não deveria ter tudo, até que encontrei você.

— Mas certamente — insisti — com a minha saúde precária, não terei menos a dar-lhe que a maioria dos outros?

— Ao contrário — retrucou — em você há possibilidades que eu não havia compreendido antes.

E ela me contou que em cada ser há dois aspectos: o positivo e o negativo; o dinâmico e o receptivo; o masculino e o feminino — o que é revelado pela forma rudimentar até mesmo no corpo físico. Na pessoa normal, um desses aspectos é dominante e um é recessivo; o primeiro determina o sexo. Mas, embora o aspecto recessivo seja latente, ainda assim existe, como bem sabem os que estudam as anomalias do desenvolvimento e as doenças — e isso é mais conhecido ainda pelas pessoas que estudam as anomalias da alma.

Contudo, os antigos não se importavam com as anomalias; diziam, porém, que a alma era bissexual e que, à medida que um ou outro aspecto se manifestava no mundo das formas, o aspecto alternativo estava latente no mundo do espírito. E, se olharmos em nosso próprio coração, veremos como isso é verdade, pois cada um de nós tem dois lados em sua natureza — o lado que está se extravasando pelo seu próprio dinamismo e o que fica latente, esperando inspiração — o lado que não aparece, a não ser que seja evocado. E esse lado — disse Morgan — é o lado maior de cada um

166

de nós. No homem, é a sua natureza espiritual; na mulher, é a sua vontade dinâmica.

Em seguida ela me contou como, em algumas pessoas, os dois lados de suas naturezas chegam perto do equilíbrio, não por qualquer anomalia física ou instintiva, mas pelo temperamento, pois as anomalias são devidas à repressão do fator dominante, enquanto que aquilo a que Morgan se referia, era a alma dual que estava encontrando expressão através do eu mais elevado. Essa conquista se devia ao trabalho de iniciação em vidas passadas.

— Esses ensinamentos me foram passados na Atlântida, no tempo em que eu fazia parte do clã sagrado — disse ela — e quando renasci lembrei-me de todos esses ensinamentos, pois já os possuía. Todavia, não creio que você alguma vez tenha pertencido ao clero iniciado. Entretanto, o truque que realizou com o sumo sacerdote de Bell Knowle deve ter-lhe valido algum trunfo, embora eu não possa avaliar qual. E isso é o que nos resta ver.

— Ao menos criei um vínculo pessoal com você — considerei.

— As sacerdotisas não têm vínculos pessoais — retorquiu Morgan le Fay.

— De qualquer forma, serviu para nos unir — observei, mas ela não respondeu e isso me deixou com raiva.

— Há uma outra maneira de considerar os fatos — continuei. — Pode ser que os meus sonhos e as minhas visões provenham do mesmo fator: repressão sexual e satisfação de desejos. . . pois Deus sabe que, se existe um homem cujo subconsciente seja cheio de frustrações, esse homem sou eu.

— Essa, naturalmente, é uma teoria alternativa — replicou Morgan, extremamente impassível.

— E pode ser, srta. Le Fay Morgan, que tanto o seu estado de sacerdotisa como a sua herança legada pela nossa cliente sejam. . . imagens mágicas?

— O que é a verdade? — perguntou ela imitando Pilatos.

— Sugiro que você deixe de me fazer de bobo e ao meu sócio; eu gostaria de conhecer os seus antecedentes, sem brincadeiras.

Morgan riu.

— Se o meu sacerdócio é uma imagem mágica ou não, serviu efetivamente para despertar a virilidade que existe em você, Wilfred Maxwell.

167

Esse era um argumento irrespondível, e eu sucumbi diante dele.

Em seguida, ela disse algo que, com a disposição de espírito em que me encontrava, ter-me-ia fornecido um bom motivo para esbofeteá-la.

— Wilfred, você compreende o quanto de mulher existe em você?

— Cinqüenta por cento — respondi. — Tanto quanto nas outras pessoas. Minha mãe é uma mulher.

— Não é isso que quero dizer. Estou me referindo ao seu temperamento.

— Está bem — disse eu. — Suponho que esteja sendo fingido. Mas não adianta argumentar comigo depois que sofri um ataque de asma, pois não há bom senso a ser extraído de mim.

— Também não estou falando disso. Afirmo que sua natureza é predominantemente negativa.

— Não tão negativa como pensa, Morgan le Fay. Tendo passado toda a minha vida com mulheres, aprendi a assumir disfarces protetores. Posso buscar rotas indiretas para evitar encrencas, mas no final costumo chegar aonde quero. Além disso, vivo e mantenho um negócio numa cidade muito convencional e, se suspeitarem que não sigo os padrões normais, perderei bons negócios. Assim, quando me rebelo, como agora, é bom ficar a umas três milhas de distância de mim, minha querida.

— Também não é isso. Você é um animal, Wilfred. Sei que não é tão manso quanto aparenta, e a sua hipocrisia é a coisa que menos me agrada em você. Eu afirmo que você não é tão positivo e dinâmico como a maioria dos homens.

— Bem, minha querida jovem, não tenho a estrutura física para o que pretende. Por mais robusto que seja, o homem-macho se sente esmagado debaixo de oito pedras. E o que você sente satisfação em chamar de a minha hipocrisia é, realmente, tato e diplomacia. Por que não sair do caminho para evitar problemas, se já há tantos problemas inevitáveis?

— Se esses são seus princípios, por que não viver de acordo com eles? Por que saiu do seu caminho para vir brigar comigo?

— Por que saiu do seu, a fim de encetar uma discussão comigo, Morgan? Você espera que algum homem goste que lhe digam

168

que é meio mulher? E, quanto mais verdadeiro for esse fato, menos gostará de ouvir isso. E se algum homem alguma vez lhe perguntar se já entrou nesse jogo antes, você jurará que não, percebe?

— Achei que você teria um pouco mais de compreensão.

— Pois pensou errado. Sei que, nos bons tempos de outrora, os sacerdotes da Grande Mãe se castravam a fim de honrá-la, mas eu não vou fazer isso. Vá para o inferno, Morgan le Fay.

— Existe um relacionamento normal que você pode ter com qualquer fêmea da espécie. E existe um outro bastante sutil e mágico, mas que também é muito raro. Qual deles você prefere?

— Tenho escolha? Não devo ficar satisfeito com o que me dão?

— Está bem — disse ela — acho que você será obrigado a se contentar, mas sinto muito que pense assim, pois eu teria tanto a lhe oferecer!

— Por que se preocupa tanto comigo, Morgan le Fay? Estou certo de que não é no meu doce interesse, sem falar da sua repetida afirmação de que sacerdotisas não têm preferências quando se trata de sexo.

— Wilfred, é porque juntos podemos realizar essa missão: abriremos caminho para os que vêm depois. Traremos para a vida moderna algo que ficou perdido e esquecido e que se faz terrivelmente necessário.

— E isso seria . . .

— A noção do relacionamento sutil, magnético, entre um homem e uma mulher e o fato de que ele faz parte de um todo maior. Lembra-se de como se sentiu na caverna — quando eu era todas as mulheres e você todos os homens? Lembra-se de como nossas personalidades ficaram de lado e nós éramos apenas canais de força — as forças positiva e negativa das quais a criação é formada? E lembra-se de como, quando isso aconteceu, os poderes primordiais se arremessaram, através de nós, do Invisível, e de como isso foi extraordinário? Era isso que desejavam a sacerdotisa e a concubina treinadas no templo. E é isso o que está faltando em nosso entendimento moderno sobre esses assuntos. Você pode ver dúzias de casamentos em que nasce um bebê por ano e ocasionais nascimentos de gêmeos e nos quais, no entanto, falta alguma coisa. E pode ver curiosos relacionamentos em que os parceiros não se podem casar, mas mesmo assim preenchem uma grande necessidade – e esses também não precisam ser obrigatoriamente casos de fins de semana, Wilfred. As pessoas pensam que o sexo é físico e que o amor é emocional, e não compreendem que há algo mais entre um homem e uma mulher, – uma espécie de magnetismo, da mesma maneira que a bússola, cuja agulha magnética aponta na direção do pólo. E neles não há mais magnetismo do que o que existe na bússola, mas trata-se de algo que passa por eles e que deles se utiliza. Essa força pertence à Natureza. Foi essa força que me manteve jovem, Wilfred, quando eu deveria ser uma mulher velha, muito velha. E é essa força magnética que está tornando você, que costumava ser um filhinho da mamãe, tão briguento como um galo numa estrumeira.

– Nesse caso, trata-se, sem dúvida, de algo do qual devo me manter afastado, pois antes de conhecer você eu era um bom rapaz.

– Você será um homem jovem muito melhor do que antes, depois que eu acabar com você – disse Morgan le Fay. – Mas você entende, não é verdade, Wilfred, por que não devo me casar com você? Do ponto de vista físico, posso aparentar jovialidade pois, se afirmam que um homem tem a idade de suas artérias, suponho que uma mulher seja tão jovem quanto suas glândulas endócrinas. Mas, mentalmente, sou uma mulher muito idosa, e o seu tipo de necessidade não tem sentido para mim. Além disso, não quero me amarrar num casamento. Se o fizesse, acredito que me tornaria subitamente o velho caco que realmente sou. Não está em mim amá-lo, Wilfred, mas gosto excessivamente de você e, com o que aprenderá de mim, creio que será de fato capaz de amar muitíssimo alguma garota.

– Morgan le Fay, acha que depois de conhecê-la eu poderei amar mais alguém?

– Sim, Wilfred. Assim espero. Se eu fizer bem o meu trabalho, você certamente amará. Pois o que pretendo estudar com você é o meio pelo qual esses canais magnéticos podem ser abertos e de que modo o poder consegue fluir através deles.

– Essa é uma proposta desapiedada – disse eu – contudo, creio que deva agradecer pequenas graças; de fato, devia estar acostumado com elas, pois foi tudo o que pude obter.

Eu sabia agora o tipo de faca dourada que Morgan le Fay havia preparado para mim, e que a história estava se repetindo com perfeição. Sabia ainda que, como o escravo asteca, eu viveria um ano em que seria tratado regiamente, e depois viria o fim — um fim lento e doloroso.

No dia seguinte, comecei a trabalhar no painel do mar tempestuoso e construí, a partir da espuma das ondas cobertas de branco, a loucura guerreira dos galopantes cavalos marinhos e de seus cavaleiros. E nas concavidades de cor azul-índigo por trás delas, viam-se os rostos impassíveis, tranqüilos e impiedosos dos maiores deuses do mar.

CAPÍTULO XX

Na segunda-feira seguinte, eu estava longe de sentir-me bem. Além disso, achava-me extremamente nervoso e irritadiço, de modo que Morgan me transportou até Starber em seu pequeno cupê. De lá, telefonei para Scottie e dei um jeito de permanecer mais uma semana no forte. Ele disse que se arrumaria sozinho e que assentaria as coisas com a minha família. Imaginei que não seria preciso ele usar de muita argumentação, uma vez que minha irmã certamente não gastaria uma libra no aluguel de um carro apenas pelo prazer de minha companhia. Whittles fizera o juramento de não transportá-la para lugar algum a menos que fosse no exercício de suas funções de agente funerário. Morgan foi extremamente decente acolhendo-me em sua casa e não sei por que o fez, pois eu estava tão mal-humorado como uma criança birrenta.

Depois de tudo arranjado, ao voltarmos de nosso passeio a Starber, mudei novamente de estado de espírito. Avisei que faria as malas e retornaria a Dickford em seguida. Pensei que já bastavam todos aqueles movimentos orogênicos e resolvi que romperia com Morgan le Fay. Ela respondeu que eu devia fazer o que achasse melhor. Isso me deixou transtornado. Entretanto, ela sugeriu que eu tomasse uma refeição antes de ir embora, pois chegaria em casa tarde demais para o almoço e ela havia trazido algo especial de Starber para mim. Por ser homem, deixei-me cativar pela idéia. Foi então que compreendi que nada me faria dar o fora em Morgan até que ela finalmente me mandasse às favas.

A ressaca que se segue às tempestades tinha se acalmado. Apesar do temporal, os dias serenos se sucediam, e à noite, sobre o mar, por um céu sem nuvens, uma lua de caçador singrava. Numa dessas noites calmas e perfeitas, andamos ao léu pela crista da duna, passeando no meio das rochas caídas que haviam pertencido a um culto ancestral, até que chegamos ao lugar onde a entrada monumental jazia derrubada sobre a grama. Sentamo-nos sobre a verga caída e observamos a lua surgir por trás de Bell Knowle. Era uma lua esquisita, de uma cor-de-laranja opaca, devido à neblina que cobria os pântanos. Contudo, em breve, ela ficou mais luminosa e percorreu o céu sem nuvens como se fosse um veleiro com as velas enfunadas pelo vento. Os pequenos farrapos de nuvens que deslizavam na direção contrária davam-lhe uma impressão de velocidade. Era estranho observar a grande lua prateada que parecia tão perto, conquanto se movesse de forma tão ágil. Mais do que qualquer outra coisa, ela nos fazia compreender que no Universo existe algo mais do que a nossa terra.

Hoje em dia, todo mundo conhece o efeito da luz do sol sobre a saúde e a vegetação. Entretanto, Morgan contou-me que existe um conhecimento esquecido sobre o poder do luar – o conhecimento de como o luar afeta as plantas de uma maneira que não percebíamos devido ao clima instável da ilha. Mas nos lugares em que a luz do sol é constante, as pessoas têm noção sobre o efeito da lua e tomam o cuidado de plantar as sementes e de cortar a madeira de acordo com as suas fases. Morgan também me disse que a lua afetava de modo profundo os estados da mente e a disposição dos espíritos, como bem sabem os que tratam dos doentes mentais. E até mesmo nós, que nos consideramos perfeitamente normais, somos mais afetados por ela do que gostaríamos de acreditar.

— Talvez seja isso que me torna tão rabugento — concordei, feliz por ter encontrado algo sobre que lançar a culpa da minha carranca.

— Sim – disse Morgan, com bastante seriedade – é provável que sim. A lua intensifica todos os estados e faz com que as crises apareçam. Jamais notou quantas crises acontecem por ocasião da lua cheia?

— Que crise está esperando agora? – perguntei.

— A crise entre nós dois – respondeu, pegando-me pelo braço e andando comigo até a margem da duna que ficava na direção da costa. Calei-me, pois nada tinha a dizer.

Quando o luar incidia sobre a neblina que subia dos pântanos, dava a impressão de ser água. Bell Knowle surgia então como se fosse uma ilha num mar de névoas.

— A terra está afundando — observei — como quando eles mandaram buscá-la, Morgan le Fay.

Ela sorriu.

— Não é estranho — perguntou — que os homens acreditem que possam manter o mar afastado tomando qualquer atitude exceto a de calcular as reais possibilidades de um avanço?

— Acho que ocorre o mesmo com todas as forças da Natureza — considerei. — Tentamos reprimi-las com o que gostamos de denominar de a nossa moral e somos desalojados pela inundação.

Caminhamos lentamente de volta, pisando na grama molhada pelo orvalho, com milhares de coelhos se alimentando em torno de nós. O orvalho era o único suprimento de água que possuíam, mas pareciam não se importar com isso.

Chegamos ao forte e continuamos a caminhar até o cabo. A maré estava muito baixa nessa noite, pois, dessa vez, a lua e o sol estavam agindo de comum acordo.

— Wilfred — disse Morgan le Fay — vamos fazer uma fogueira lá fora, no cabo?

Olhei para onde ela apontava e vi que a superfície da rocha, aparentemente artificial, surgia vagarosamente do meio das águas, larga e chata como uma mesa. Essa parte da rocha ficava na extremidade mais remota onde a maré alcançava. Mais meia hora e a maré tornaria a cobri-la; portanto, não havia tempo a perder. Morgan e eu trabalhamos arduamente, apesar do seu adorável vestido de seda verde-mar. Colocamos uma pilha de ramos de zimbro intercalados com sândalo e cedro. Armamos a fogueira em forma de pirâmide, para obedecer a um costume antigo. E então, quando a alga semelhante a cabelo da margem das rochas começou a revolver-se, seguindo em direção contrária, ateamos fogo à pilha de madeira.

O fogo logo se alastrou, como acontece com o zimbro. As labaredas passavam de ramo em ramo, espalhando uma chuvarada de fagulhas, o que caracteriza a combustão desse tipo de planta. No centro das chamas, o cedro e o sândalo queimavam com um calor mais impetuoso, e a fumaça aromática foi se espalhando sobre o mar.

Dentro em pouco, uma côncava onda prateada arremessou-se no nível da superfície da rocha, chocando-se contra sua base ardente. Ouviu-se um silvo furioso e uma linha escura como tinta cortou o círculo perfeito da chama, o que deu à pira uma aparência de lua gibosa. O mar reconsiderou e, durante certo tempo, permaneceu tranqüilo. Então, impelida pela preamar, a série de vagas arremessou outra onda por sobre a rocha. Do fogo violento surgiram silvos raivosos e nuvens de vapor. Produziu-se uma visão interessante: o cimo da fogueira piramidal continuou a arder, coroado pelas chamas e emplumado com a revolvente fumaça aromática; em volta, contudo, havia apenas água.

A maré prosseguiu subindo lentamente, mas o topo da pira continuava queimando com mais força do que nunca. O mar encontrava dificuldade em aceitar o sacrifício e devorar a presa. Finalmente, com a base solapada pela ação da maré, a pirâmide flamejante caiu na água escura do mar revolto, provocando um chuveiro de fagulhas crepitantes e de tições em brasa. Estes voavam longe, mergulhando com um chiado através da alga que boiava mansamente na superfície do mar. Como no meu sonho, senti outra vez o aroma acre da madeira ardente apagada pela água salgada do mar.

Então, tive a percepção do mar como a fonte de tudo o que existe. Eu o vi depositar as rochas sedimentárias e retrair-se em seguida, transformando-as em terra. Vi o lento processo em que aquela terra foi coberta de líquens e vi o clima derrubar as rochas, transmutando-as em solo. Vi o mar subir e levá-las outra vez como limo primordial, de onde surgiu a primeira forma de vida. Vi a vida escalar a encosta, adquirindo pés e asas. Então soube por que Morgan adorava o mar, pois ele fora o primeiro a ser criado e está mais perto do Primordial do que qualquer outra coisa.

Naquela noite não pude conciliar o sono. Sentei-me na cama, fumei cigarro após cigarro e presenciei o ocaso da lua. O astro desceu como cobre opaco, da mesma forma que surgira, pois havia neblina sobre as águas; e imaginei que ocorreriam mudanças no clima.

Talvez a observação daquele disco brilhante me tenha hipnotizado. Comecei a relembrar o início do mundo com grande nitidez. Veio-me à mente a conhecida citação grega *panta rhei*, e recordei-me de Rhea – a mãe dos deuses. Olhei para as profundezas imensuráveis do espaço interestelar e vi aparecer uma fonte da qual jorrava uma água semelhante a luar líquido, em abundância ilimitada. Essa, pensei, é a Primeira Geração. Observei essa luz líquida juntar-se num grande poço nas profundezas do espaço. Vi surgirem correntes nesse poço que, dentro em pouco, começou a girar. Desse movimento giratório nasceram os sóis. Verifiquei que a água tinha dois ritmos: o fluente e o estacionário, e soube que a vida só pode surgir dentro desse último. Tendo aprendido que o começo das espécies se reflete através de toda a sua natureza, reconheci que no nosso íntimo deve existir esse fluxo de energias e a sua concentração num poço profundo. Calculei que essas espécies devem ser regidas pelos ritmos da lua. Admiti que a natureza do homem devia ser predominantemente dinâmica, como o Primeiro Fluxo. E que a da mulher devia recolher-se num poço profundo dentro do qual pudesse se formar a vida. Sabia, contudo, que também nessas espécies devia haver um ritmo alternado e que talvez fosse desse ritmo que estivéssemos esquecidos.

Em seguida, comecei a avaliar o meu relacionamento com Morgan le Fay. Entendi por que ela percebera em mim as possibilidades que não encontrara anteriormente nos outros homens com os quais fizera amizade. Provavelmente foi a minha educação no meio de mulheres, ou a minha saúde precária ou, ainda, o fato de ter nascido quando meus pais estavam velhos. Mas o meu dinamismo físico é lento. Nunca sou verdadeiramente viril, a menos que tenha um acesso de cólera. Por outro lado, Morgan é uma mulher extremamente vital. Então, entendi por que devem existir sacerdotisas e sacerdotes: pois na mulher há um dinamismo que fecunda a natureza emocional do homem tão certamente como ele fecunda o corpo físico da mulher. Esse é um fato do qual a civilização moderna se esqueceu – a mesma que estereotipa e convencionaliza todas as coisas e não se lembra da Lua, a Nossa Senhora do Fluxo e do Refluxo.

Então, notei qual era o jogo de Morgan comigo – compreendi que ela estava tentando saber o modo pelo qual a força esquecida atuava. A maioria dos homens não permitiria que ela o fizesse, pois convencionou-se que o homem é quem deve tomar a iniciativa, a qualquer custo. Mas, por trás das convenções, existe a Natureza primordial. Descobri por que as mulheres fatais têm tanto sucesso, deixando as de tipo simples e caseiro para trás. É porque os homens não amam as mulheres que se entregam, mas as que lhes exigem coisas, desafiando-lhes a força. São mulheres como Morgan le Fay, que não se dedicam inteiramente a nenhum homem, as mais bem-amadas e não as que se entregam completamente. No que se refere ao amor, viajar cheio de esperanças é melhor do que chegar ao destino.

Com os diabos! Eu gostaria de saber o que Morgan le Fay queria comigo e onde ela pretendia chegar. Pela minha experiência de vida, tudo resultaria em confusão. Ela, contudo, parecia ser de outra opinião. Minha única alternativa seria voltar para Dickford e ser um cidadão decente; mas como não me imaginava nessa condição, resolvi deixar que ela usasse o seu critério e continuasse o jogo, isto é, até onde eu podia optar. Argutamente, eu suspeitava que nós já havíamos alcançado um ponto em que eu não tinha mais escolha.

Uma vez tomada essa decisão, na manhã seguinte eu estava muito mais amável do que durante os últimos dez dias. Concentrei-me em observar Morgan, a fim de adivinhar o que ela faria. Também fui capaz de me concentrar no trabalho de pintura no último dos painéis — o do mar tranqüilo iluminado pelo luar.

E em cada ângulo causado pelo jogo de luz e sombras, na água e nas nuvens, aparecia o rosto de Morgan le Fay.

CAPÍTULO XXI

Havia duas noites que a lua já era cheia e o barômetro continuava a cair, indício de que os dias tranqüilos não durariam para sempre. Depois da refeição noturna, saímos para o promontório e observamos a sombra de Bell Head diminuir sobre o mar, à medida que a lua se elevava. Pelas rochas, só podíamos caminhar em fila indiana, e Morgan seguia na frente. Ela não me estava dando atenção e percebi que desejava ficar a sós com seus pensamentos; por isso, não a acompanhei até a ponta, mas sentei-me nos restos da balaustrada, fumando enquanto a observava.

Morgan pôs-se a fitar o mar iluminado pelo luar durante muito tempo, até que a sombra da duna chegou aos seus pés. Então, voltou-se e olhou para cima, diretamente para a lua, cujos raios incidiam em cheio sobre ela. Parecia-se com uma estátua, imóvel e de belos contornos. Em seguida, ergueu os braços até que se assemelhassem aos cornos da lua e começou a cantar uma de suas estranhas canções. Nesses últimos poucos dias, estivera cantando para mim de quando em quando. Desconfio ser essa a causa do meu estado de espírito inquieto e perturbado. Contudo, desta vez, Morgan cantava com o poder da evocação:

> *O Isis, veiled on earth, but shining clear*
> *In the high heaven now the full moon draws near,*
> *Hear the invoking words, hear and appear —*
> *Shaddai el Chai, and Ea, Binah, Ge.*

[Ó Ísis, velada na terra, que não obstante brilha
No alto do céu agora que se aproxima a lua cheia,
Ouve as palavras de invocação, ouve e aparece —
Shaddai el Chai, e Éia, Binah e Géia.]

178

Não sei qual o poder que me impeliu, mas ergui-me e caminhei em sua direção. Quando cheguei suficientemente perto para enxergar seu rosto à luz do luar, vi que não se tratava de Morgan le Fay. Os olhos eram estranhos, grandes e desumanos: nem mesmo eram os olhos da sacerdotisa do mar, conquanto fossem os da própria deusa. Morgan le Fay ergueu os braços, formando os cornos de Hathor, e cantou para a lua e para o mar —

I am she who ere the earth was formed
Was Ea, Binah, Ge
I am that soundless, boundless, bitter sea,
Out of whose deeps life wells eternally.

Astarte, Aphrodite, Ashtoreth —
Giver of life and bringer-in of death;
Hera in Heaven, on earth, Persephone;
Levanah of the tides and Hecate —
All these am I, and they are seen in me.

The hour of the high full moon draws near;
I hear the invoking words, hear and appear —
Isis Unveiled and Ea, Binah, Ge,
I come unto the priest that calleth me.

[Sou quem antes da formação da terra
Era Éia, Binah, Géia;
Sou o amargo mar, silencioso e infinito,
De cujas profundezas jorra a vida eternamente.

Astarte, Afrodite, Ashtoreth —
Doadora da vida e causadora da morte;
Hera nos Céus, na terra Perséfone;
Levanah das marés e Hécate:
Todas essas sou, e elas são vistas em mim.

A hora da lua cheia se aproxima;
Ouço a invocação, ouço e apareço —
Ísis Desvelada e Éia, Binah, Géia,
Venho para o sacerdote que chamou por mim.]

E eu soube que, quer gostasse quer não, fora escolhido para o papel de Sacerdote do Mar.

Os braços de Morgan desceram lentamente para a posição horizontal, desfazendo o signo dos cornos da lua. Então, começou a movê-los para a frente e para trás, num estranho movimento cadenciado. As longas mangas do seu vestido faziam com que se parecessem com asas que se movessem com lentidão. Os ritmos lamentosos, vibrantes, que subiam e desciam em quartas de tom, e as rimas repetidas me fascinavam, assim como um passarinho encantado pela serpente. Aproximei-me dela, passo a passo, até que as palmas estiradas de minhas mãos tocassem as dela. Compreendi subitamente que não eram mãos de mulher que seguravam as minhas, mas os dois pólos de uma poderosa bateria.

Essa estranha voz que cantava despertou as vibrações de todos os antigos rituais com que os homens invocavam os deuses. Percebi que o toque de suas mãos trazia alguma coisa do céu e que passava para mim. De mim, essa força era transferida para a terra. A maré subia e a série de ondas que banhava suavemente a rocha em que estávamos molhava nossos pés e tornozelos, constituindo-se numa ameaça. Uma nuvem cobriu a lua e ficamos no escuro. Notei que a tempestade ia se desencadear, pois um sopro do frio vento noroeste cortou as águas com um zunido. Depois do vento, uma onda chocou-se contra as rochas, seguida de uma porção de outras. Vi as vestes de Morgan flutuarem na água e puxei-a para perto de mim; ela andava como uma sonâmbula. Tratava-se de um empreendimento arriscado conduzir a mulher que se movia às cegas dentro da água que nos chegava até os tornozelos. Caminhávamos sobre rochas irregulares, no escuro, com a espuma branca das ondas rebentando atrás de nós. O vento soprava cada vez com mais força. Não obstante, passo a passo, chegamos até os degraus. Eu estava tão preocupado com nossa segurança que nem pensei em mim mesmo. Todavia, no pátio dianteiro, pudemos ver onde pisar, graças à luz que se escoava das janelas. Repentinamente, Morgan abriu os olhos, fitando-me como se despertasse de um sono profundo. Compreendi que algo muito estranho ocorrera entre nós.

No dia seguinte, tudo me pareceu um sonho. Morgan não mencionou o ocorrido, nem tampouco eu. Há certas coisas que se corrompem ao falarmos delas. A chuva fria e o vento que aumentara de intensidade impediram que saíssemos para o cabo durante todo o dia. Ficamos lendo, sentados perto do fogo. Não tínhamos muito sobre o que conversar.

Perto da hora de dormir, entretanto, quando estávamos ainda junto ao fogo que se extinguia, obedecendo a um súbito impulso, peguei a lâmpada de leitura que estava perto do meu cotovelo e fui até o canto mais distante do longo aposento, a fim de estudar o desenho que esboçara em toda a parede de reboco.

O tema do desenho eram os palácios das profundezas do mar, de cúpulas iridescentes como bolhas de espuma, cobertos pela crista das ondas que se curvavam sobre eles como se fossem um céu. No pórtico em forma de coluna, enrolavam-se serpentes marinhas e os tesouros de galeões submersos espalhavam-se pelos pátios. No centro da imagem, no trono dos reis do mar, sentava-se uma personagem vestida com roupagens prateadas que se assemelhavam à rebentação das ondas. Eu planejava pintar o rosto de Morgan le Fay assim que tivesse uma inspiração. Como isso ainda não havia acontecido, apenas os contornos indistintos das feições eram levemente sugeridos.

Mas enquanto estava parado ali, com a lâmpada numa das mãos, apanhei os pincéis com a outra, pois percebi que chegara a hora de pintar aquele rosto. Morgan le Fay cochilava sobre o livro que estava lendo do outro lado da sala e não prestava atenção em mim. Comecei a trabalhar, segurando a luz numa das mãos e pintando com a outra, do melhor modo possível com aquela luz bruxuleante. Conhecia tão bem cada traço e cada curva do rosto de Morgan que não precisava de modelo.

Contudo, à medida que pintava, não foi o rosto de Morgan le Fay que tomou forma com as minhas pinceladas, porém a face de um homem − de feições finas, ascéticas, nada deste mundo. Embora eu mesmo os pintasse, os olhos eram os mais maravilhosos que já vira numa tela, dando a impressão de ter vida. Olhavam diretamente para mim e eu retribuía esse olhar incisivo. Então, não sei que impulso me possuiu, mas pintei o grande cristal de Morgan le Fay em suas mãos. Pintar um cristal é muito difícil, mas eu o fiz, e ele captou a luz como se esta se refletisse do seu interior.

Quando terminei, retrocedi uns passos para observar o resultado, sem saber o que pensar. Ouvi um ruído atrás de mim e

Morgan le Fay se aproximou. Durante um longo momento, ela olhou para o quadro pronto. Então, virando-se para mim, disse:

— Esse é o Sacerdote da Lua!

182

CAPÍTULO XXII

É muito difícil explicar de modo coerente o que o encontro com o Sacerdote da Lua significou para mim. Já lhes falei sobre a minha experiência em contatar a realidade que existe por trás das aparências; essa realidade invisível que é, para a sua forma exterior, o que a personalidade de um homem representa para o seu corpo. Já lhes contei sobre o poder que surgiu em mim – o poder de ver o passado reviver. Não me cabe lidar com a metafísica desses acontecimentos; apenas sei que foram experiências diferentes das demais e tiveram resultados de longa duração em minha vida. É por esses resultados que julgo essas experiências, e não pelos argumentos contra ou a favor. Estou inclinado a concordar com o fato de se tratar de elaborações do meu subconsciente, uma vez que estão inteiramente fora do âmbito e do padrão do objetivo normal da consciência. Também concordo com o fato de terem a mesma natureza do material de que são feitos os sonhos, pois se assemelham mais às ocorrências da vida onírica do que às da vida ativa. Entretanto, ao dizer isso, não as apaguei como se fossem um pecado. Talvez fosse necessário definir o que entendemos por sono e por subconsciente. Seja como for, ainda não estou preparado para explicá-las, ao menos não nestas páginas, porque não sei como fazê-lo. Para mim, essas experiências representam marcos indicadores, não rótulos. Quando eu estiver satisfeito por ter embrulhado minha alma com papel marrom amarrado com um fitilho, então poderei rotulá-la, não antes. Até lá, creio que indicadores são mais seguros, e é menos provável que faça papel de tolo. Pois eles apontam para uma direção, o que é útil, mas não estabelecem os limites, o que seria absolutamente desnecessário no presente estado de nosso conhecimento.

Contentar-me-ei, portanto, com descrever essas experiências e com deixar que as outras pessoas as classifiquem segundo seu gosto.

Perto de nossa casa, morava uma mulher que, durante muitos anos, respondia que seu filho estava num hospital de Bristol quando lhe perguntavam por ele. Por fim, alguém suspeitou de algo errado e indagou-lhe em que enfermaria, obtendo a informação de que ele não se encontrava numa enfermaria e, sim, no museu. De modo que, se não posso servir como um guardião, posso servir como um espécime, ensinando muito mais pelo que sou do que pelo que digo.

Vi uma porção de quadros inspiradores em minha vida, e todos eram bons enquanto os artistas se limitavam a nuvens e drapeados; porém, ao tentar desenhar corpos e rostos, isso me fez ter a esperança de que aqueles quadros fossem destruídos de vez. Como sei disso, tive o bom senso de manter minhas figuras na sombra pois, digam o que quiserem, quando se trata de arte, a alma não pode transcender a mão.

As feições do Sacerdote da Lua, portanto, eram apenas vagamente visíveis e tinha-se de usar a imaginação para elaborar o quadro completo. Não representei o meu Sacerdote, somente o evoquei. Nisso se resume toda a teoria da arte. Mas não é essa a minha preocupação no momento. O olho exterior percebe sombras coloridas; é a partir do nosso conhecimento que completamos o quadro. Quando nada se sabe, nada se vê. Se sabemos de uma porção de coisas, veremos uma porção delas. Não compete a mim julgar os meus quadros. Eles interessariam a juízes competentes; então deixemos isso como está. O velho Whittles disse que foi uma pena eu não os ter terminado. O vigário afirmou que eram depravados; e minha irmã disse que eram tolos. Scottie aduziu que não ficaria com nenhum deles, nem que fosse pago para isso. O meu camarada de Bond Street quis que eu passasse a pintar como profissional, mas o trabalho é árduo demais para que me convenha e nele não se pode ter sócios.

Seja o que for que se diga acerca de minhas obras — e elas sempre causam um partidarismo violento — pintá-las significou libertar-me do condicionamento imposto pela educação.

O fato importante, contudo, não era o lado estético do negócio, mas o que resultou dele. Foi através dessas pinturas que travei conhecimento com o Sacerdote da Lua, uma pessoa muito estranha para se conhecer; mais ainda do que a própria Morgan le Fay, e Deus sabe que ela já era estranha demais. Essa afirmação pode parecer incongruente, mas senti, pela indistinta figura que apareceu na superfície do meu esboço, o mesmo que sinto por qualquer personalidade dinâmica. Não encontrei muitas dessas personalidades em minha vida, pois elas não proliferam em Dickford; e, quando surgem, são impelidas à bebida e cedo mandam ao diabo a carreira. No meio dos causídicos, encontrei uma ou duas, e alguns dos velhos magistrados devem ter sido bastante enérgicos na mocidade, embora tenham perdido o estímulo quando chegaram ao tribunal! A seu modo, meu companheiro de Bond Street tinha personalidade. Minha irmã também, a seu modo, se é que se pode chamar isso de modo. Além dessas pessoas, não conheci mais ninguém que pudesse ver um palmo adiante do nariz.

Julgo uma personalidade não pelo que a pessoa diz, ou pelo que faz, mas pela forma como isso me afeta. Alguém pode tomar uma série de atitudes no mundo em virtude do início de vida que teve, ou porque conseguiu algo que desejava no momento: mas isso não constitui, a meu ver, uma personalidade. Uma personalidade provoca em você alguma reação, seja de que tipo for: essa reação não precisa necessariamente ser agradável — você teria de procurar bastante para achar alguém mais desagradável que minha irmã. Eu mesmo causo um bocado de desagrado também, especialmente na região em que vivo, pois sigo meu caminho sem dar atenção às pessoas. E uma cidade do interior detesta isso. Uma personalidade estimula você — quer salve a sua alma, quer não. De acordo com a minha definição, isso não é relevante.

O Sacerdote da Lua possuía uma personalidade marcante e, se era um produto do meu subconsciente, sinto orgulho dele. Houve ocasiões, e não raras, em que costumava imaginar quem era ele e se eu estava me iludindo ou ficando confuso. Mas toda vez que o encontrava de novo, reconhecia-o e, com certeza, sabia que me causava uma impressão duradoura.

No início, julguei tratar-se do sacerdote do mar, aquele que havia ficado tão furioso com a minha impertinência ao ser sacrificado. Senti medo, por reconhecer um inimigo que seguira a minha trilha. Depois, comecei a perceber que não era esse o caso e que ele representava muito mais que isso. Pareceu-me ser este o sacerdote que apoiava Morgan le Fay; que fora ele quem a afastara da Atlântida, ao tomar conhecimento de que se aproximava a hora da catástrofe final.

Eu podia visualizar a cena com nitidez, como se fosse um quadro vivamente impresso na memória – a cidade sagrada, construída ao redor da montanha que havia sido um vulcão, assim como Pompéia e Herculano, cidades erigidas em tempos históricos. Podia ver a ampla planície de aluvião que se estendia até os confins das montanhas – terra desnudada pelo refluxo do mar, do mesmo modo como os pântanos se estendem na direção de Dickford com as montanhas por trás. E, bem no limite entre as terras e a água, erguia-se um grande cone, que bem podia ser Bell Knowle. O cone era chato no alto, não piramidal; ficara assim porque em algum cataclismo anterior sua cratera havia explodido, como acontece com os vulcões. E nesse nível da crista, existiam construções brancas, pertencentes ao clã sagrado – o grande templo do sol, com seu pátio descoberto, pavimentado de mármore e basalto, formando desenhos brancos e pretos. Seus dois pilares eram dois gnômons gêmeos de um relógio grande como o jardim: um para o sol e outro para a lua. Os cálculos eram feitos tomando por base o modo como as sombras cruzavam as quadraturas. Morgan contou-me que se tratava do protótipo do Templo do rei Salomão: todos os outros templos dos Mistérios basearam-se nele.

Em volta do templo, havia construções com pórticos e colunatas sustentadas por vigas pois, embora os atlantes detivessem muito conhecimento, assim como aconteceu com os antigos egípcios, ainda não tinham descoberto o segredo dos arcos. Esses edifícios eram as casas dos sacerdotes e escribas que serviam no templo e, além deles, ficava a Casa das Virgens, erigida em volta de um pátio, sem janelas que dessem para o exterior. Foi nesse lugar que Morgan cresceu até se tornar mulher.

Do lado de dentro, divisei grandes saguões interligados, cercados por aposentos e colunatas. E existiam fundos tanques de pedra, com escadas pelas quais se podia chegar à base, onde cresciam os lírios sagrados. Sobre esses tanques pendiam velhas árvores antigas e deformadas, parecidas com amoreiras, de cuja casca transudavam resinas aromáticas que eram queimadas nos templos. As jovens sacerdotisas sentavam-se debaixo das árvores, fiando com fuso e roca, usando um método mais antigo do que a roda de fiar. Acho que, assim como não conheciam o arco, também não conheciam a utilidade da roda de fiar.

Uma passagem subterrânea ia da Casa das Virgens até o templo, e sacerdotes, cuja sexualidade havia se esgotado, cuidavam da educação das jovens sacerdotisas, que ficavam aos cuidados de mulheres sábias. Por esta passagem, elas eram levadas ao templo quando a ocasião o exigia. As jovens não punham os olhos no mundo exterior ou em qualquer homem que não fosse consagrado. E, pela mesma passagem, retornavam, nem sempre castas, à Casa das Virgens, ao terminar o seu trabalho.

Ao lado do templo, havia uma trilha ladeada pelo caminho de lava que conduzia ao próprio cerne do antigo vulcão. Dentro dele, fora escavada uma cratera de onde um jato de chamas jorrava continuamente, mostrando, para quem tivesse olhos para ver, que a montanha não estava morta, mas adormecida. Essa chama, ateada pela própria Terra, era para eles o símbolo de sua fé, pois todo fogo tem a mesma natureza, se bem que pertença a três tipos — vulcânico, solar e terrestre. Foi o jato dessa chama que avisou ao Sacerdote da Lua que a catástrofe, há tanto tempo prevista, estava prestes a se desencadear.

No momento, o Sacerdote da Lua era outro, embora quando jovem tivesse sido escolhido e treinado da mesma forma que os demais que serviam à chama. Ele compreendera que nos maus dias o culto tinha se deteriorado, e retrocedera, como devem fazer os homens, para uma fé mais antiga e mais pura. Ele subiu o curso do rio até que este não passava de um pequeno regato para chegar à pura nascente, e adorou a Grande Mãe sob sua forma de lua e de mar. Ao fazê-lo, provou ser um sábio, pois com Ela estão ocultos os segredos da vida humana, embora as chaves do espírito pertençam ao Pai de tudo.

No vigor de sua mocidade, ele procurou um lugar onde a vida pudesse ser vivida sem ser maculada pela decadência da raça moribunda. Viajou em navios de aço para as Ilhas do Mar, onde estavam estabelecidos os mercados dos reis do mar — mercados

187

distantes para onde homens estranhos levavam coisas esquisitas: corantes azuis e cor-de-púrpura, plantas medicinais e prata.

Quando chegou a hora em que a chama se alteou como um aviso, o antigo Sacerdote do Sol, fraco demais para essa jornada distante, embora soubesse o que se aproximava, preparou-se para morrer com o seu templo. Entregou nas mãos do homem mais jovem os rolos de pergaminho e os símbolos sagrados. E à noite, percorreram o caminho subterrâneo até a Casa das Virgens, olhando para as jovens enquanto estas dormiam à luz do luar. Escolheram uma delas, que havia sido instruída para servir a seus propósitos, e a levaram embrulhada num manto preto, enquanto as outras dormiam.

Então ela viu, pela primeira e última vez, os grandes espaços da planície ao luar, onde os lanceiros e os arremessadores de azagaias aprendiam seu ofício e onde os tratadores dirigiam parelhas de cavalos. E ela desceu o sinuoso caminho processional até a costa e o mar. O vento da terra, que soprou ao alvorecer, enfunou as velas, e eles zarparam com rapidez. Singraram durante um dia, uma noite e mais um dia; os remadores labutaram até chegarem aos mercados. Na terceira manhã, contudo, entre a escuridão da noite e o alvorecer, três vagalhões suspenderam o navio à medida que o fundo do mar se agitava. Quando o sol nasceu, eles viram uma grande nuvem de fumaça negra em forma de coluna no lugar onde certa vez estivera a cidade de Atlântida.

E o Sacerdote da Lua, viajando através das "três vezes revoltas Bermudas" e dos Açores, trouxe a jovem, que devia ser a sua sacerdotisa, a um local que fora preparado na Ilha Sagrada, que fica a certa distância da ilha dos Druidas, de frente para a ilha dos Santos, que é a Irlanda. Lá, deixou-a aos cuidados de mulheres cultas, para ser treinada na terrível disciplina do sacerdócio, enquanto ele percorria o país selvagem observando os seus costumes. Os homens o chamavam de Merlin.

No momento em que chegaram os convites, eles a trouxeram, já crescida e treinada, aos sacerdotes que mantinham a congregação sagrada em Bell Knowle. Aí aconteceu o fato que já citei, de modo que o sacrifício foi em vão: o mar veio e inundou a terra. E por todas as correntezas no meio dos pântanos a maré subiu, o mar tomou conta dos prados e dos campos; os homens que haviam semeado e arado a terra, transformaram-se outra vez em pescadores e caçadores, vivendo em cabanas de palafitas no meio dos juncos, onde outrora ficavam os fortes de pedra e palácios de madeira. E Morgan le Fay, sacerdotisa do mar e meia-irmã do rei, sentada em seu palácio, na ilha do vale de Avalon, observava o desenrolar dos acontecimentos futuros na fonte mágica.

E ela viu seu irmão, o rei, ser traído por sua infiel rainha; viu o sábio Merlin ser dirigido pela jovem feiticeira Vivien; e viu todo o mal que acontece aos países e aos homens quando as lareiras sagradas se extinguem por falta de cuidados.

CAPÍTULO XXIII

Contei todas essas visões para Morgan, porém ela não falou quase nada. Tudo o que obtive dela foi:

— Seus sonhos acompanham os meus.

— Morgan — indaguei — o que *é* a verdade?

— Você não *é* o primeiro homem a fazer essa pergunta — retrucou ela.

— Acho que vou me lavar, como Pilatos — disse, sentindo que não lhe arrancaria mais nada.

Quando voltei, Morgan estava ocupada preparando o jantar. Vestia um longo e amplo vestido de veludo cor-de-vinho, cujas mangas, semelhantes a asas, estavam dobradas para cima até os ombros. Elas mostravam o forro prateado, deixando-lhe os braços livres para o trabalho que fazia no meio de potes e caçarolas. Morgan tinha braços adoráveis, roliços, de músculos firmes; a pele era de um opaco branco acetinado; as mãos, embora grandes, tinham dedos longos e eram flexíveis e eloqüentes quando gesticulava, como aprendera a fazer na sua convivência com os latinos. Sentei-me na cadeira de costume, do outro lado da longa mesa estreita, e a fiquei observando. Ela preparava um fantástico prato francês que, ao que se supunha, devia incendiar-se à medida que cozia; dentro em pouco, ele se inflamou e nós nos sentamos para a refeição.

Enquanto Morgan cozinhava não havia oportunidade para conversas, pois tratava-se de uma tarefa cheia de truques e ela levava a culinária a sério, um pouco mais a sério do que eu a minha pintura, ou até mesmo os meus negócios imobiliários. Além disso, Morgan jamais conversava com um homem antes de tê-lo alimentado, regra que aprendera com os presidentes da América do Sul, rápidos no gatilho.

Todavia, depois da refeição, enquanto eu fumava e tomava o café, ela disse de chofre:

— O que é a verdade, Wilfred?

— Era isso o que eu estava lhe perguntando, e você me mandou às favas — retruquei.

— Não, não fiz isso — negou ela, ignorando minha insinuação.

— Você me perguntou o que era a verdade relativa a certo assunto e eu estou lhe perguntando o que é a verdade propriamente dita. Não podemos lidar com o específico antes de termos lidado com o genérico. O que é a verdade, Wilfred?

— Sabe Deus — respondi — o que ela é genericamente; contudo, você sabe bem o que ela é neste caso específico, quer queira ou não me dizer.

— Não estou certa de saber. Qual você imagina ser a verdade a meu respeito, Wilfred?

— Às vezes penso uma coisa, Morgan le Fay, às vezes penso outra; isso depende do modo como me sinto no momento.

Ela riu.

— Acho que isso é o mais próximo que chegaremos da verdade — considerou — pois essa também é exatamente a minha posição. Algumas vezes julgo-me de determinada forma, outras penso de modo diferente. Enquanto eu acreditar em mim mesma, acho que poderei fazer certas coisas. Se deixar de acreditar em mim, acho que me transformaria em pó, como uma múmia ao ser desenfaixada. Há mais de uma espécie de verdade. Algo que não existe em nosso mundo tridimensional pode existir na quarta dimensão, e a seu modo ser real.

— E o que seria a quarta dimensão? — perguntei.

— Não domino a matemática do assunto — respondeu Morgan — mas, para todas as finalidades práticas, aceito a mente como a quarta dimensão e acho que isso funciona. Para mim é o suficiente.

— Não é o bastante para mim — disse eu. — Quero entender um pouco melhor as coisas antes de confiar nelas.

— Nunca entenderá as coisas enquanto não confiar nelas, pois você inibe aquilo de que duvida.

— E você jamais saberá se o gelo suportará o seu peso até que caminhe sobre ele, e então, se não agüentar, afundará.

– E você jamais terá omeletes sem quebrar os ovos.

– E o que se pode fazer acerca disso?

– Não sei quanto a você, mas sei o que pretendo fazer.

– E o que é?

– Tomar as minhas precauções e assumir os meus riscos.

Não fiz nenhum comentário e ela também não pediu que me manifestasse a respeito. Morgan sabia que, quando chegasse o momento, eu a seguiria por ela ser o que era.

– Posso mostrar-lhe coisas, Wilfred, que não tenho permissão de contar – disse ela. – Coisas muito estranhas. Não pretendo entendê-las, mas sei que funcionam. Deixe-as de lado por enquanto, porque a lua estará minguando no próximo fim de semana. Volte para mim na próxima lua cheia e eu lhe mostrarei.

CAPÍTULO XXIV

As ordens de Morgan para que ficasse longe até a próxima lua cheia significavam que eu não a veria durante um mês. Desde que ela chegara ao forte, era a primeira vez que perdia os fins de semana; por isso o mês me pareceu muito longo. Isso me ensinou, de forma inequívoca, o quanto Morgan representava para mim, o papel que desempenhava em minha vida, e como seria viver sem ela. No final do mês, minha mãe e minha irmã estavam considerando seriamente minha proposta original de instalá-las em outra casa. Desconheço o que Morgan fez durante esse tempo. Entretanto, quando voltei para o forte, notei ali uma sutil, estranha e indefinível diferença. O aroma de cedro e de sândalo tinham se impregnado, deixando todo o ambiente perfumado. O forte se assemelhava a uma harpa afinada para uso; e, de vez em quando, emitia leves sons suspirantes e espontâneos, como uma harpa eólia. Nunca me esquecerei da tensa e estranha expectativa da atmosfera e do cheiro das madeiras aromáticas que impregnava tudo.

Também havia algo de curioso com o mar, algo difícil de descrever. Parecia que ele se aproximara mais de nós, e que poderia inundar à vontade todos os aposentos. Ainda assim, não se tratava de um elemento dominador ou incompatível, pois entre nós e o mar fora estabelecida certa familiaridade e seríamos capazes de respirar em suas águas como se fôssemos anfíbios. Não posso descrever com palavras a curiosa sensação que senti ao me libertar do mar: era como se mais nenhuma onda tivesse o poder de me arrebatar do cabo. Era como se eu pudesse passear em suas profundezas, como se andasse pisando a neblina – consciente de um meio mais denso e não de um elemento estranho.

193

Morgan serviu-me um jantar extravagante. Ofereceu coalho de amêndoas, do tipo que os chineses preparam, e vieiras servidas nas conchas. Como sobremesa, bolos de mel em forma de pequenos crescentes, semelhantes a maçapão – todos alimentos brancos. A monotonia dessa estranha mesa de jantar era quebrada por um prato de louça de barro no centro da mesa, com uma pilha de romãs.

– É comida da lua – disse Morgan sorrindo.

– E se você comer uma romã – falei – nunca voltará. – E comi uma delas.

Naquela noite, não fizemos nada; apenas ficamos sentados junto ao fogo. Tentei divertir Morgan com anedotas sobre Dickford, mas isso não surtiu efeito. A atmosfera estava tensa demais. Recolhemo-nos cedo.

Fui logo dormir, ao menos acho que o fiz. E tive um sonho muito interessante.

Parecia-me estar em pé, na grande sala de estar do andar térreo, e que todas as imagens das paredes eram reais, e não simples pinturas sobre o reboco. Em seu trono, o Sacerdote da Lua também era verdadeiro. Ele se aproximou de mim, ficando a meu lado com seu estranho toucado, que se assemelhava à coroa usada no alto Egito. Fitei-o nos olhos e ele devolveu o olhar. Depositei nele a mais absoluta confiança, da forma como nunca fizera antes com um ser humano.

Saímos juntos, deslocando-nos com os movimentos flutuantes do sono. O vidro das grandes janelas não impediu nossa passagem e fomos até o lugar onde o pobre idiota havia sucumbido – lá fora, portanto, sobre o mar.

Em seguida, descobri que me encontrava no alto pico em forma de tubo da Atlântida, no lugar em que ficava a congregação sagrada, embora não soubesse se estávamos nas profundezas da grande Atlântida ou se estávamos pairando no ar. Meu guia desaparecera e diante de mim havia duas figuras veladas na luz misteriosa. Não lhes podia ver os rostos ou as formas; apenas o indistinto contorno das vestes e as grandes asas dobradas para trás. O que me disseram ou o que eu lhes disse nunca saberei. Não me recordo de nada, exceto do fato de ter-me ajoelhado diante delas na rocha do planalto, e da luz opalina e iridescente em volta de

194

mim. Em minha alma havia um temor respeitoso e uma reverência tão grandes que, depois disso, a vida para mim passou a ser um sacramento.

Então, tornei a encontrar o meu guia e estávamos bem distantes, sobre o mar. Dentro em pouco, vi o cabo rochoso de Bell Head lá embaixo. Passamos sobre o lugar onde o pobre idiota morrera, voltamos ao local onde começáramos e acordei na cama.

Isso é tudo o que há para contar. Pode ter sido um sonho. Mas foi um sonho diferente de qualquer outro que já tive e mudou toda a minha vida. Uma coisa, e apenas uma, eu trouxe de volta comigo através do véu que foi corrido quando voltei: eu sabia que a minha dedicação fora aceita e que eu fora escolhido para ser sacrificado pela sacerdotisa do mar. Isso seria feito a fim de gerar poder para o objetivo que ela tivesse em mente, quer fosse para a terra ser salva do mar, quer fosse para o mar retomar a terra.

Assim que desci na manhã seguinte, comecei a contar minha experiência para Morgan; mas ela fez um gesto e me interrompeu.

— Sei de tudo — disse ela. — Não fale sobre isso.

Fiquei contente, pois falar sobre esses acontecimentos poderia fazê-los desaparecer.

Depois do nosso costumeiro café da manhã reforçado, fomos caminhar pela duna e vi as pirâmides lunares brancas, duas a duas, que haviam sido reconstruídas, e o caminho processional lá estava, como nos velhos dias. Fiquei imaginando o que os nativos achariam da entrada monumental que se destacava contra a linha do céu, na crista da duna. Entretanto, não havia muitos nativos que pudessem pensar alguma coisa; apenas um ou dois caçadores de caranguejos tresmalhados e construtores de telhados cortando algas nos pântanos. Não comentei sobre o andamento dos preparativos e Morgan também não o fez. Caminhamos pela trilha ancestral como se estivéssemos numa romaria. Há um estranho poder no silêncio, quando você pensa de determinada forma sem dizer palavra, e cada qual conhece as idéias do outro. Enquanto nada é dito, o pensamento que se tem permanece em outra dimensão e é mágico; contudo, se falarmos sobre ele, nós o perdemos em seguida. É como a história das jóias compradas no mercado dos duendes: apenas podemos olhá-las à luz do luar, ou descobrire-

195

mos que não passam de um punhado de folhas mortas. Há mais de um tipo de realidade, e elas não se misturam.

Passamos pela grande entrada monumental e tive a mesma sensação que César deve ter tido ao cruzar o Rubicão. Com a nossa passagem, algo foi selado, e selado de forma irrevogável. Mesmo assim, continuamos calados, enquanto andávamos sobre a acinzentada e curta grama marítima. O silêncio era cortado apenas pelo som das ondas abaixo de nós e pelos gritos das gralhas. É bastante curioso o poder do silêncio em outra dimensão, e muito potente.

Chegamos à extremidade da longa duna marítima e, abaixo de nós, o contraforte quebrado da frente do penhasco de rocha calcárea arruinada pela erosão estendia-se até o aclive íngreme onde Trethowen cultivava as vinhas. Bem mais adiante, eu podia ver os estreitos canteiros cercados de pedras a fim de segurar o solo raso, orlados de ervas aromáticas que eram maceradas no vinho sagrado. Morgan le Fay tinha o hábito de transformá-las no mal-cheiroso incenso que costumava queimar de vez em quando. Nunca soube por que o fazia.

Morgan desceu a rampa íngreme pelo traiçoeiro gramado. Não tenho muito boa cabeça para suportar alturas e sentia meus joelhos horrivelmente bambos. Segui-a, entretanto, e entramos numa fenda rasa do solo, que se aprofundava num enorme valo à medida que avançávamos. Chegamos até uma saliência elevada e vertiginosa que se fixava como se fosse um terraço em face do penhasco. A rocha trazia sinais de ferramentas e inclinava-se de modo uniforme por uma jarda. Não apresentava dificuldades para quem não sentisse vertigens, contanto que não se pisasse numa pedra solta. Fazia muito tempo que as ferramentas haviam sido usadas naquele caminho elevado e perigoso; a rocha calcárea desgastara-se e se acumulava num monte de escombros. E, embora a saliência tivesse permitido que o entulho mais pesado caísse, desobstruindo o caminho, ainda assim era necessário andar com cuidado. Além disso, não se tratava de um lugar por onde se pudesse passar no escuro. Gostaria de saber se Morgan arriscaria o seu pescoço ali, observando o aparecimento da lua.

O caminho inclinava-se até um ponto extremo que nem mesmo o Departamento de Guerra ousara utilizar como estrada.

Mas não teríamos de ir tão longe e, dentro em pouco, avistei o que buscávamos: a estreita boca da caverna aberta obliquamente na rocha, que víramos lá de baixo, quando estávamos sentados nos vinhedos, no calor de uma tarde abafada de verão. Na época, eu estivera em mangas de camisa e Morgan vestira linho azul. Hoje, eu trajava um Burberry, enquanto Morgan achava-se envolvida em peles. Maravilhava-me recordar que fora tão tímido com ela que mal soubera como lhe falar e que, agora, tinha-lhe tanta intimidade que podia altercar com ela como fazia com minha irmã quando esta me contrariava. Não há teste maior para a intimidade do que ser capaz de discutir com uma pessoa sem brigar com ela.

Descemos um lance curto de degraus toscos, porém regulares, à medida que entrávamos na caverna. No centro dela, vi uma mesa retangular feita de pedra maciça que, sem dúvida, fora construída por entalhes feitos no nível natural do solo; daí as escadas que conduziam até ela a partir da entrada. Em volta das paredes que haviam sido modeladas em semicírculo, uma baixa saliência de pedra fora deixada para servir de assento. No centro, de frente para a entrada e alinhado com a mesa de pedra, havia um bloco mais elevado que me pareceu servir de trono, ou de assento para o sacerdote. Se a mesa de pedra era um altar, ou uma cama, ou uma laje para os sacrifícios, não posso afirmar, e Morgan não me disse. Segundo pensei, o lugar tinha sido varrido recentemente, pois não existiam sinais de destroços ali, como havia no caminho que nos conduziu até esse lugar. Então, notei que de cada lado da entrada estavam dois braseiros do tipo que os homens da estrada usam e, num vão, havia um monte de carvão. O teto estava enegrecido pela fumaça que, adivinhei, devia sair pela longa fenda na qual o teto terminava. Pelo grau de escurecimento do teto, julguei que Morgan le Fay passara bastante tempo nesse lugar.

Morgan nada explicou; permitiu-me, todavia, olhar tudo à vontade.

Em seguida, reparei que perto da entrada havia uma pequena bateria elétrica portátil, com um rolo de fio ao lado, e vi que o fio subia e terminava na rocha logo acima.

— Para que serve isso, Morgan? — perguntei, incapaz de me conter por mais tempo, pois conhecia o uso dessas baterias de fios embutidos.

197

— Esse é o modo como pretendo fechar a porta quando terminar o meu trabalho — respondeu ela.

— E de que lado da porta estarei quando você a fechar? — prossegui, imaginando se isso seria o substituto para a preamar.

Ela sorriu.

— Você estará do lado de fora e em segurança — afirmou. — Não se preocupe, Wilfred; não pretendo fazer de você um sacrifício vivo. Quero-o vivo, não morto.

— É muita gentileza de sua parte — disse eu com amargura.

Então voltamos pelo mesmo caminho. O vento estava frio. Levantei a gola do casaco, Morgan aconchegou-se nas peles e andamos depressa. Estávamos contentes por chegar ao abrigo do pátio interno da frente do forte, onde as barreiras das canhoneiras impediam a entrada do vento.

— Morgan — perguntei —, quando me deixará trabalhar nos consertos?

Porque, depois da tempestade, apenas tínhamos limpado o pátio jogando os destroços ao mar, por cima do muro sem nada reconstruir, o lugar parecia um tanto maltratado.

Morgan não respondeu, porém andou na direção do cabo. Um súbito vislumbre de conhecimento me disse que ela não pretendia reconstruí-lo.

— Se não reforçar esse alicerces, a extremidade do muro cairá com o próximo temporal — gritei atrás dela. Ela prosseguiu sem me dar atenção. Voltei-me e entrei na casa, tentando me esquentar perto do enorme fogo da lareira que brilhava no meio dos meus queridos delfins. De repente, compreendi que o vento frio havia penetrado até os meus ossos, e ficar enregelado não é a melhor coisa para a asma.

Fiquei emburrado e, quando Morgan voltou, percebeu meu estado. Mas não disse nada, nem tampouco eu, pois compreêndêramos que cada vez que um de nós falava alguma coisa dava errado. Comemos nosso jantar domingueiro e, em seguida, tiramos uma soneca. Já estava anoitecendo quando retomamos nossas atividades.

Morgan saiu outra vez para o cabo, mas eu continuei junto ao fogo.

— O vento amainou — disse ela ao entrar.

198

— Fico satisfeito em saber.

— A lua surgirá à meia-noite — comentou.

Não respondi, pois nada tinha a dizer sobre o assunto.

Tomamos uma espécie de chá reforçado, idéia que Morgan aprendera no curso de suas viagens por Yorkshire. Era bastante exótico do ponto de vista dos padrões de Dickford. Os alimentos condizentes com um jantar de domingo são: bife frio, raiz de beterraba e manjar branco. Eu havia providenciado bolos grelhados, que julguei serem comida lunar apropriada, já que são brancos e moles.

Morgan deu seu estranho sorriso e tirou os pedaços de salchicha do meu alcance, antes que eu tirasse mais uma.

— Esta noite é a noite — disse ela.

Eu sabia que era, mas nunca me sentira menos esotérico em minha vida. Considerei que estaria debilitado como parceiro de dança, ou para o que quer que me quisesse.

Perto das dez horas, comecei a ficar sonolento, enquanto ela mostrava grande atividade. Morgan me entregou uma espécie de quimono feito do rústico xantungue branco que imaginei ser tecido e alvejado pelos nativos. Seja como for, tinha certa aspereza de textura e não era de um branco opaco. Nos pés, calcei um par de sandálias de borracha flexível, do tipo que os banhistas usam, só que pintadas com tinta prateada; à guisa de toucado, na cabeça, um grande quadrado solto de lamê prateado. Depois que ela arrumou tudo em dobras apropriadas, o efeito era levemente egípcio. Então, entregou-me um enorme casaco confeccionado de pesado veludo de cortinas, azul-escuro, perfeitamente circular, que me chegava até os calcanhares e era dotado de um capuz. Devia haver braças de material nele — sabia que pesava uma tonelada — o que, antes do fim da noite, deixou-me bastante satisfeito. O casaco era abotoado no pescoço por uma impressionante fivela de prata na qual estava encrustado um tridente — o selo dos deuses do mar.

— Quero que vá até a caverna — instruiu ela — que se sente lá em meditação até que surja a lua, e então volte para cá.

— Sobre o que devo meditar? — perguntei.

— Sobre o que lhe ocorrer — respondeu Morgan.

— Isso não seria uma realização muito improdutiva? — ponderei.

— Não — disse ela — eu já meditei nesse lugar durante o último mês; não será uma ação improfícua. Tente e verá.

Morgan entregou-me uma lanterna elétrica.

— Mantenha-a sob o capote quando andar pelo caminho da face do penhasco. Não quero que alguém veja a luz lá da costa, para que ninguém suspeite da existência desse caminho para a caverna.

Saí. Como ela havia comentado, o vento amainara e não fazia frio. A lua ainda não aparecera, mas havia a claridade de um céu estrelado sem nuvens. Andei lentamente ao longo da duna entre duas alas de montes de pedra que se assemelhavam a sentinelas. Pareceu-me haver vida nelas, como se fossem mesmo sentinelas em guarda. Pode ter sido minha imaginação, ou pode ter sido o resultado do esforço visual para enxergar na escuridão na qual as pedras se agigantavam, apenas indistintamente percebidas. Mas cada monte delas parecia brilhar na direção do ápice e estar coroado de uma tênue chama branca tremeluzente.

Porém, quando me aproximei da entrada monumental reconstruída, não restou dúvida de que havia algo de estranho e inusitado nesse lugar. Eu nada podia ver, a não ser o contorno escuro destacando-se contra as estrelas, mas o meu coração começou a bater mais forte, à medida que me aproximava, e havia a mais extraordinária sensação de eletricidade no ar. Não posso descrevê-la melhor do que isso. E existia uma espécie de calor que não era calor. Passei através do pilone e era como entrar e sair de um túnel, de uma dimensão para outra. Do lado oriental do pilone ficava um outro país; um país mais antigo, em que as coisas que para nós são alucinações eram reais.

Notei que não havia coelhos por ali. Todos tinham desaparecido. Era a hora de comer e deveriam estar ali aos milhares, mas nenhum coelho era visível. Pode ser que as sentinelas de pedra lhes tivessem infundido o mesmo pavor que a mim.

Encontrei a fenda da superfície do penhasco com bastante facilidade, guiado até ela pelas sentinelas de pedra. À noite não era tão ruim como de dia, pois eu não podia ver o precipício ao meu lado. Desci bem pelo caminho e consegui avançar cautelosamente sobre a superfície irregular. Então, percebi um brilho avermelhado opaco no meio das rochas e vi que ali ficava a caverna e que ela estava iluminada.

Passei pela estreita entrada inclinada e descobri que o brilho provinha dos dois braseiros enormes que se achavam acesos e cheios de carvão até as bordas. O interior da caverna estava agradavelmente quente e a fumaça desaparecia na elevada fenda do teto sem causar problemas. Um curioso tapete de Morgan, feito de peles de samoiedos brancos, estava estendido sobre a pedra que se parecia com um trono e que supus ser o assento do sacerdote. Sentei-me sobre ele e comecei minha vigília. Lembrei-me de que cães eram sacrificados a Diana, que se assemelha à Lua, regente das marés do fluxo e do refluxo. Fiquei imaginando como estaria a maré, desejando tê-la observado. Concluí que deveria estar refluindo.

Exceto pelo leve estalido do carvão incandescente, não havia ruídos na caverna, pois o vento amainara e não havia tráfego à noite nos pântanos. Então, ouvi, tênue e distante, o mugido de uma vaca a parir. De certa maneira, não era um som inadequado, pois Luna também é Ísis, que é também Hathor sob outra forma, e os cornos na sua testa são permutáveis com a lua crescente. A vaca mugia intermitentemente, à medida que o parto ocorria, e depois aquietou-se; adivinhei então que havia uma nova vida no mundo. A seguir, nada mais houve, salvo o crepitar do carvão, e aprofundei-me na meditação.

Sentia-me como um sacerdote, sentado naquela pedra de forma curiosa, com as pregas escuras do meu pesado capote de veludo em volta de mim e com as sandálias prateadas aparecendo debaixo delas. Eu havia jogado o capuz para trás, e as pregas do macio tecido prateado de que era feito meu toucado caíam diretamente de cada lado do rosto. Coloquei as mãos ao longo das coxas, como faziam os deuses egípcios, e entreguei-me à meditação.

Eu podia dizer, de imediato, que muito trabalho mágico fora realizado ali, pois imagens apareciam e desapareciam com facilidade espontânea e nitidez anormal. Haviam espalhado incenso sobre o carvão e, à medida que este pegava fogo, uma fumaça aromática começou a subir e a assumir formas curiosas, enquanto flutuava nas correntes de ar da caverna. Vi faces na fumaça,

201

como havia visto rostos nas ondas. Tive uma sensação estranha de que a outra caverna, em Bell Knowle, estava toda iluminada e que lá também se fazia vigília, embora com a minha mente racional soubesse que ela, há muito tempo, havia sido soterrada. Contudo, minha mente racional estava em inatividade temporária essa noite, e aquilo, que em geral eu teria chamado de ilusão, era real para mim. Minha vida mundana tinha cessado. Eu era um sacerdote em vigília e estava interessado em coisas que não pertenciam a este mundo.

Com o que restara da minha inteligência, concentrei-me e tentei fazer meu dever por meio da meditação. Tentei visualizar o país estendido abaixo da caverna como o vira nas visões anteriores e procurei projetar-me de volta para lá. Mas isso não queria dar certo. As imagens da recordação não tinham a nitidez da visão; estavam mortas, em duas dimensões apenas, sem profundidade, como telas pintadas. Percebi que o esforço consciente era um erro. Então, sentei-me tranqüilo, permitindo que as imagens se formassem sem a minha interferência.

O pântano e suas correntes de água esmaeceram e foram substituídos pelo azul profundo de um céu noturno sem estrelas. No centro, apareceu uma tênue névoa prateada, que começou a se espalhar e a formar faixas como os anéis de Saturno. Então, longos fachos de luz, como fachos giratórios de holofote, cortaram o céu. Tudo começou a girar e a revolver-se. E, à medida que eu observava, estrelas e sóis passaram a existir organizando as estações, como navios de carreira. Ouvi o maquinismo do universo tomar seu ritmo maravilhoso — sincrônico, unificado e, através de tudo, moviam-se os astros que determinam as estações.

Ouviram-se então sons de harpa, arpejos suaves e fortes gongos chamando das profundezas do espaço, à medida que as estrelas falavam umas com as outras. E esperei ouvir os gritos de prazer dos filhos de Deus que deveriam ecoar por toda parte. Mas houve silêncio, e pressenti que estava faltando alguma coisa – alguma coisa de que Morgan e eu tínhamos as chaves.

Para cada esfera dos céus está determinada uma visão, como Morgan me contara. Dessa forma, a Esfera da Lua está relacionada com a Visão do Maquinismo do Universo e isso, pensei, é o que eu precisava ver.

Observei essa grande máquina trabalhando como um dínamo, mais orgânica do que mecânica, e com a sensibilidade de um ser vivo. Vi a vida começar. E as marés da vida que se movem como água e que não têm forma se agitam para a frente e para trás, como as marés no estuário de Bell Head, e pareceu-me que os primórdios da forma boiavam nelas como as algas marinhas bóiam no mar.

Senti que esse ritmo peculiar de maré estava em todas as coisas, como uma grande respiração. Recordei-me de que a Lua era chamada de Nossa Senhora do Ritmo e Regente das Marés da Vida. Então, surgiu em minha mente uma das canções de Morgan, com a qual ela me havia atormentado, suavemente:

> *I am that soundless, boundless, bitter sea.*
> *All tides are mine, and answer unto me.*
> *Tides of the airs, tides of the inner earth;*
> *The secret, silent tides of death and birth.*
> *Tides of men's souls, and dreams, and destiny —*
> *Isis Veiled, and Ea, Binah, Ge.*

> [Sou o mar amargo, sem som, ilimitado.
> Todas as marés são minhas e me respondem.
> Marés dos ares, marés da terra inteira.
> Silenciosas marés secretas do nascimento e da morte.
> Marés das almas humanas, de sonhos e do destino —
> Ísis Velada, e Éia, Binah e Géia.]

Ísis Velada, eu sabia, era Nossa Senhora da Natureza, assim como Ísis Sem Véu é a Ísis Celestial. Éia era a alma do Espaço e o pai do Tempo, mais velha do que os Titãs. Binah, a Secreta Mãe Estéril de Tudo, era o Grande Mar de onde surge a vida, o princípio feminino e a pré-matéria. E Géia era a terra magnética, que é como uma aura para o nosso globo e na qual se movem as marés que os orientais chamam de Tattwas. Compreendi que eu então estava observando aquilo tudo o que Morgan já havia explicado para mim.

Por quanto tempo fiquei esperando e observando não sei, mas a borda da lua que surgia cortou a margem de Bell Knowle e o primeiro raio de luar caiu em cheio no meu rosto, enquanto estava sentado no trono dos sacerdotes.

Levantei-me, subi pelo caminho perigoso que aderia às margens do penhasco e andei pela duna onde as rochas, de sentinela, jaziam brancas à luz do luar. Não havia vento e eu podia ouvir o mar abaixo de mim. Soube pelo som de sua voz distante que era maré vazante e que o mar estava tranqüilo.

CAPÍTULO XXV

Quando desci, voltando na direção do cabo, surpreendi-me ao notar que uma névoa luminosa pairava sobre o forte. Não havia dúvida: eu a vi com bastante nitidez, mas nunca fui capaz de explicá-la. Os grandes portões estavam entreabertos para minha entrada e, logo que passei por eles, notei uma estranha frialdade escorregadia, como alga marinha molhada, embora sem sensação de resfriamento.

Como eu previra, a maré refluía e as rochas do cabo emergiam devagar, à medida que o embate lânguido das águas do mar se avolumava erguendo as algas. A lua que surgia ainda não havia clareado a duna, e o forte estava na sombra, embora a água ainda mostrasse tons prateados. Podiam-se ver as amplas e leves esteiras das águas que se moviam lentas vindas do Atlântico e que eram semelhantes aos remanescentes sulcos dos arados, quando a terra arável se transformou outra vez em pasto.

Nessa noite, não parecia que o mar fosse um mar, ou que a terra fosse terra; parecia, porém, que os dois fossem um só, do mesmo modo que eram antes que o Espírito de Deus se movesse sobre a superfície das águas.

Chamei por Morgan, mas não obtive resposta. Vendo que o grande aposento estava iluminado, entrei para procurá-la.

Ela estava sentada em silêncio, calma e apática, e poderia estar adormecida, salvo pelo fato de sentar-se ereta. Vestia uma roupa prateada e seu manto era de gaze azul-anil. Assemelhava-se à claridade no céu noturno em meio a uma nuvem clara. Na cabeça, tinha o toucado com chifres da lua, o crescente lunar de Ísis. Na outra extremidade do aposento havia um estrado elevado, onde me sentei. Logo atrás de mim, estava o esboço que eu fizera do Sacerdote da Lua em seu palácio do mar. No centro do assoalho erguia-se o altar de cubo duplo, revestido de prateado, e sobre ele uma jarra de cristal cheia de água. Morgan e eu ficamos sentados de frente um para o outro, no sentido do comprimento do quarto.

Então, conscientizei-me de uma estranha ocorrência. Pareceu-me que as pinturas das paredes não eram mais pinturas, mas cenas vivas, e que o nível do mar se confundia com o nível do solo, assim como eu o pintara. Esse mar era tão verdadeiro como o de fora, que eu podia ver através da fenda que abríramos nas canhoneiras. Subitamente, ocorreu-me que o Sacerdote da Lua atrás de mim podia ter-se tornado real também, mas não ousei virar a cabeça para olhar.

Então, Morgan se ergueu. Seu manto de gaze flutuou de seus ombros como asas e o vestido prateado brilhou através dele. Ela tocou um sino a seu lado, e o tom suave encheu o quarto de vibrantes semitons, que se calaram lentamente. Morgan fez um gesto:

— Ficai longe de nós, ó profanos, pois vamos invocar a descida do poder de Ísis. Entrai no templo com as mãos limpas e o coração puro, para que não maculeis a fonte da vida.

Pensei na cúpula de luz que fora criada para proteger o forte e reconheci que ali podíamos despertar as forças ancestrais e imaculadas, a salvo de qualquer intrusão.

— O templo de Ísis é construído de mármore preto e é ornado de prata; ela própria se senta, velada, no seu interior mais profundo. Ela é todas as deusas que os corações dos homens cultuaram, pois eles não são muitas coisas, mas uma única coisa sob muitas formas.

— Os que adoram a Ísis da Natureza, adoram-na como Hathor, com os chifres sobre a testa. Mas os que a adoram como a Ísis celestial, conhecem-na como Levanah, a Lua. Ela também é a Grande Profundeza, de onde surge a vida. Ela é todas as coisas antigas e esquecidas onde estão guardadas as raízes. Na terra, ela é sempre fecunda; no céu, é sempre virgem. Ela é a senhora das marés que fluem e refluem e tornam a fluir sem cessar. Nessas coisas estão as chaves de seu mistério, conhecidas apenas pelos iniciados.

Morgan tocou o sino outra vez. As vibrações mais uma vez se aquietaram e sentamo-nos em silêncio durante certo tempo.

206

Pareceu-me estar no templo negro e prateado de Ísis que ficava numa baixa ilhota rochosa, rodeada de todos os lados pelo mar e que, através de seu pórtico, olhávamos para fora, para mar.

Então, Morgan levantou-se novamente e ergueu os braços para a lua, como as mulheres de antigas eras haviam feito antes dela.

— Ó tu, sagrada e adorável Ísis, que nos céus és a Mãe Supernal e na terra Nossa Senhora da Natureza, e nos reinos aéreos, entre a terra e os céus, és a sempre cambiante Lua, regente das marés de fluxo e refluxo da terra e dos corações dos homens. A ti, a ti adoramos sob o símbolo da Lua em seu esplendor sempre cambiante. E te adoramos sob o símbolo do mar profundo que te reflete; e sob o símbolo da abertura dos portais da vida.

— Vemos-te coroada de prata nos céus, vestida de verde na terra; nos portais, teu manto é de várias cores. Ó prata celestial que corresponde ao ouro celestial! Ó verde que surge do cinza! Ó arco-íris glorioso da vida!

Os suaves sons do sino fizeram-se ouvir de novo e, afinando a voz por esse tom, Morgan começou a entoar a canção cujos fragmentos me haviam atormentado nas semanas passadas:

> *O thou that wast before the earth was formed —*
> *Ea, Binah, Ge.*
> *O tideless, soundless, boundless, bitter sea,*
> *I am thy priestess, answer unto me.*

> *O arching sky above and earth beneath,*
> *Giver of life and bringer-in of death,*
> *Persephone, Astarte, Ashtoreth,*
> *I am thy priestess, answer unto me.*

> *O golden Aphrodite, come to me!*
> *Flower of the foam, rise from the bitter sea.*
> *The hour of the full moon-tide draws near,*
> *Hear the invoking words, hear and appear —*
> *Isis unveiled, and Ea, Binah, Ge!*
> *I am thy priestess, answer unto me.*

> [Ó tu que existias antes que a terra se formasse —
> Éia, Binah e Géia.
> Ó mar implacável sem marés, silencioso e infinito,

207

Sou tua sacerdotisa, responde para mim.

Ó céu abobadado sobre a terra,
Doador de vida e que traz a morte,
Perséfone, Astarte e Ashtoreth
Sou tua sacerdotisa, responde para mim.

Ó Afrodite dourada, vem até mim!
Flor da espuma, surge do mar cruel.
Aproxima-se a hora da maré cheia do luar.
Ouve as palavras de invocação, ouve e aparece –
Ísis desvelada, e Éia, Binah e Géia!
Sou tua sacerdotisa, responde para mim.]

Morgan sentou-se, mas o ritual continuou. Agora, porém, eu não tinha mais necessidade de virar a cabeça para confirmar a presença do Sacerdote da Lua atrás de mim, pois ouvi sua voz.

— Aprende agora o segredo da teia que é tecida entre a luz e a escuridão, cuja urdidura é a vida evoluindo no tempo e no espaço, e cuja trama é tecida com a vida dos homens.

— Considera que surgimos com a aurora do tempo a partir do mar cinzento e enevoado; considera que, com o anoitecer, mergulhamos no mar do ocidente, e que as vidas de um homem são ligadas, como as pérolas são enfiadas no fio do seu espírito. E nunca, em toda a sua viagem, ele vai só, pois o que está solitário se corrompe.

A voz silenciou e, nesse silêncio, pude ouvir o som do mar murmurando entre as rochas e soube que as janelas estavam abertas, deixando a noite entrar.

A seguir, a voz falou novamente e alcançou uma energia que dominou o aposento:

— Aprende agora o mistério das marés cheia e vazante. O que é dinâmico no exterior é latente no interior, pois o que está acima é o que está embaixo, mas de outra maneira.

— Ísis da Natureza espera a vinda do seu Senhor, o Sol. Ela o chama. Ela o tira do lugar dos mortos, o Reino de Amenti, onde todas as coisas são esquecidas. E ele vem até ela, em seu barco chamado Milhões de Anos, e a terra se torna verde da grama que desabrocha. Pois o desejo de Osíris respondeu ao chamado de Ísis. E sempre será assim no coração dos homens, pois foram criados assim pelos deuses. Quem negar isso, será abominado pelos deuses.

208

– Nos céus, contudo, Nossa Senhora Ísis é a Lua e seus são os poderes. Ela também é a sacerdotisa da estrela prateada que surge do mar crepuscular. Suas são as marés magnéticas da lua que regem o coração dos homens.

– No íntimo, ela é todo-poderosa, é a rainha dos reinos do sono. E todos os trabalhos invisíveis são seus e ela rege todas as coisas antes que nasçam. Assim como a terra fica verde através de Osíris, seu companheiro, da mesma forma a mente humana concebe através do seu poder.

– Desenvolvamos num ritual a força dinâmica da deusa, de modo que os homens possam ser tão férteis como os seus campos.

– Nesse momento, de trás de mim veio o som de um sino, que eu sabia que não era um sino.

– Afastai-vos de nós, ó profanos, pois está prestes a acontecer o desvelamento da deusa. Não olheis para ela com olhar profano; caso contrário, contemplareis vossa própria danação.

– Os ignorantes e os impuros olharão fixamente para a face da Natureza e será para eles a escuridão das escuridões. Mas os homens iniciados e iluminados olharão para ela e verão as feições de Deus. Afastai-vos de nós, profanos, enquanto adoramos Deus manifestado na Natureza.

A voz silenciou novamente, e o mar, lá fora, respondeu com uma suave marulhada sobre as rochas, que eram como a batida abafada de pratos.

A seguir, Morgan levantou-se lentamente, com todas as dobras de suas vestes brilhando, e ficou rigidamente de pé, com a imobilidade que era usual no Egito. Ergueu as mãos, esticando os braços diante de si até que as palmas ficassem de frente para mim: havia força emanando dessas palmas. Vi que o seu rosto havia se modificado e era quase negróide em volta da boca, embora ela mantivesse a tranqüila e calma largura nórdica de testa. Então, uma voz falou, e não se tratava da voz de Morgan, pois era estranha, metálica e não-humana.

– Eu sou a Ísis Velada das sombras do santuário. Sou a que se move como uma sombra atrás das marés da morte e do nascimento. Sou a que surge à noite, e homem nenhum viu minha face. Sou mais velha que o tempo e esquecida pelos deuses. Nenhum homem pode olhar meu rosto e viver, pois na hora em que rasgar meu véu ele morrerá.

Impulsionado sei lá por que poder, falei:

— Não existe um único homem que tenha olhado o teu rosto. Contempla, sou o sacrifício. Partirei o véu e morrerei ao nascer.

E de trás de mim ouviu-se a voz do Sacerdote da Lua:

— Há duas mortes pelas quais o homem morre: a maior e a menor. A morte do corpo e a morte da iniciação. E dessas duas, a morte do corpo é a menor. O homem que encara o rosto de Ísis morre, pois a deusa o leva. Os que morrem assim percorrerão o caminho da nascente que fica ao lado do cipreste branco.

E eu respondi:

— Trilharei o caminho que conduz à nascente ao lado do cipreste branco.

A voz do Sacerdote da Lua continuou:

— O que morreu para o nascimento, esse olhará para o rosto da deusa em seu mistério. Afastai-vos de nós, ó profanos, pois andamos pelo caminho que conduz à nascente ao lado do cipreste branco.

Senti invadir-me uma estranha sensação, como se fosse entrar em transe. Vi que as mãos de Morgan não estavam mais erguidas, mas esticadas e paralelas, palma contra palma. E entre essas palmas estendidas estava recolhida a minha própria vida. Senti que me tornava passivo, neutro, que não apresentava resistência, como um homem drogado pelo sono. Então ouvi, como se viesse de muito longe, o som da canção de Morgan.

> *I am the soundless, boundless, bitter sea;*
> *All things in the end shall come to me.*
> *Mine is the kingdom of Persephone,*
> *The inner earth, where lead the pathways three.*
> *Who drinks the waters of that hidden well*
> *Shall see the things whereof he dare not tell —*
> *Shall tread the shadowy path that leads to me —*
> *Diana of the Ways and Hecate,*
> *Selene of the Moon, Persephone.*

[Sou o mar silencioso, ilimitado e implacável:
No fim, todas as coisas virão a mim.
Meu é o reino de Perséfone,
O âmago da terra, para onde há três caminhos.

210

> Quem beber a água da fonte secreta
> Verá coisas que não ouso contar –
> Pisará a sombria senda que leva a mim –
> Diana dos Caminhos e Hécate,
> Selene da Lua, Perséfone.]

Parecia-me ouvir o chamado da morte lá das profundezas e que minha vida fluía de mim como acontece com o homem que sangra até a morte. Se todo homem morre, morri nessa ocasião; mas ouvi a voz do Sacerdote da Lua falando comigo através das sombras que se adensavam:

– A filha da Grande Mãe é Perséfone, Rainha de Hades, regente dos reinos do sono e da morte. Sob a forma de Rainha Negra os homens também a cultuam, pois é a Única. De forma análoga, ela é Afrodite – e eis aí o grande mistério, pois decretou-se que ninguém entenderia uma sem a outra.

– Na morte, os homens vão para ela através de um rio enevoado, pois ela é a guardiã de suas almas até a aurora. Mas há também uma morte em vida e, de forma semelhante, leva ao renascimento. Para que temer a Rainha Negra, ó homens? Ela é a Renovadora. Do sono, levantamos revigorados. Da morte, surgimos renascidos. Os abraços de Perséfone tornam os homens poderosos.

– Pois dentro da alma há uma modificação pela qual os homens vêm à Perséfone: eles mergulham de volta no útero do tempo; tornam-se como não-nascidos; entram no reino que ela rege como rainha. Tornam-se negativos e esperam o advento da vida.

– E a Rainha do Hades vai até eles como uma noiva. Eles são fertilizados para a vida e continuam com alegria, pois o toque da Rainha dos reinos do sono tornou-os potentes.

Eu sabia que era chegada a hora que eu previra antes de tudo, quando a vida me seria tirada sobre o altar, a fim de dar poder à deusa. Mas pensei no sacrifício como num ritual sangrento, violento e terrível; no entanto, foi um lento decrescer de forças e um mergulho no nada, que só foi terrível porque significava o fim. Senti o sono tomar conta de mim como se fosse a maré passando por cima das rochas lá fora, retomando o que lhe pertencia e que estivera emprestado durante uma hora para o ar. Eu retornava ao nada do qual viera, e a vida estava terminando como começara – no sono.

Lembrei-me das palavras de um dos sábios: "Invariavelmente, ou o cordão prateado se perde, ou se quebra a taça dourada." Senti a taça dourada da minha alma elevar-se e derramar-se sobre o aitar cúbico da lua. Mas isso aconteceu porque o cordão prateado não se soltou, pois eu ainda vivo, embora tivesse estado tão perto da morte quanto um homem podia estar e ainda ser capaz de retornar.

Com os olhos da visão profética, vi as estrelas movendo-se nos espaços e, na alma da terra, as marés acompanhando-as, à medida que a onda da maré dos mares terrenos acompanhava a lua. Então, através da minha visão, ouvi novamente a voz do Sacerdote:

— Nossa Senhora também é a Lua, que alguns chamam de Selene e outros de Luna; contudo, os sábios a chamam de Levanah, pois nessa palavra está contido o número do seu nome. Ela é a regente das marés de fluxo e refluxo. As águas do Grande Mar reagem a ela, que regula a natureza das mulheres.

— Mas, de forma semelhante, nas almas dos homens há um fluxo e refluxo das marés da vida, que ninguém conhece, salvo os sábios. E, sobre essas marés, a Grande Deusa preside sob o aspecto da Lua. Ela vem do mar como a estrela do anoitecer, e as águas magnéticas da terra se elevam na corrente. Ela mergulha no oceano ocidental como Perséfone, e as águas refluem de volta ao âmago da terra e se tornam, ainda, o grande lago de escuridão no qual se refletem a lua e as estrelas. Quem for tranqüilo como o escuro lago subterrâneo de Perséfone verá as marés do Invisível movendo-se dentro dele e conhecerá todas as coisas. É por isso que Luna é chamada de doadora de visões.

A voz se calou e pensei que fosse o fim. Então, vi que, na completa escuridão, a luz se movia como uma maré e soube que, até mesmo na morte, existe um modo próprio de vida. Pareceu-me olhar sobre o escuro lago do submundo, onde Perséfone, que também era Morgan le Fay, sentava-se em seu trono esperando minha chegada. Lembrei-me de que, na minha visão sobre a caverna marítima, haviam me pedido que jurasse ir para a morte sem lutar, pois o sacrifício precisava ser consumado mediante sujeição incondicional — e eu concordara em atravessar a água escura e ir até onde ela se encontrava.

212

Descobri que estava no meu estranho barco de proa alta, chamado Milhões de Anos, no qual Osíris viajava e descobri que eu era Osíris. A meu lado, estavam os deuses que viajavam comigo, que eram também os meus outros eus. Hórus, falcão da manhã, estava de vigia na proa, e Toom, deus do anoitecer, sentava-se em silêncio na popa. A meus pés, Kephra Beetle, símbolo do sol à meia-noite, segurava em suas garras o emblema do tempo que passou. E assim viajamos em águas escuras no lago do submundo para chegar até a Rainha da Morte, minha noiva mágica. À medida que nos aproximávamos, a luz aumentou até se tornar a luz da sala no forte, e na outra extremidade, vi Morgan sentada.

Quando olhei novamente, notei que ela começava a mudar de prateado para dourado, e observei uma aura brilhante, de todas as cores do arco-íris, envolvê-la. Seus olhos sonolentos se abriram com surpreendente animação e ela tornou-se radiante como um alvorecer glorioso. Em seguida, a maré que fluíra de mim para ela deu a volta e retornou dela para mim. E senti minha vida voltar para mim, mas uma vida diferente, pois eu me tornara um só com a vida da Deusa.

Então ela cantou, e eu soube que aquela era Ísis, desvelada e dinâmica:

> *I am the star that rises from the sea —*
> *The twilight sea.*
> *I bring men dreams that rule their destiny.*
> *I bring the dream-tides to the souls of men;*
> *The tides that ebb and flow and ebb again —*
> *These are my secret, these belong to me —*
>
> *I am the eternal Woman, I am she!*
> *The tides of all men's souls belong to me.*
> *The tides that ebb and flow and ebb again;*
> *The silent, inward tides that govern men —*
> *These are my secret, these belong to me.*
>
> *Out of my hands he takes his destiny.*
> *Touch of my hands confers polarity.*
> *These are the moon-tides, these belong to me —*
> *Hera in heaven, on earth, Persephone;*

213

Levanah of the tides, and Hecate.
Diana of the Moon, Star of the Sea —
Isis Unveiled and Ea, Binah, Ge!

[Sou a estrela que surge do mar —
   O mar do crepúsculo.
Trago aos homens os sonhos que regem os seus destinos.
Trago as marés do sonho às almas dos homens;
As marés que fluem e refluem e tornam a fluir —
   Essas são o meu segredo e me pertencem —

Sou a Mulher eterna, Eu sou ela!
As marés das almas de todos os homens me pertencem.
As marés que fluem e refluem e tornam a fluir;
As silenciosas marés íntimas que governam os homens —
   Essas são o meu segredo e me pertencem.

De minhas mãos ele recebe o seu destino.
O toque das minhas mãos confere-lhe a polaridade.
Essas são as marés lunares; essas pertencem a mim —
   Hera nos céus, na terra Perséfone.
Levanah das marés e Hécate.
Diana da Lua, Estrela do Mar —
Ísis Desvelada, e Éia, Binah, Géia!]

E durante todo o tempo em que cantou, os acenos de suas mãos atingiam minha alma e a enchiam de enlevo.

Devagar, sem agitação, exceto pelo farfalhar de seus drapeados, Morgan moveu-se até a janela. Não a segui. Sentia-me incapaz de qualquer movimento. Morgan saiu para o pátio. Agora, a lua estava mais alta no céu e o forte estava inundado pelo luar. Por um momento ela permaneceu imóvel, no meio dos restos das bestas marinhas que a tempestade havia destruído. E na luz cambiante, à medida que uma nuvem tênue encobria a lua, todas essas feras adquiriam vida e se retorciam. Então Morgan desceu as escadas que conduziam ao cabo. A balaustrada havia cedido com a tempestade e não havia nada entre ela e o mar. A luz do luar incidia em cheio sobre ela e fazia o seu manto brilhar; mas, em contraste com o brilho maior do mar, era difícil vê-la. Morgan foi até a extremidade do cabo, onde o lado plano da rocha ficava abaixo da superfície, só aparecendo quando a maré baixava.

— Deus! — pensei — ela deve estar com água pelos joelhos! O que acontecerá se ultrapassar a borda!

Eu parecia incapaz de me mover; sentia-me como se estivesse acorrentado.

Apenas podia divisá-la agora, pois a roupa prateada era quase invisível contra o brilho traiçoeiro da água. Em seguida, uma nuvem encobriu a lua e, quando a lua desapareceu, vi que uma névoa luminosa subia do mar em longas correntes. Não pude mais distingui-la através da bruma.

Meu primeiro impulso foi ir atrás dela e verificar se estava a salvo; porém, uma compulsão íntima, mais forte, impediu-me de agir. Sabia que não devia fazê-lo e que tudo estava bem. Portanto, fiquei sentado na minha cadeira e esperei.

Enquanto permaneci sentado, tornei-me consciente de que não estava só. Não havia movimento ou o som de uma respiração para revelar se havia alguém atrás de mim; mas mesmo assim senti uma presença. Aos poucos, foi descendo sobre mim uma sensação de reverência e de excitação, do tipo que se sente na presença de uma personalidade muito dinâmica – uma das grandes personalidades da terra. Esperei e ouvi, retendo o fôlego a cada respiração, num esforço para perceber o menor movimento feito por quem estivesse atrás de mim. Mas me mantive como que hipnotizado, sem virar a cabeça.

Então, a voz começou a falar, nítida para os meus ouvidos físicos, ressonante, controlada e calma – a voz do Sacerdote da Lua; não mais uma voz desencarnada, mas inteiramente materializada. Ela prosseguiu como o som de água corrente e, nos intervalos, eu ouvia o embate das ondas nas rochas, à medida que a maré subia cobrindo o cabo. À medida que a voz prosseguia, surgiam diante de meus olhos as imagens que ela criava, e eu soube por que o Evangelho Místico diz que todas as coisas foram feitas pelo Verbo. É que o Verbo se move como o espírito de Deus sobre a superfície das águas. Vi o azul-escuro mar do espaço e do tempo na Noite dos Deuses, assim como eu o vira no começo. E sobre a escuridão do mar divisei a luz prateada e a luz dourada, indo e vindo em longos raios que pulsavam ondulantes. À medida que a voz ressonante prosseguia, passei a ouvir. Alguma coisa eu entendi, pois ela explicava o que acontecera; mas houve coisas que não entendi na ocasião, pois a voz falava sobre o que aconteceria mais tarde.

— Hermes três vezes grande escreveu na Tábua de Esmeralda: "Tal como em cima, assim embaixo." Na terra vemos o reflexo dos princípios celestiais, nas ações dos homens e mulheres.

— Todos os deuses são um e todas as deusas são uma única deusa, e não existe *initiator*.

— No começo era o espaço, as trevas e a quietude, mais velhos que o tempo e esquecidos dos deuses. O mar do espaço infinito era a fonte de toda a vida; a vida surgiu aí como uma maré no mar silencioso. Tudo para aí retornar quando a noite dos deuses se aproximar. Este é o Grande Mar, Marah, o Amargo, a Grande Mãe. E por causa da inércia do espaço, antes que o movimento surgisse como uma maré, a Grande Mãe foi chamada pelos sábios de o princípio passivo da natureza, e foi considerada como água cósmica ou espaço que se derrama.

— A Grande Mãe é chamada de vários nomes por muitos homens. Porém, para todos eles, é a Grande Deusa — espaço, terra e água. Como espaço é chamada de Éia, pai dos deuses que a fizeram; ela é mais velha que os tempos; é a matriz da matéria, a indiferenciada e pura substância-raiz de toda a existência. Ela também é Binah, a Mãe Supernal, que recebeu Chokmah, o Pai Superno. É a doadora da forma para a força amorfa por meio da qual ela pode construir. Também traz a morte, pois o que tem forma precisa morrer, esgotar-se, a fim de que possa nascer de novo para uma vida mais realizada. Tudo o que nasce deve morrer, mas tudo o que morre deve renascer. Portanto, ela é chamada de Marah, a Amarga, Nossa Senhora das Tristezas, pois traz a morte. De forma análoga, é chamada de Géia, pois ela é a mais antiga terra, a primeira forma do amorfo. A Grande Mãe é todas elas e nela elas são vistas, e o que desta forma é de sua natureza, reage a ela que pode exercer o domínio. Suas marés são as suas marés, seus caminhos são os seus caminhos e quem conhecer uma coisa conhece a outra.

— Tudo quanto surgir do nada, ela oferece. Tudo o que submergir no nada, ela recebe. Ela é o Grande Mar de onde surge a vida, o mar ao qual tudo deve retornar no fim da eternidade.

— Dentro do Grande Mar nós nos banhamos no sono, mergulhando nas profundezas primordiais, voltando às coisas esquecidas antes da existência do tempo. E a alma é renovada ao toque

216

da Grande Mãe. Quem não puder retornar desta maneira ao primordial não tem raízes na vida, e murcha como grama. Estes são os vivos-mortos, os órfãos da Grande Mãe.

Nessa ocasião, isso tudo teve pouco significado para mim, a não ser pelas palavras da Tábua de Esmeralda: "Tal como em cima, assim é embaixo" – porém, mais tarde, pouco a pouco, as coisas que me foram ditas retornaram à minha memória à medida que a vida ia explicando. Pois, na verdade, naquela cidade extremamente pequena – presa às convenções e pavimentada de poeira e cinzas – estávamos órfãos da Grande Mãe. E eu tinha de morrer antes que pudesse renascer, e a Grande Deusa era mesmo a Grande Amargura para mim. Como muitos homens melhores antes de mim, eu ia beber o que, na civilização, consta como águas do rio Letes. Mas esses fatos estavam por acontecer e eu não os conhecia.

Ouvi a voz do Sacerdote da Lua chamando-me: – Meu filho, agora vou embora, mas voltarei. O trabalho ainda não terminou.

A voz silenciou e fiquei sentado na minha cadeira, calado, esperando que Morgan voltasse. Contudo, apesar de a voz não se manifestar outra vez, senti que não estava sozinho, mas que o Sacerdote da Lua me fazia companhia em minha vigília.

Cochilando ali, sentado, entre o sono e a vigília, veio-me a compreensão de muito fatos. Eu sabia que Morgan havia encenado comigo um ritual, que também era uma experiência, mas não podia adivinhar-lhe a finalidade ou ver-lhe o resultado, ou mesmo como ia se desenrolar. Pois eu não era capaz de imaginar que tivéssemos chegado tão longe para interrompê-lo de repente. O ritual que havíamos cumprido, disso eu estava certo, era o prelúdio de alguma coisa, mas eu não conseguia discernir do quê. E, ainda assim, havia sobre ele uma estranha sensação de predestinação, como se houvesse também um objetivo; e isso eu não podia explicar tampouco, embora não tardasse a descobrir.

Dessa maneira, cochilei e esperei por Morgan, até ela voltar para mim. Perto do amanhecer, adormeci. Mas ela nunca voltou. Eu jamais tornei a vê-la.

217

CAPÍTULO XXVI

Por volta das oito horas, a sra. Treth entrou na sala. Vi pelos seus olhos que estivera chorando, mas não suspeitei de nada. Ela me disse que Morgan queria que eu voltasse agora para casa, e que ela me escreveria. Nada havia a fazer, senão ir embora. A sra. Treth serviu-me o café da manhã e saí para pegar o carro. Notei que o pequeno automóvel esporte preto de Morgan não estava na garagem.

Ao dirigir pela curva perigosa, geralmente não se costuma tirar os olhos da estrada, mas arrisquei-me e olhei para cima, para a caverna onde fizera a minha vigília. Fiquei aturdido quando vi que uma massa de rocha havia caído, deixando uma cicatriz branca na superfície cinzenta gasta pela erosão. E soube que Morgan desferira o tiro para a explosão, e que a porta da caverna da vigília estava fechada para sempre. Mas nem assim suspeitei de nada.

Quando passei pela fazenda, o sr. Treth saiu ao meu encontro e insistiu em apertar-me solenemente as mãos. Como faltavam poucos dias para o Natal, pensei que estivesse de olho numa cesta de presentes.

Então me dirigi para casa. Minha mãe e minha irmã ficaram surpresas por me ver voltar tão cedo, mas muito satisfeitas, uma vez que Scottie estava acamado, com gripe. Sentei-me à sua escrivaninha para enfrentar a correspondência da manhã, e a secretária, com desculpas embaraçadas, colocou diante de mim uma carta que fora aberta por engano, pois nada indicava que se tratasse de algo pessoal. Era de Morgan.

Ela escreveu:

"No momento em que receber esta carta, terei partido. Não tente adivinhar para onde; você nunca me verá outra vez. Deve acostumar-se com isso. Desculpe-me, pois gosto muito de você.

"O trabalho que eu tinha a fazer foi feito; e quero que saiba que você muito me ajudou.

"Corri um grande risco com você, Wilfred, mas se fiz corretamente o meu trabalho, não há motivos para você ficar abatido. Fiz uns arranjos para que as minhas safiras sejam entregues para a sua noiva quando se casar, como presente de casamento.

"Confio todas as minhas propriedades a você e a Treth. Saiba que ele é muito esperto e bastante digno de confiança. Quando eu morrer, elas devem ser divididas em porções iguais e dadas a vocês dois. Até chegar essa hora, podem presumir legalmente a minha morte e podem pagar o rendimento delas ao banco, reservando uma décima parte para vocês. Leguei a fazenda para Treth e o forte ao Tesouro Nacional. Todos os meus livros e manuscritos são seus por força de doação; os manuscritos estão em caixas, na fazenda.

"Tive com você uma amizade perfeita, Wilfred, meu amigo. Jamais conheci antes um homem que se entregasse tão sem reservas. Amigo não é um nome que se dá em vão. No entanto, eu o dou a você.

"Não pude entregar-me a você, pois isso não dependia de mim. Lembre-se dos velhos atlantes e de como eles nos treinavam.

"Adeus, até que nos encontremos outra vez, o que não acontecerá deste lado dos Portais da Morte."

Não me importei com a quantidade de trabalho que havia por fazer no escritório; peguei meu carro e dirigi diretamente para o forte. Ao sair da cidade, achei que o céu parecia um tanto esquisito e, quando atravessei a ponte que dá para os pântanos, caiu uma rajada de neve que se juntou no pára-brisa. Antes que pudesse ver onde me encontrava, fui apanhado por uma tempestade.

Mal podia enxergar a extremidade do radiador do carro; no entanto, estava guiando sobre um dique de dez pés de profundidade. Contudo, de cada lado havia uma espécie de parapeito de grama, e quando sentia os pneus deslizando ao longo deles, endireitava o carro. Os Treths não pareceram surpresos ao me ver. Eu quis que Treth fosse logo comigo para o forte, e quando ele se recusou, ralhei com ele como se faz com um batedor de carteiras, até que a sra. Treth arremessou seu avental por cima da cabeça e

219

saiu para me enfrentar na neve. Ela me fez entrar na cozinha e sentar perto do fogo, até que me aquietasse.

O casal contou-me que também para eles o acontecido havia sido um choque, quase tão grande como para mim. Morgan sempre dizia que essa seria a sua maneira de morrer quando chegasse a sua hora. Entretanto, eles nunca haviam suspeitado de que essa hora pudesse estar tão próxima até que, ao chegar pela manhã, encontraram um bilhete sobre a mesa da cozinha. Perguntei a Treth se ele achava que Morgan tinha se afogado lá na ponta do cabo, ou se teria se fechado dentro da caverna. Ele não tinha opinião formada sobre o assunto. Pensei em pedir a Treth que escalasse o caminho rochoso a fim de verificar se o fio e a bateria estavam do lado de fora da caverna; mas ele respondeu que isso seria inútil. Se Morgan tivesse posto fogo à bateria pelo lado de dentro, esta estaria no interior da caverna, junto com a própria Morgan; mas, se o tivesse feito pelo lado de fora, poderia ter puxado o fio para fora dos escombros, levando-o embora consigo. Escalar, portanto, aquele caminho com aquela ventania seria arriscar a vida e não ficaríamos sabendo mais do que sabíamos. Se Morgan estivesse na caverna, não havia possibilidade de estar viva. Seja como for, ela tomara todas as providências possíveis para impedir qualquer perturbação ou investigação acerca do seu passamento. De sua parte, Treth pretendia respeitar-lhe as vontades e esperava que eu também o fizesse.

Subitamente, recordei-me do fato de o carro de Morgan ter sumido da garagem; perguntei-lhes se a tinham ouvido partir durante a noite. Eles disseram que não, ela não passara por ali. O carro fora retirado alguns dias antes.

No recado, Morgan dizia que fizera isso, de modo que qualquer pergunta pudesse ser esclarecida. Ela lhes deixara um segundo bilhete, que deviam mostrar caso alguém lhes causasse problemas. Nesse bilhete, ela afirmava que partia apressadamente e que todas as cartas deveriam ser enviadas para o seu apartamento de Londres. Perguntei a Treth quando ele vira o carro pela última vez. Ele admitiu que não o vira em toda aquela semana, pois não tivera ocasião de ir à garagem. Já que dormia na parte dos fundos da casa, perguntei-lhe como podia ter certeza de ouvir Morgan, se esta resolvesse passar com o motor desligado aproveitando-se do declive da estrada. E indaguei-lhe, ainda, se examinara a estrada procurando marcas de pneus, antes de cair a nevasca. Ele balançou a cabeça, negativamente.

— De qualquer forma, para o senhor ela está morta — disse ele. — Melhor deixar tudo como está.

— Como sabe? — perguntei.

— Porque nós estávamos esperando por isso. Ela sempre pretendeu desaparecer assim. Minha mulher e eu éramos jovens quando chegamos aqui. Ficamos velhos, mas ela não envelheceu. Morgan sempre nos disse que isso iria acontecer quando o trabalho terminasse. Seja como for, é melhor deixar tudo como está, senhor, pois se ela continuar viva, não nos perdoaria por interferir.

Fiquei imaginando se Morgan estaria ferida na caverna, mas Treth me dissuadiu dessa idéia.

— Nada disso — respondeu — eu instalei o estopim para ela e sou um velho soldado. Ela não está ferida; está enterrada. Mas eu acho que se afogou no cabo, pois sempre teve certa predileção pelo mar.

— Ou nos fez de tolos e foi embora de carro — falei.

— Se eu fosse o senhor, deixaria tudo como está — concluiu Treth.

Depois de mais alguns argumentos persuasivos, fiz a manobra com o carro e dirigi de volta para Dickford. Se Morgan estivesse viva e não pretendia ter mais nada comigo, estava morta para mim. Mas, de certo modo, a minha impressão era a de que ela não estava viva. Eu sempre achei que ela não voltaria mais quando decidiu ir até o cabo. Quem, então, acendera o estopim? E por que os estranhos arranjos financeiros a respeito da herança? Treth e eu nunca fomos intimados a prestar contas de nossa administração, de modo que, tanto se ela houvesse morrido naquela noite, como se ainda trilhasse os caminhos dos homens com toda a sua estranha beleza e poder isso não fazia a menor diferença. Ao perder Morgan, aprendi uma porção de coisas sobre a morte. Sempre me intrigara a preocupação do povo em provar a existência de uma vida após a morte. Se os seus entes queridos não podem vir até você, qual é a vantagem disso? De minha parte, eu prefiro entender de onde e para onde a alma vai em sua evolução eterna.

"Veja, nós surgimos com o alvorecer do tempo, a partir do mar cinzento e misterioso, e mergulhamos no oceano ocidental ao anoitecer. E as vidas dos homens estão ligadas como pérolas ao cordão de seu espírito." Essas palavras do Sacerdote da Lua teimavam em retornar-me à mente enquanto eu dirigia de volta, através dos pântanos. A neve cessara no momento, mas parecia que ia começar outra vez, e uma ventania ululante fazia o máximo para me empurrar para fora do dique. Tive algumas viagens de penitência na minha vida, mas nunca uma como essa, ao luscofusco e na neve, naquelas salinas descampadas. Eu estava perturbado demais para pensar. Não podia acreditar que Morgan estivesse morta e, ainda assim, tinha toda a certeza de que ela não estava viva. Meu cérebro dava voltas na cabeça; nem eu mesmo sei como consegui chegar ao fim da viagem.

Eu desconhecia até que ponto a secretária de Scottie lera a carta de Morgan antes de descobrir que ela não se relacionava com a firma; porém, ela pareceu bastante surpresa de me ver voltar tão cedo. Em seguida, trouxe-me uma grande xícara de chá forte, com a qual fiquei bastante contente. Também descobri que ela resolvera cuidar da correspondência por iniciativa própria: as cartas estavam prontas para eu assinar, o que foi muito bom, pois assiná-las era tudo o que conseguiria fazer.

Para mim foi espantoso que a asma não me apanhasse pela garganta ali na hora, mas penso que foi porque eu estava aturdido demais. Não me deixaram visitar Scottie por medo da infecção, todavia supus que ele estivesse bastante mal. Graças a Deus, todas as contas trimestrais haviam sido calculadas na semana anterior e tínhamos alguns dias de folga para respirar.

Na véspera de Natal, saí a fim de levar um peru para os Treths. Foi uma viagem horrível e desejei não tê-la feito. Durante todo o tempo lembrei-me de que não iria ao forte para ver Morgan. Ovídio está bem certo quando diz que o único remédio para o amor é a distância. Contudo, eu prometera-lhes o peru e ficariam desapontados se lhes falhasse para o jantar de Natal.

Treth saiu ao meu encontro quando cheguei à fazenda, perguntando-me se eu o levaria até o forte, pois lá havia acontecido o diabo e ele se sentia um tanto culpado pelo fato de ignorar o estado das coisas. Treth sabia, tão bem quanto eu, que a extremidade da parede era tudo o que devia ter ficado de pé depois da última tempestade, e Morgan recusara que os consertos fossem realizados. Embora Treth não o admitisse, eu podia ver que relutava em ir lá sozinho.

Acho que os mesmos pensamentos nos ocorriam enquanto dirigíamos pelo caminho familiar. Estaria Morgan dormindo seu último sono na caverna, ou caíra no mar? E, se assim fosse, estariam o bacalhau e o congro destruindo sua exótica beleza, ou ela fora para os deuses do mar com vida, como as sacerdotisas costumam ir, segundo assevera a tradição?

Neste negócio, havia uma porção de problemas não resolvidos que permaneceram insolúveis para sempre, tanto quanto sei, em qualquer caso. Seria Morgan uma fraude durante todo o tempo? Teria ela escapado em seu carro, depois de iludir os Treths? E se foi assim, o que a teria motivado? Seria ela sincera, a ponto de se iludir e de caminhar para a morte de boa-fé? Ou estaria certa em sua fé, e seu trabalho seria coroado de sucesso? Acho que cada um pode escolher a explicação que quiser, de acordo com seu gosto. Apesar de nossas teorias não explicarem nada sobre Morgan, certamente nos revelarão uma porção de coisas sobre nós mesmos.

Assim que demos a volta à curva perigosa, vimos que todos os destroços haviam caído, inclusive o pórtico monumental. Além disso, eles não eram sustentados por nada além de seu próprio peso e por ali houvera uma tremenda ventania. O forte parecia estar bem, do lado que dava para a costa. Porém, ao tentarmos abrir os grandes portões, não conseguimos fazê-lo. Soubemos, assim, que algo devia ter ruído do outro lado, bloqueando a entrada. Treth fez uma veloz corrida, de arrepiar os cabelos, em volta da extremidade dos rochedos e, dentro em pouco, eu o ouvi empurrando móveis do outro lado do portão. Uns minutos depois, ele conseguiu abri-los o suficiente para eu me esgueirar pela estreita abertura. Pude ver então o que acontecera.

A parede do fundo havia ruído como eu profetizara. Seus alicerces, jamais consertados, foram arrancados, e as ondas tinham arrastado tudo. O saguão estava inundado de destroços do mar e de fucos, até os joelhos. Tudo o que eu fizera, à guisa de ornamentação, perdera-se, como se nunca tivesse existido, e o forte

223

estava praticamente do mesmo jeito que se encontrava na ocasião em que o vi pela primeira vez. Entrei na grande sala para constatar o que sobrara de minhas pinturas, mas o lugar era um escombro só: todo o cimento caíra das paredes, o teto havia ruído, as janelas não mais existiam, toda a mobília estava em pedaços no lado dos fundos. Não sobrara nada intacto, a não ser os meus golfinhos, ainda *in situ* na lareira, sobreviventes imperturbáveis dos destroços.

Treth e eu nos olhamos e, sem dizer palavra, subimos ao quarto de Morgan, mas recuamos quando abrimos a porta, pois o chão havia desmoronado e a parede do fundo despencara para fora. A água azul do mar estava sob nossos pés.

Treth esperou no saguão enquanto saí para o cabo. O mar estava agitado, as ondas castigavam-no com violência. A balaustrada se fora, toda ela; apenas um ou outro encaixe permanecia de pé, como para mostrar o que existira ali. Prossegui ao longo do alto das tábuas, uma estrutura precária sem o parapeito, e cheguei até a ponta. A rebentação rumorejava, estalando e espalhando espuma semelhante à do sabão por todas as rochas. Quando meus ouvidos começaram a se acostumar ao ruído, pude perceber, acima de mim, os gritos estridentes das gralhas e lembrei-me da velha lenda de que as almas dos marinheiros afogados se transformam em pássaros marítimos. Gostaria de saber se Morgan estava ali, transformada em ave do mar, perdida para sempre.

Pensei no pobre idiota sacrificado pela construção do templo e que fora para a morte com um sorriso no rosto, assim como requer um sacrifício; e me lembrei do pobre pai idoso, que amara aquela imitação de humanidade.

Então, pensei em Morgan como a vira pela última vez, desaparecendo na neblina. Falei com o mar e disse-lhe que também podia me levar, se quisesse. Esperei um pouco, mas nada aconteceu; dei meia volta e retornei. Treth se fora do saguão e eu continuei ali, olhando em torno, durante uns momentos. O lugar parecia tão vazio como um esquife sem uso.

Nesse momento, entendi que Morgan desaparecera deste mundo e que sua experiência fora coroada de êxito.

Quando voltei ao carro, encontrei Treth ocupado, colocando os delfins dentro dele.

— Achei que ela gostaria que os levasse — observou. — De nada servem no depósito.

Voltamos em silêncio, sem tecer comentários sobre o que víramos, mas creio que ambos tínhamos os mesmos pensamentos. De certo modo curioso, a viagem até o forte havia estabilizado nossas mentes. Aceitávamos a situação. Não estávamos mais envolvidos por ela; nós a havíamos deixado para trás. Presenteei a sra. Treth com o peru, tomei uma xícara de chá com o casal e voltei para Dickford.

Quando atravessava os pântanos nesse anoitecer de inverno, subitamente tive uma visão tão surpreendente quanto a de Paulo na estrada de Damasco. Vi o Sacerdote da Lua de pé diante de mim no caminho. Admirado demais para brecar, fui em direção ao lugar em que ele surgiu. Estava tão abalado, tão absorvido no meu pesar por Morgan, que nem imaginei o que significaria a sua aparição.

Ao chegar em Dickford, os sinos estavam tocando para anunciar a Missa do Galo. Temos sinos magníficos na igreja paroquial, apenas suplantados pelos da catedral. Estacionei o carro numa ruela estreita, atrás do pórtico norte, e ouvi o órgão tocando canções natalinas. Não sei a razão, porém minha mente se voltou para a vigília que mantive na caverna, voltou ao momento em que ouvi a vaca mugindo nos pântanos, e soube que ela era Hathor. Lembrei-me da estranha estatueta de Ísis com seu bebê Hórus; lembrei-me de que o Grande Abismo de onde surge a vida também é chamado de Marah, a Amargura; e que Nossa Senhora é chamada de *Stella Maris*, a Estrela do Mar. Recordei-me do que o Sacerdote da Lua dissera sobre todos os deuses serem um deus e todas as deusas uma deusa; e gostaria de saber o que isso significava. Isso seria a última coisa que veria, por algum tempo, do lado escuro da lua. Tudo o que se relacionava com Morgan e a magia do mar encerrou-se como se nunca houvesse existido.

Continuei a dirigir. Ao ver nosso escritório ainda iluminado, entrei e encontrei a secretária de Scottie dando uma última arrumação nas coisas antes dos feriados. Lembrando-me de que ela fora adorável em todas as dificuldades que tivéramos, fui até a doceira e comprei-lhe uma caixa de bombons como presente de Natal.

Cumprimentando a moça que empacotava os chocolates, como é costume nessa época do ano, percebi que ela olhava esperançosa para o seu ramo de visco. Voltou-me à lembrança a beldade artificial que seduzira o meu mestre-escola, e lhe arruinara a vida; ela se sentara atrás daquele mesmo guichê. Fiquei imaginando se os seus encantos oxigenados teriam resistido ao tempo, e se o seu namorado se mantivera fiel, ou – questão ainda mais problemática – se ela se mantivera fiel a ele. Então, estacionei o carro na garagem e, deixando os delfins por sua própria conta, pois eram pesados, levei meu embrulho de volta ao escritório, entregando-o de forma solene para a ruborizada secretária de Scottie, cujo nome eu não sabia. Depois que voltei para casa, Sally colocou o que restara de mim na cama. No dia seguinte, como éramos uma família cristã, saudamos a manhã feliz com uma briga infernal, porque eu não queria me levantar para ir à missa matutina. Minha irmã resolveu que, se eu não me levantasse, também não deveria dormir.

CAPÍTULO XXVII

Não há nada pior do que o Natal, quando não se está com disposição para festas. Não estando oficialmente de luto, eu não tinha o direito de mostrar o meu pesar; portanto, tive de reprimi-lo dentro de mim da melhor forma possível. Acho que Sally adivinhou, mas não havia como discutir o fato com ela, porque existia tanta coisa que eu não lhe podia contar, e tampouco a pobre velha alma entenderia, se eu lhe contasse. Scottie andava doente e, de qualquer forma, não simpatizava com Morgan. De modo que fui ao "George" e falei ao garçon que tivera um amor contrariado e que, nesse caso, talvez ele encontrasse algo em sua adega que pudesse me consolar. Acordei na manhã seguinte, e Sally me tranqüilizou, dizendo-me que o Natal às vezes afetava o seu pai da mesma forma.

Nessa tarde, minha irmã dava uma festa para as suas assistidas e teimou que eu deveria ajudá-la. Tentei me esquivar e ir para a cama, pois estava mais morto do que vivo; mas ela insistia. Por fim, minha disposição mudou e aceitei. Sob o visco, beijei o grupo de garotas coradas até que minha irmã teve um ataque histérico no escritório e telefonou para o vigário. Então, derramei aguardente e champanhe na mistura de cerveja e gengibre e desapareci. Quando o vigário chegou, as garotas haviam bebido a mistura. Pela manhã, encontrei pedaços de visco por toda a casa. Imagine que festa deve ter sido! O pároco, é provável, deve ter achado as garotas autenticamente amigáveis uma vez na vida, a julgar pelo visco espalhado por toda a casa.

Fiquei muito contente por voltar ao trabalho no outro dia. Já bastava de férias e de festanças natalinas. Assim, achei que também minha irmã estava feliz. Sally também estava moída; ela festejara o Natal na casa do filho casado e a reunião também a

227

desagradara. Nas primeiras horas da manhã, teve uma espécie de ataque cardíaco, que tratei com o que sobrou da mistura de cerveja e gengibre. Quando saí para o banco, vi que entregavam cilindros de oxigênio na casa de Scottie. De forma que, de modo geral, esse não foi um bom Natal!

Mas o divertimento ainda não havia terminado. Fui recebido no escritório pela secretária de Scottie, cujas delicadas feições estavam enfeitadas por um olho roxo cuidadosamente disfarçado. Corando de raiva, ela me perguntou se fora minha intenção dar-lhe o que lhe dera. Comecei a imaginar de que modo, no meio de tanta contenda, assassinato e morte repentina, o veneno teria ido parar no meio dos chocolates. Ela revelou que não se tratava de chocolates, mas de jóias.

Então, deduzi o que havia acontecido. Treth me dera as safiras de Morgan para eu levar ao banco, até que se tornasse efetiva a cláusula, bastante improvável, que Morgan estabelecera. E na garagem escura eu pegara o pacote errado da traseira do carro, onde havia depositado toda a bagagem. Os chocolates estavam a salvo na caixa-forte do banco e a secretária de Scottie ganhara as safiras.

Acabrunhado, desculpei-me apressadamente pelo engano. Expliquei-lhe que as safiras não me pertenciam, mas que eu era responsável por elas e que era obrigado a pedi-las de volta. A moça olhou-me mortificada e explicou que já não as possuía. Seu padrasto as havia tomado e queria ficar com elas. Isso, pensei, justificava o olho roxo. É provável que sua honestidade tenha contrariado a autoridade paterna. Se ela não tivesse dito nada, os chocolates permaneceriam guardados no banco até se mumificarem e ela poderia ir embora com as safiras. Naturalmente, safiras manchadas não valem tanto como as do tipo sem jaça, mas mesmo assim as jóias de Morgan teriam representado uma pequena fortuna para uma garota na sua situação.

Corando, a garota deu-me uma carta.

— Isto estava dentro do pacote — disse ela. — Foi como descobri que não eram para mim.

Peguei o envelope e notei que estava endereçado ao portador das safiras.

228

– Se não se importa de eu dizer isso – arriscou a secretária de Scottie – acho que deve fechá-lo de novo e não deve ler o que está escrito até que a entregue para a pessoa a quem foi destinada.

Então, ali, em sua presença, fechei e lacrei o envelope.

Perguntei-lhe onde poderia encontrar seu padrasto. Agora, tinha diante de mim a tarefa de recuperar as safiras das mãos dele e, a julgar pelo olho da moça, o homem era um peso pesado.

Quando ela me contou onde achá-lo, assustei-me e até poderia ter sido derrubado com uma pena, pois tratava-se de Muckley – o mais ordinário dos açougueiros de carne suína da cidade. Estava instalado na curva do rio, onde se localizava o cortiço local – ao qual já me referi antes – e tinha uma casa do século XIV, que serviria bem como uma velha casa de chá, mas que era tremendamente anti-higiênica como matadouro. Eu conhecia aquele cortiço, pois comprara a casa de onde viera o cedro, e Muckley havia indisposto seus moradores contra mim, visto que era um homem que gostava de fazer esse tipo de mexerico.

Surpreendeu-me o fato de a secretária de Scottie, moça fina e educada, vir de uma nojenta venda de porcos como aquela, mas então me lembrei de que Muckley era seu padrasto e não seu pai.

Perguntei-lhe qual era o seu nome, e ela me respondeu que era Molly Coke. O nome despertou-me lembranças e quis saber se havia qualquer ligação com o meu velho mestre-escola. Ela me disse que era a sua filha. Então, lembrei-me dela como uma coisinha pálida de olhos escuros, que costumava brincar no parque quando estávamos na escola e que entrava quando saíamos. Fiquei imaginando o que acontecera com a adorável beldade, por quem meu falecido mestre-escola havia deixado no desamparo sua esposa e filha: e, incidentalmente, o que teria ocorrido com os meios de subsistência daquela mulher, uma vez que, se a sua esposa tornara a se casar, ele obviamente estava morto. Divórcios estavam fora do alcance de gente como aquela.

Assim, deixei Molly Coke encarregada dos negócios e saí para uma entrevista com o amável Muckley, a fim de convencê-lo a devolver-me as safiras. Sua mal-cheirosa loja estava fechada, porém, um horrível guinchar, proveniente das instalações dos fundos, indicava que logo ela estaria aberta. Vi o homem da Protetora dos Animais esticando a cabeça da janela de um dos

229

sobrados da rua, na tentativa de descobrir o que se passava. Ele tinha algo contra Muckley, pois comentava-se que ele esquecia de matar o porco antes de começar a fazer as salsichas.

Esperei até que o ruído cessasse, e então comecei a bater na porta. Depois de algum tempo, minha insistência movimentou a sra. Muckley, antiga sra. Coke. Lembrava-me dela como uma criatura quieta, neutra, que raras vezes falava e se contentava em esperar pelo seu vistoso marido; se soubéssemos da verdade – ela, provavelmente, era o homem da família. É natural que não a reconhecesse: seu cabelo estava quase branco e ela parecia não fazer mais parte deste mundo. Disse-lhe a que viera. Enrubescida de nervoso, ela foi buscar o marido. Eu podia ouvir a voz dele soando lá dos fundos, e não me pareceu nada amável.

O lugar tinha um cheiro horrível demais para se descrever, pois estivera fechado e sem ventilação durante os feriados.

Em breve, Muckley apareceu, coberto de porco e ofensivamente cordial – considerando que pelos "ruídos" eu deveria ficar bastante feliz por não ter meu olho arroxeado – e continuou a mentir da forma mais astuta que já ouvi. E um leiloeiro e agente imobiliário sabe farejar uma mentira como ninguém.

– Sim – disse ele – eu avisei Molly de que ela teria de devolver as pedras, que o presente não era para ela. Mas não está certo a menina dizer que ficaram comigo, pois não as peguei. As pedras estão com ela. Faça-a devolvê-las, sr. Maxwell, a pequena ladra vivaldina.

– Então foi ela quem cometeu o furto, não é? – perguntei.

– Sim. Foi ela quem as roubou.

– E foi ela também que socou o próprio olho?

Muckley me encarou maldosamente.

Então, me resolvi e lhe disse tudo o que pensava dele. Pareceu surpreso. Nunca esperara uma atitude como essa da parte de Wilfred Maxwell, filho único de mãe viúva. Ele foi buscar as safiras, humilde como Moisés. Ainda assim, eu gostaria de saber que tipo de recepção aguardava a pobre Molly Coke quando voltasse para casa. Ele faria qualquer coisa para recuperar seu amor próprio ferido.

Ao voltar para o escritório, contei-lhe sobre a linha de procedimento que seu padrasto adotara comigo. Também lhe dei uma versão expurgada da linha que adotara com ele. Disse-lhe para me contar se tivesse problemas com ele, que eu voltaria lá e lhe falaria sem rodeios. Porém, ela jamais o fez; portanto, concluí que não tinha do que se queixar, além daquilo como é natural, de que qualquer um se queixaria ao se associar a Muckley.

Nós nos atrapalhamos um pouco durante os dias seguintes. Tomei as rédeas do negócio o melhor que pude com a ajuda de Molly Coke, pois andara largando tudo nas costas de Scottie. Tínhamos meia dúzia de funcionários, mas nenhum cuja cabeça fosse digna de menção, exceto Molly, pois Scottie acreditava em manter tudo nas próprias mãos como o melhor modo de assegurar eficiência e honestidade. Talvez isso funcione em épocas normais, mas qualquer entrave acarreta grande desorganização.

Fui obrigado a assumir os leilões semanais no mercado de gado, ainda que odiasse fazê-lo, e tive alguns aborrecimentos com Muckley acerca de um lote de porcos cuja apatia denunciei ao inspetor de saúde. Ele e seus amigos fazendeiros tentaram me impressionar com a superioridade de seu conhecimento sobre porcos; no entanto, usei de meus direitos de leiloeiro autorizado e me dirigi a eles com arrogância. Posso não entender muito de suínos, mas conheço bem a fama de Muckley e devia haver algo de muito errado com aqueles animais, para ele não se arriscar a transformá-los em salsichas. Eu tinha razão – pois o lote todo estava com tuberculose.

Bem, as coisas pareciam começar a querer endireitar para mim e estava recuperando o sono perdido quando caiu o bloco seguinte. Certa manhã, desci sem compreender por que não ouvira a habitual agitação de Sally. Subi ao seu quarto e a encontrei morta na cama. Pobre velha alma, achei sua morte misericordiosa. De uns tempos para cá, ela andava doente, ficava muito cansada, e nada a faria aceitar ajuda. Era o tipo de morte que eu desejava para mim quando soasse a hora, se houvesse escolha. Contudo, não creio que seja possível optar. A asma desgasta a pessoa, mas não a abate de vez. Jamais consegui entender por que há luto por quem morre; seria muito mais racional enlutar-se por quem está vivo.

Eu devia muito a Sally. Era de fato uma boa alma. Minha irmã ficou contrariada comigo por eu estar aturdido com a perda de uma serviçal. Disse que isso era indigno e que ela logo me arranjaria outra. Então, propus:

— Que tal uma das suas garotas? — Eu nutria certa ilusão quanto a elas. E minha irmã sempre estava tentando arrumar-lhes empregos finos, decentes, primorosos. Minha sugestão a aborreceu. Depois disso, ela nada mais teria a ver com o assunto — era o que eu pretendia.

Portanto, pedi a Molly para ver o que se podia fazer a respeito. Mas parece que não era tão fácil assim. Aproximava-se a época das eleições municipais e a ajuda paroquial estava sendo distribuída parcimoniosamente em nacos; logo, "bicos" eram difíceis de aparecer. Ela me aconselhou a fazer um trato com a faxineira do escritório, até que tivesse tempo de procurar alguém para mim. Então, mandou-me um horrível cruzamento de mulher relaxada com víbora. Sempre achei que os escritórios pareciam um tanto lambuzados e agora sabia por quê. Perguntei a Molly por que não despedíamos a criatura, e ela me respondeu que a esposa de Scottie se interessara por ela. Observei que seria muito mais útil se o sogro de Scottie se interessasse por ela. Pela primeira vez ouvi Molly rir.

As deficiências da sra. Leake não me importunavam muito quando eu estava saudável e trabalhando, uma vez que eu comia em casa. Mas a situação era outra quando eu caía de cama com ataques de asma. A comida do fornecedor "Benger", na qual costumava confiar nessas ocasiões, não era à prova de imperícia, e a sra. Leake era uma tola.

— Pensei que quisesse sopa — disse-me ela emburrada, quando me queixei.

— Sim — respondi — mas não na roupa de cama.

Ela deve ter comentado a minha crítica, que admito não ter sido de bom gosto, pois Molly apareceu para ver o que estava faltando. Ela levou embora a horrível tigela e fez uma sopa decente para mim. Então, foi buscar minhas cartas, e fizemos o trabalho dessa maneira até eu melhorar. A sra. Leake fazia a limpeza e Molly cozinhava para mim. Dei-lhe a chave de Sally, que eu não confiaria à sra. Leake pois, embora ela pudesse ser bastante honesta, eu tinha a certeza de que seu marido não era. Ele trabalhava para Muckley como empregado para toda a obra e fazia qualquer serviço sujo que fosse necessário. E, podem me acreditar, havia uma porção de empregados deste tipo nessa firma.

Minha asma estava mudando de tipo: os ataques, em vez de agudos e intervalados, estavam se tornando menos agudos e mais crônicos. Agora eu arfava quase todo o tempo, mas os acessos eram menos graves. Não sei que espécie de asma prefiro. Acho que a espécie que não tenho no momento. A gripe de Scottie se transformara em pneumonia e todos estavam ansiosos pela sua saúde. De modo que, com todas essas crises, éramos um grupo de cacos. Dizem que a desgraça nunca vem só e reconheço que estão certos.

Eu começava a ultrapassar a fase aguda da perda de Morgan. O tempo é o melhor remédio e faz seu trabalho, quer você queira, quer não. Mas não havia nada, nem no tempo, nem na eternidade, que pudesse preencher o vazio que ela deixara em minha vida, ou que tornasse a existência em Dickford tolerável para mim. — Para falar a verdade, eu andava ultrapassando minha conta usual de bebida, mas não pensava que alguém mais soubesse disso, além do garção do "George". E ele costumava falar comigo como um pai; trazia-me cerveja leve quando eu pedia uísque e fingia ter entendido mal a ordem.

A perda de Sally foi um duro golpe, sem falar que ela de fato havia sido uma alma danada de boa. A sra. Leake era uma criatura atrapalhada. Qualquer cama que fizesse não ficava bem feita. O fogo que queria acender não pegava. Estava sempre se esquecendo de encher a caixa de carvão e, se havia algo que ela sabia fazer, era arrastar caixas de carvão. Não podia pedir a Molly que o fizesse, e também não podia me sentar numa sala sem aquecimento durante toda a noite. Portanto, costumava ir até o salão comercial do "George", e isso me fazia beber ainda mais, pois não se pode passar a noite num lugar como esse sem pagar consumação. De forma que, em geral, reinava uma grande confusão na minha vida, quando a cortina subia para o grande final.

Eu estava lá em cima, nos meus aposentos, quando minha irmã mandou a empregada dar-me um recado: havia alguém na casa à minha espera. Fui até lá, sem suspeitar de nada, e encontrei minha irmã entretendo Muckley. Fiquei bastante surpreso, pois o natural seria ele ir ao escritório, se quisesse me ver, e não introduzir-se na casa, pois dificilmente podia esperar estar em bons termos conosco. Minha irmã parecia-se exatamente com o lobo mau da pantomima, pronto para comer Chapeuzinho Vermelho. Percebi que estava horrivelmente satisfeita com alguma coisa. Eu gostaria de saber o que estava para acontecer. Não podia imaginar que presente Muckley podia ter-lhe dado que a agradasse tanto. Todavia, ela logo explicou:

— O sr. Muckley veio para falar da filha dele.

— Enteada — eu corrigi.

— Ele diz que você a seduziu, Wilfred.

— Deus do céu! — exclamei. Foi só no que pude pensar. Eu estava aturdido demais.

— Nega o fato?

— Naturalmente. Não há uma palavra de verdade nisso.

— Ela tem passado bastante tempo em seus aposentos — observou minha irmã, comentário pelo qual poderia tê-la esbofeteado. Essa era a última coisa que ela deveria dizer nessas circustâncias; mas minha irmã não tinha muito bom senso, experiência ou conhecimento do mundo para saber disso.

— Molly apenas escreve as cartas que lhe dito quando estou de cama — justifiquei-me.

— Você parece ditar uma porção de cartas ultimamente — emendou minha irmã. — Especialmente à noite.

A bem da verdade, Molly vinha preparar o meu jantar e, em geral, me aprontava para passar a noite. Um vez que a sra. Leake também estava lá, achei que não havia mal nisso. Porém, minha irmã estava apresentando a Muckley uma situação sem saber o que fazia. Não existia meio de impedi-la, a não ser nocauteando-a quando ela começava uma tarefa dessas.

Mencionei a sra. Leake.

— Sim — disse Muckley. — Foi o que a sra. Leake andou me contando que nos pôs, à minha mulher e a mim, na sua trilha.

Então percebi o que ia acontecer. Fiquei imaginando se Molly faria parte do complô; porém, logo descartei a hipótese: ela não era desse tipo.

Mencionei o dr. Beardmore para Muckley. Ele poderia atestar que era impossível eu me ocupar com a garota quando estava com asma.

234

— Não vejo o que ele possa saber sobre isso se não estava aqui — retorquiu minha irmã. — E, seja como for, vocês homens sempre se defendem uns aos outros.

Houve uma batida à porta e Molly entrou, com o bloco de notas na mão.

— Desculpe-me por ter demorado — disse-me ela — mas houve um telefonema para Scottie.

Adivinhei que minha irmã mandara um recado para ela em meu nome. Ela olhou para Muckley e, pelo olhar que lhe lançou, notei que, embora ficasse surpresa por vê-lo em nossa sala de visitas, sabia o que estava prestes a acontecer. Pude senti-la retesando as costas e concentrando suas energias para enfrentá-lo. Era uma criança muito corajosa.

— Srta. Coke — falei — seu padrasto parece descontente quanto à minha conduta com você. Tem alguma queixa de mim?

— Nenhuma — disse ela.

— Elas nunca têm — respondeu Muckley. — Tanto faz, ela perdeu a reputação, mesmo se não houver conseqüências desagradáveis. E eu e a mãe dela temos de viver com isso. O que pensa a respeito, sr. Maxwell?

— Sim — protestou minha irmã. — Que atitude vai tomar, Wilfred?

Eu sabia muito bem o que viria a seguir, mesmo que ela não soubesse, e nada seria melhor do que levar Muckley a impor suas exigências diante de testemunhas, se pudesse fazê-lo cair na armadilha.

— O que quer que eu faça? — perguntei a Muckley.

— Está disposto a casar-se com ela? — inquiriu ele.

— Estou — respondi.

Era a última coisa que eles esperavam. Ouviu-se um arquejo por toda a sala, que foi repetido no saguão, onde os criados estavam bisbilhotando.

Também se tratava da última coisa que Muckley queria. Em nenhum momento ele pensou que eu estivesse fazendo qualquer velhacaria com Molly — disso tenho certeza — e não se importaria se eu o tivesse feito. De modo que minha resposta o desarmou por completo. Em face disso, não podia mais exigir nenhuma reparação.

235

A reação de minha irmã foi divertida demais para se pôr em palavras. Ela sempre estava do lado dos anjos quando se tratava de questões de moralidade, mas subiu diretamente ao espaço com a idéia de consertar o que estava errado. Não suponho que essa possibilidade lhe tenha ocorrido. Em certo sentido, ela é extraordinariamente obtusa.

— Você não pode fazer isso, Wilfred — disse ela, de uma forma extremamente mordaz.

— Por que não? — quis saber.

— Você não pode sustentá-la — respondeu.

— Não podemos economizar? — perguntei, empurrando sua perna.

— Não, não podemos — contestou ela.

— Terá de fazê-lo se eu cortar a sua ração — observei.

Ela me olhou como se quisesse me matar. Sempre achei que o fará um dia desses.

— Você espera que reparta o meu lar com *ela*? — disse minha irmã, com um dramático aceno de mão na direção de Molly, que parecia uma estátua ao lado da porta.

— Certamente que não — respondi. — Nem sonharia em pedir à minha esposa que compartilhasse a casa dela com mais alguém.

— Bem, você não pode sustentar dois lares, Wilfred, isso é certo.

— Terei de fazê-lo enquanto mamãe for viva — respondi.

— Fará dívidas.

— Terá de economizar aqui — avisei.

— Não mudarei meus hábitos.

— Terá uma libra por semana e esta será adiada se causar qualquer problema — disse-lhe eu. — Concordo em cuidar da mamãe, mas não sou obrigado a manter você, a não ser dentro de certas limitações.

Nunca vi um louco tão autêntico fora de um manicômio como minha irmã. Sempre fico intrigado pelo fato de haver discutido tanto com ela por bobagens e jamais ter usado anteriormente o poder da bolsa de dinheiro.

Obviamente, Muckley estava se divertindo a valer. O que a pobre Molly sentia por causa do fracasso dele eu não sei, pois seu rosto era como uma máscara. Seria impossível jogar Muckley de lá

236

para fora, pois ele era um brutamontes, tinha duas vezes o meu tamanho. E, já que minha irmã o deixara entrar, cabia a ela livrar-se dele. No que lhe diz respeito, não assumo ares de cavalheiro. Ele me aborreceu vezes demais, quando estava por cima.

Atravessei a sala, pus minha mão nos ombros de Molly.

— Venha — disse. — Abri a porta e empurrei-a diante de mim. Empurrei-a diretamente para os braços do cozinheiro, que junto com a recepcionista e toda sorte de criadagem espionavam do lado de fora, pois a última coisa que esperavam era que a entrevista terminasse de modo tão abrupto.

— Peçam um mês de aviso prévio, todo o bando! — ordenei. E, ainda empurrando Molly na minha frente, desci o corredor que conduzia aos escritórios.

Ela sentou-se à sua escrivaninha, eu me sentei à minha e ficamos olhando um para o outro.

— Isso estragou tudo — disse eu.

— Sim — respondeu ela. — Diante disso, ele nada pode fazer. Mas, se não se importa, Maxwell, gostaria de sair assim que puder me dispensar.

— Quer dizer que quer ir embora? — perguntei.

— Sim — disse ela. — Não posso ficar. As empregadas ouviram tudo e logo a história se espalhará por toda a cidade.

Enterrei a cabeça nas mãos. Senti uma pontada no coração. Percebi que não só atrapalhara toda a vida da garota, mas também desapontara Scottie de forma imperdoável. Eu deveria ter demonstrado mais bom senso do que deixá-la vir aos meus alojamentos. Mas o fato de Molly ou de a sra. Leake terem de escorar-me nos travesseiros, pois eu não tinha condições de fazê-lo por mim mesmo, parecera-me tão evidente, que não imaginaria que alguém pudesse supeitar de que houvesse nisso alguma maldade. Eu ficava imaginando como iria enfrentar Scottie, voltando de uma doença para encontrar essa confusão. Pois sabia que Molly é quem segurava todas as pontas e que ele devia confiar tremendamente nela. Quanto a mim, não sabia onde encontrar qualquer coisa sem ela.

E havia o problema doméstico do meu lar de solteiro. Apesar de trabalhar mal, a sra. Leake era melhor do que nada. Ela teria de ser despedida depois que lhe pagasse pelo dia de trabalho, e então, eu não teria mais ninguém. Se Molly não fosse capaz de me arranjar outra mulher para substituir a desagradável criatura, era improvável que eu mesmo encontrasse alguém. A vida parecia-me uma guerra sem um árbitro. Eu estava realmente desapontado. Sentia-me mortalmente enfermo também, pois meu coração estava me incomodando por causa da briga que acabáramos de enfrentar.

Então, ouvi um tipo de guincho reprimido, olhei para cima e vi que Molly estava chorando.

Atravessei a sala e sentei-me a seu lado, pondo meu braço ao redor de seus ombros. Era tudo o que podia fazer, pois estava tão abatido quanto ela.

O relógio do saguão bateu três horas, e me levantei depressa demais pois tinha um leilão no Congresso, às três.

Quanto maior a pressa, menor a velocidade. Tive de me erguer tão rapidamente que não podia respirar; apenas consegui me apoiar na escrivaninha de Molly, lutando por ar. Molly olhou para mim; em seguida pegou no telefone e chamou os outros leiloeiros da cidade. Pediu-lhes para dar um jeito de assumir o leilão em meu lugar. Não pude protestar porque não podia falar.

— Nós podemos ser enforcados tanto pelo roubo de um carneiro como pelo de uma ovelha — disse Molly, quando a parte pior do ataque passou e, levando-me pelo braço, andou comigo até os meus aposentos e colocou-me na cama. Então, chamou o dr. Beardmore, que me dopou.

CAPÍTULO XXVIII

Na manhã seguinte, acordei bastante indisposto. Já eram quase onze horas e eu havia perdido a hora, pois não tinha Sally para me acordar. Prudentemente, a sra. Leake deixou de aparecer. Telefonei para o escritório a fim de saber como estavam se saindo por lá. Um dos funcionários que fazia serviço externo atendeu e me disse que tudo transcorria normalmente. Perguntei se a srta. Coke fora trabalhar e ele me disse que sim; ela estava atendendo a um cliente.

Vesti umas roupas e dei uma chegada até o "George" para fazer a primeira refeição reforçada. Achei que devia apanhar Molly no escritório, uma vez que ela sempre saía depois dos outros. Quando cheguei lá, contudo, ela havia se retirado com o resto do pessoal. Queria prosear um pouco com ela para ver como estava se arranjando, pois acreditava que a situação dela em casa lhe era desfavorável. Imaginava que se uma nota de cinco libras pudesse amenizar a situação, esse seria um dinheiro bem empregado. Era sábado, de modo que ela não voltaria ao escritório depois do almoço. Entretanto, eu sabia que Muckley estaria no local onde se realizavam as corridas de cães, que começavam às três horas, e das quais ele assumia a liderança. Voltei, portanto, aos meus aposentos a fim de esperar que ele saísse do caminho. Então, iria até sua casa para falar com Molly e com sua mãe. Queria me desculpar por tudo e descobrir se havia algo que pudesse fazer para remediar o ocorrido.

Quando voltei aos meus aposentos, encontrei-os exatamente do modo como os deixara ao escorregar para fora da cama naquela manhã, de forma que voltei ao escritório vazio. O aquecimento de lá, contudo, no momento também estava desligado. Portanto, tornei a ir ao "George" e tomei uns aperitivos no bar

239

para matar o tempo até a hora de Muckley sair para as corridas de cães. Uma porção de problemas de nossa cidade começam assim, pois Muckley não é o único que vai às corridas.

Quando descobri como as coisas iam, pela animação na pista de corrida de galgos, saí do bar. Verifiquei que bebera mais do que pretendia. Não afirmo que não pudesse andar, mas por certo não me atreveria a dirigir um carro. Dessa forma, resolvi caminhar um pouco por ali até que a ponta da torre da igreja se endireitasse e ficasse mais firme, antes de ir conversar com Molly e a mãe. Também abusei do remédio aconselhado pelo velho diácono – pastilhas de hortelã-pimenta. Isso me pôs em contato com a beldade artificial que embalava bombons na doceira, lugar onde meu velho mestre-escola encontrara a ruína. E, antes de sair, eu já havia puxado suas tranças oxigenadas e prometido levá-la para um passeio no meu carro. Quando saí para o ar fresco, vomitei solenemente na sarjeta e decidi que era melhor não andar mais pela cidade, caso contrário poderia me acontecer coisa pior. Tirei do escritório a chave de Cedar House e resolvi que ocuparia minhas honradas mãos inspecionando a propriedade que me pertencia.

Toda a mobília se fora, salvo algumas peças escolhidas que comprara no leilão e que jaziam desconsoladas ao longo das paredes, nos espaços irregulares deixados vagos pelo resto do mobiliário que havia sumido. No centro do pavimento dos cômodos do andar térreo havia várias peças que eu adquirira em vários leilões e que lá estavam armazenadas. Eu tinha a idéia de transformar aquele local numa loja de antigüidades – uma daquelas lojas que imitam uma casa de moradia e que estão atualmente na moda. Ou, para falar a verdade, estavam armazenadas por pura rapacidade e desejo de adquirir, pois havia algumas peças muito belas que eu não venderia por nada deste mundo. O lado interno das janelas fora coberto de jornais para resguardá-las do sol; e, sob a luz difusa, os quartos se pareciam com aqueles das tradicionais festas de jogos que terminam com um assassinato e depois ficam trancados durante anos, por medo dos fantasmas.

Logo me aborreci de ficar olhando para a casa e saí para o jardim.

240

O céu estava começando a ficar cor-de-rosa no poente, pois o sol se põe cedo no inverno. A luz baixa entrava através do alto das árvores sem folhas para dentro do jardim Queen Anne, de muros retangulares, considerados uma construção de estilo. Não me parecera um jardim muito promissor quando o vira coberto de ervas daninhas e folhagens no meio do verão. Mas agora, despido de suas folhas, ele revelava todo tipo de tesouros que então estavam ocultos. Jasmins amarelos destacavam-se contra o tijolo macio; arbustos da planta *wintersweet* impregnavam de aromas todo o ar; e, para minha imensa surpresa, festões de pequenas íris espalhadas no meio das folhas semelhantes à grama, folhas malva-pálido, azul-profundo e de um verde e negro aveludados. Das que já vira, elas eram as flores cujo aspecto mais se aproximava do das orquídeas e parecia que o lugar mais adequado para elas seria uma estufa. Mas ali estavam as flores, enfrentando aquele dia de janeiro e, do seu próprio ponto de vista, tirando o melhor proveito dele também. De forma que colhi um ramalhete para Molly e para sua mãe, junto com um pouco de hera, o que julguei ser aceitável, segundo os padrões de Muckley.

Então, fui fazer minha visita. A sra. Muckley pareceu surpresa ao me ver quando abriu a porta. Gostaria de saber que versão do caso lhe haviam apresentado. Ofereci-lhe as flores e ela me convidou a entrar, acompanhando-me através de uma sala de estar e cozinha, atrás da loja. Desculpou-se por não me levar para a sala de visitas, que ficava no andar de cima, dizendo que as escadas lhe faziam mal. Contei-lhe que não as tolerava tampouco, e trocamos sintomas durante alguns minutos. Assim, travamos conhecimento.

Abordei o assunto abruptamente, com a minha maneira atabalhoada. Disse-lhe que estava feliz por ter a oportunidade de encontrá-la a sós e que desejava falar-lhe sobre Molly. Perguntei-lhe se sabia o que estava se passando; ela respondeu que sim. Perguntei-lhe se aceitaria a minha palavra de que Molly e eu nos havíamos comportado bem. Ela afirmou que estava tranqüila quanto a isso mas que havíamos sido inusitadamente tolos e que éramos os únicos responsáveis pelo que acontecera.

— E culpo mais Molly do que você — disse ela. — Pois você estava doente e talvez não avaliasse o perigo. Porém, preveni Molly inúmeras vezes do risco que corria, mas ela queria enfrentá-lo.

Então, compreendi o que não compreendera antes: Molly não entrara às cegas nessa história, como eu; mas assumira os riscos de olhos abertos, em vez de me deixar desamparado. E eu podia ter ficado bastante mal se ela não o tivesse feito, pois não havia enfermeiras disponíveis, por causa da epidemia de gripe que grassava na cidade. Contei isso à sra. Muckley; todavia, ela não fez qualquer comentário. Enquanto durou o silêncio que se seguiu considerei rapidamentre certos assuntos.

— Muito bem — disse-lhe, por fim. — Qual a sua posição no que diz respeito à sua filha? Eu afirmei a seu marido que estava disposto a me casar com ela, se ela quisesse. Mas ela me quer? Ela não me deu indicação de quais seriam seus planos neste caso.

— Molly não o levou a sério, sr. Maxwell. E ela seria a última pessoa no mundo a obrigá-lo a fazer algo que não desejasse.

— Bem, ela tem outra saída em vista? Qual é a situação de vocês? Como estão se arrumando desde que esse transtorno começou?

— Tenho câncer e não devo durar muito. Depois de minha morte, Molly não terá um lar. Ela não poderá viver com os vinte e cinco *shillings* que o sr. Scott lhe paga.

— Meu Deus! — exclamei — isso é tudo o que lhe paga? Por que, se é ela quem dirige o negócio?

— Sim, Molly poderia ter arranjado empregos melhores se quisesse. O *Argus* ofereceu-lhe três *pounds* por semana; mas não quis aceitá-los.

— Por que não?

A sra. Muckley não respondeu.

— Certamente pagarei a ela um salário que lhe permita subsistir — afirmei. — Mas ontem Molly estava dizendo que queria ir embora.

A sra. Muckley permaneceu em silêncio.

— Bem, sra. Muckley — continuei — casar-me-ei com ela, se também me quiser, mas nunca me considerei um bom partido. Ela pode fazer coisa melhor do que se casar com um traste como eu, velho o bastante para ser seu tio. Ela não tem outro pretendente? Há alguns solteiros bastante decentes lá no escritório e que a tratam como a uma rainha.

242

— Nunca houve ninguém, exceto o senhor, sr. Maxwell, desde que lhe dei um rato de açúcar cor-de-rosa, quando saiu da escola.

— Nosso Senhor! — exclamei, num estado da mais completa consternação. E nesse momento Molly entrou e olhou para mim como se fosse retroceder apenas à minha visão.

Eu e a sra. Muckley nos olhamos. Seus olhos tinham aquela expressão esquisita que eu vira anteriormente nos olhos das pessoas prestes a atravessar a Grande Divisa: era como se elas pudessem enxergar o âmago das pessoas e das questões e soubessem, por fim, o que valia e o que não valia a pena. Andei até onde Molly estava e peguei-a pela mão.

— Vim ver o que sua mãe tinha a dizer sobre mim, Molly — expliquei. Eu sempre a tratara antes por srta. Coke.

— Nada mais tenho a acrescentar. Vocês dois devem acertar as coisas entre si — finalizou a sra. Muckley. E levantando-se, saiu da sala com seu passo lento, sofredor e com o corpo curvado. Fiquei a sós com Molly.

Olhando para mim de forma interrogativa, Molly desenvencilhou-se do casaco e sentou-se na cadeira que a mãe deixara vaga. Achei que a franqueza era a única maneira. Não fazia sentido usar de subterfúgios, mesmo que eu fosse hábil nisso. E eu não era.

Perguntei-lhe a idade. Molly tinha vinte e quatro anos. Disse-lhe que eu tinha trinta e seis. Contei-lhe também que andara brigando com minha irmã por causa das despesas. Eu podia perfeitamente me casar, se quisesse, desde que todos estivessem dispostos a ser razoáveis.

— Porém — disse eu — há certas coisas que deverá saber antes de se decidir — e comecei a contar-lhe sobre Morgan.

Sabia que isso seria difícil, mas eu não imaginava que fosse tanto assim; e caí na mais angustiante confusão. Fiz Morgan parecer uma cortesã, pelo fato de tentar manter o lado sobrenatural de fora, pois achei que Molly não entenderia. Então, tudo começou a voltar pelo simples fato de tocar no assunto. Esqueci-me de quem estava me ouvindo e contei absolutamente toda a história a Molly. E tudo o que eu havia reprimido libertou-se e terminou jorrando aos borbotões. Era um modo estranho de fazer um pedido de casamento.

243

Então, Molly fez o que Morgan costumava fazer: aproximou-se, sentou-se no espaldar da cadeira e pôs os braços em volta de mim.

— Sei que você a amava — falou ela, por fim — mas acho que precisa de mim: portanto, me casarei com você.

Então começou um enorme estardalhaço do lado de fora, pois Muckley voltara inesperadamente e a esposa tentava impedi-lo de entrar na sala de estar. Reagi com um dos meus acessos de cólera e disse-lhe exatamente tudo o que pensava sobre ele e numa linguagem das menos recomendáveis. Ele se colocou em posição de briga e me desafiou para uma luta.

— É natural que eu não me atreva a feri-lo — retruquei — e não sou tão tolo a ponto de tentá-lo. Mas posso atingir o seu negócio e o farei, se me causar qualquer problema. — Indiquei-lhe, ainda, de forma clara, concisa e conclusiva, o ponto preciso em que suas atitudes anteriores haviam infringido as leis de construção, e o que ele gastaria com os requerimentos legais se alguém fizesse uma denúncia. Muckley calou-se e desapareceu. Nunca mais tive aborrecimentos com ele, desde esse dia. Posso não ser da família dos buldogues, mas sou bastante bom numa luta de gatos.

Voltei triunfante para a sala de estar, onde Molly e a sra. Muckley estavam consternadas, pensando que eu havia sido assassinado, ou que, pelo menos, estaria muito ferido. Com franqueza, não sei por que não estava, pois Muckley tinha fama de demolidor. Sentia-me satisfeito comigo mesmo, pois não era uma façanha qualquer arremessar um brutamontes como Muckley para fora da sua própria casa. Com tudo isso, e por haver desabafado meus problemas com Molly achava-me bem, de um modo que não me sentia desde que perdera Morgan.

Beijei, portanto, a sra. Muckley e fui oficialmente recebido como futuro genro. Sentamo-nos todos para jantar e contei-lhes algumas das minhas longas histórias, inclusive aquela sobre as garotas assistidas por minha irmã e a mistura de bebidas. Elas adoraram. Só depois de entrar em casa é que percebi que esquecera de beijar Molly.

Enquanto estávamos jantando, eu notara uma espécie de ruído lamentoso, quase um gemido, que aparentemente perdurava durante algum tempo, mas ao qual não prestara atenção em meio ao alarido dos acontecimentos.

— O que isso pode significar? — perguntei.

— Trata-se dos bezerros no barracão do matadouro — respondeu a sra. Muckley. — Meu marido não deveria tê-los deixado pelo fim de semana. Eles têm de ser mantidos em jejum antes de serem abatidos.

— Vou até lá dar-lhes de beber — disse Molly. — Talvez isso os acalme.

A estratégia funcionou durante certo tempo, mas dentro em pouco os pobres animaizinhos recomeçaram a gemer. Não lastimei por me afastar desses sons lamentosos, quando dei boa-noite e fui para casa, deixando Molly, que ia pôr a mãe na cama.

Enquanto caminhava para casa, sob a luz gélida das estrelas, pensava nas condições em que vivia aquela garota. Agora tinha de fazer todo o trabalho da casa, pois a mãe estava inutilizada, e Deus sabe onde arrumava tempo antes de ir para o escritório. No meio do dia, Molly voltava a fim de servir a refeição do demônio do Muckley. Em seguida, retornava ao escritório e fazia hora extra para Scottie, que a explorava como se fosse uma escrava. Além disso, a cada hora ou duas, durante a noite, ela se levantava por causa da mãe. Nos fins de semana, cuidava dos livros de Muckley e fazia um pouco de trabalho extra em casa. Com freqüência, Muckley vinha da rua embriagado e batia na mulher e na enteada, indiscriminadamente. E, ano após ano, desde que a sra. Muckley se casara com ele, viviam em meio à visão, aos sons e aos cheiros do matadouro. A sra. Muckley casara-se com ele no interesse de ter um lar para ela e para Molly. Ele se casara com ela por causa do parco capital proveniente da venda da escola, com a qual montara seu tétrico negócio. Meu velho mestre-escola instalara-se com os seus pertences numa pensão em Bristol, depois de ser abandonado pela beldade artificial logo que o dinheiro acabou. Molly tinha algo por que pagar, aquela menina!

Então, me pus a imaginar o que teria feito o velho Coke abandonar um emprego decente e uma mulher honesta para fugir com a esfusiante criatura do balcão da confeitaria — sobre a qual até mesmo nós, os mais jovens, nutríamos terríveis pensamentos. Ele era um bacharel de Oxford e, quando não estava de mau-

245

humor, suas maneiras eram as de um cavalheiro. Mas, ao que parecia, os seus gostos não eram os de um cavalheiro, ou ele não teria se envolvido com a moça dos bombons.

Nesse meio tempo, cheguei à porta da minha casa e considerei que o melhor a fazer seria ir diretamente para a cama, fechar os meus olhos para os estábulos Augean, até de manhã, e me mudar para o "George", até Molly estar pronta para se casar comigo. Porém, ao subir as escadas, verifiquei que tudo havia sido limpo, a lareira estava acesa e abastecida. Descobri por que Molly estivera fora, quando eu a chamei. Reconheci que não era ela quem levava a melhor no futuro acordo matrimonial, mesmo que eu fosse o eleito. Embora popularmente considerado um bom partido, quem dispusesse de informações corretas saberia que isso não era bem verdade.

Na manhã seguinte, quando cheguei ao escritório, Molly estava em sua escrivaninha habitual, pronta para anotar as cartas que eu ditasse. Fui até lá, dei-lhe umas palmadinhas nos ombros – eu era tímido demais para beijá-la a sangue-frio – e ofereci-lhe meu anel com sinete, para ela ter o que mostrar como prova do seu noivado. Ela me agradeceu, colocou-o no dedo e enfrentamos a correspondência.

Contei-lhe sobre o plano de me mudar para o "George", e ela disse que não, que essa não era uma boa idéia. Perguntei-lhe o motivo, mas ela não me quis dizer qual era. Disse que sua mãe e ela esperavam que eu jantasse com elas sempre que quisesse, já que Muckley nunca estava lá à tardinha. Perguntei-lhe como me arranjaria com o trabalho caseiro. Ela me fez ver que quatro empregadas eram um número ridículo para uma casa do tamanho da nossa; que minha mãe e irmã deviam aceitar esse fato ou explicar a razão de mantê-las; e que eu era o dono da casa e que, portanto, cabia a mim dar as ordens. Nunca me afirmara antes nesse setor e achei a idéia brilhante demais. Então, desci até o recinto da cozinha e examinei o quadro de auxiliares. Descobri que minha irmã havia readmitido as que eu despedira, e que, em conseqüência, elas se mostravam insolentes; todas, exceto a que viera do orfanato, uma criada que não sabia que partido tomar.

As empregadas alegaram trabalhar para minha irmã, não para mim. Disse-lhes que podiam trabalhar quanto quisessem para ela, mas que não haveria salários pelo serviço enquanto não dobrassem a língua ao falar comigo. Depois, readmiti a criada órfã e a levei para os meus aposentos, com um espanador na mão. A seguir, eu a mandei trabalhar na casa de Molly.

Fui jantar com Molly e sua mãe naquela noite. Assim que olhei para a sra. Muckley notei uma mudança que não pude definir. Pareceu-me que, agora que sabia que Molly seria cuidada, ela entregava os pontos. Tive certeza de que não viveria muito tempo mais.

Enquanto Molly saiu da sala para providenciar o jantar, a sra. Muckley pediu-me que chegasse perto dela. Pegou minha mão entre as suas e fez com que lhe prometesse deixar de beber. Caí das alturas, tal a minha surpresa! Eu não podia imaginar que alguém mais, além do garção do "George", soubesse o que eu andava fazendo.

— Acredita que pode prosseguir assim numa cidade como esta, e ninguém ficar sabendo? perguntou ela.

Essa censura deixou-me mortalmente arrasado. Não me importo um níquel com a opinião pública em geral, porque ela é fútil demais para se descrever com palavras, principalmente quando se trata de um lugar como Dickford. Mas submeter Scottie a um escândalo no escritório e me entregar à bebida eram dois fatos de que me envergonhava de verdade. Aborreceu-me saber que isso viera a público.

Então, Molly entrou com o jantar e notou que algo me havia deixado zangado, e enfrentou a mãe como uma fêmea de tigre. Disse que não queria que me repreendessem. Que eu não estava em condições de suportar isso. Que eu estava sob o seu controle, que sabia perfeitamente como lidar comigo e que não havia motivo para ansiedades. E tudo isso partiu de Molly, que jamais dissera nada, exceto "Sim, sr. Maxwell", e "Não, sr. Maxwell", para mim, no escritório!

Assegurei a Molly que não devia se preocupar. Dera minha palavra a sua mãe e a manteria. Realmente a cumpri, mas fiquei terrivelmente amedrontado quando descobri como era difícil fazer isso. Se Molly não me houvesse levado até Beardmore, a quem fiz minhas confidências, duvido que agüentasse. Eu perguntava a Molly, a cada duas horas na semana seguinte, se ainda pretendia se casar comigo. Ela me respondeu que, se tentasse me furtar, ela me processaria por rompimento de promessa e me obrigaria a cumpri-la. Como não fosse um viciado há muito tempo, consegui me livrar relativamente bem, mas sinto pena dos pobres diabos que são ébrios inveterados.

Como eu previra, a sra. Muckley enfraqueceu rapidamente e, certa tarde, quando eu estava lá, mandou Molly para fora da sala e me perguntou quando seria o casamento e onde me propunha instalar sua filha, depois que nos casássemos. Disse-lhe que tencionava morar em Cedar House e deixar minha mãe de posse da velha casa enquanto vivesse, mesmo que isso significasse gastar um pouco de capital. Ela me perguntou quanto demoraria para aprontar Cedar House, e respondi-lhe que calculava cerca de três meses. Ela achou que era tempo demais e indagou se eu não podia levar Molly antes disso. Assegurei-lhe que poderia fazê-lo a qualquer hora, caso ela não se importasse de se instalar em meus aposentos. A sra. Muckley afirmou que isso lhe tiraria um grande peso da consciência e quis saber se eu não conseguiria arranjar-lhe uma guia de internação no hospital, pois já não suportava mais. Perguntei-lhe quando desejava ir. Ela respondeu que não lhe cabia escolher; teria de ir quando houvesse um leito. Aconselhei-a a deixar as coisas comigo; se ela pudesse estar pronta na manhã seguinte eu cuidaria da mudança. Ela achou estranho que eu pudesse ter tanta certeza; porém, em qualquer caso ficaria pronta.

Na manhã seguinte bem cedo, fui com meu carro, como prometera, e a levei para o hospital particular, onde arranjara um quarto também para Molly. De forma que a sra. Muckley terminou seus dias confortavelmente. Era uma doce alma. Muckley ficou em casa para cuidar de um problema particular relativo à criadagem; eu mesmo já descobrira que esse problema é insolúvel.

A sra. Muckley morreu daí a duas semanas. Molly e eu estávamos com ela na ocasião. Ela revelou que morria feliz, deixando Molly a meus cuidados. Calculei que, se ela soubesse o que eu estava passando – tentanto me manter afastado do uísque, dependendo de Molly para impedir-me de fazer algo desesperador – ela teria pensado que calçara a bota no pé errado.

Causou sensação em Dickford ver-me de cartola e casaca no coche, à frente do funeral, com Molly, Muckley e uma tia cacete.

O pessoal da cidade estivera pronto a acreditar no escândalo, mas nunca nos rumores sobre o noivado. Quando passamos em frente à nossa casa, notei que os estores das janelas do quarto de minha irmã estavam abaixados, bem como os do resto da casa, que haviam sido puxados em atenção às minhas ordens. Achei que esse era um sinal de cortesia, mas depois descobri que ela ficara com uma forte dor de cabeça, de puro despeito, quando percebeu que eu compareceria ao funeral como pessoa da família. Descobri também que ela vomitara o jantar. Isso não deixava de ser uma homenagem, embora de tipo ambíguo, mas mesmo assim uma homenagem.

Levei Molly para ver minha mãe, que a confundiu com uma das garotas assistidas por minha irmã. Perguntou-lhe se tinha sido crismada e se estava disposta a entrar para o serviço divino. Entretanto, mamãe foi bastante agradável com Molly; poderia não ter sido, se soubesse que se tratava de sua futura nora. Como se diz, tudo está bem quando termina bem.

Em seguida fui visitar o vigário. Ele era anglicano ritualista e não apreciou a idéia de um casamento na quaresma. Perguntei-lhe se esperava que vivêssemos em pecado até a Páscoa. Seja como for, não iríamos fazer isso, e se ele não quisesse oficiar o casamento, nesse caso optaríamos por um casamento civil. De forma que ele cedeu e falou que não se importaria, desde que houvesse tranqüilidade. Afirmei-lhe que poderia apostar que, diante das circunstâncias, o casamento seria tranqüilo. Ele me disse que, na sua opinião, eu estava tratando minha irmã de forma excessivamente brusca. Respondi-lhe que vivíamos num país livre e que ele tinha direito à sua opinião.

A inspetora da casa de saúde insistiu em que o casamento saísse de lá, e as enfermeiras se entusiasmaram, pois todas amavam Molly. Tivemos um grupo de convidados incrivelmente divertido. Minha mãe não era esperada, pois não saía de casa há anos. Minha irmã foi convidada mas não disse se viria ou não. Esperávamos em Deus que não viesse, e, afinal, ela não compareceu. Convidei os Treths, e Molly convidou umas amigas e a tia enfadonha. O garção do "George" apareceu na igreja, e o levamos conosco para o almoço de casamento no hospital. Scottie saiu de casa, muito fraco, para ser meu padrinho, arriscando a vida, e voltou diretamente para a cama, logo depois da cerimônia. Ele ficou contente demais com o casamento, para minha imensa surpresa, pois isso significava que ele teria de contratar uma nova secretária.

Levei Molly para o Grand, em Dickmouth, para um fim de semana de lua-de-mel. Isso era tudo o que podíamos nos permitir, por causa da ausência de Scottie no negócio. Caí de cama com um ataque de asma, assim que entramos pela porta do hotel. Que lua-de-mel para Molly! Trouxe-a de volta logo que consegui me movimentar – talvez um pouco antes disso, para falar a verdade.

Para chegar a meus aposentos, onde viveríamos até Cedar House ficar pronta, tínhamos de passar pelo vestíbulo. Ora, nossa casa é uma propriedade de dois andares, comprida, de frente dupla, com os escritórios à direita da porta da frente e a parte residencial à esquerda. A porta da rua está sempre aberta, e a verdadeira porta de entrada fica dentro do vestíbulo, de frente para aquela que dá para os escritórios.

Quando chegamos ao quarteirão onde morávamos, vi nosso funcionário principal na esquina, fazendo sinais para mim. Parei para saber o que ele pretendia. Avisou-me de que minha irmã estava simplesmente fazendo um inferno, e que achava que ela enlouquecera. Os funcionários gostariam de nos ter feito uma homenagem de boas-vindas, mas ele concluíra que haveria problemas. Portanto, julgou que o mais sensato a fazer seria fechar a loja e mandar todos embora, a fim de deixar que lavássemos a roupa suja em particular, tanto quanto fosse possível. Concordei inteiramente com ele e levei-o junto com Molly para a pequena casa onde morava, a fim de que esperassem até que a briga terminasse. A seguir, voltei para enfrentar minha irmã.

Assim que ela ouviu a chave na porta, saiu e desandou a falar. Chamou-me de mentiroso e de ladrão; chamou Molly de prostituta vulgar e disse que eu pegaria dela uma doença venérea. Como agradeci a Deus pelo fato de Molly não estar ali! Jamais conservo o bom humor depois de um ataque de asma; bati em Ethel, dando-lhe uma bofetada *à la* Muckley – na boca – e a fiz voar longe. Em seguida, busquei um pedreiro e tapei a porta com tijolos. Trouxe minha noiva para casa em paz. Entretanto, não foi uma noite pacífica, pois tive mais asma e um ataque do coração, como acontece depois de uma briga. Que volta ao lar para a criança! Minha irmã foi obrigada a remover os detritos, a usar a porta dos fundos e a se justificar o melhor que pudesse com as visitas. E resolvi nunca mais falar com ela.

No dia seguinte, o advogado que minha irmã e minha mãe costumavam freqüentar – um cavalheiro para o qual nunca vi utilidade – pediu-me para ir encontrá-lo. Parece que minha irmã permitira que as empregadas subissem para observar o espetáculo, de modo que havia testemunhas da agressão. Ethel tinha um lábio cortado. (Se fosse por isso, eu tinha os nós dos dedos feridos.)

A seguir, ele me perguntou que providências eu havia tomado em favor de minha irmã, agora que me casara. Eu lhe respondi que não tomara nenhuma. Ela poderia prosseguir como até então, enquanto minha mãe estivesse viva; depois, eu daria a Ethel três *pounds* por semana para ela viver em qualquer lugar, exceto em Dickford. O advogado disse que ela não aceitaria. Comuniquei-lhe que se tratava de pegar ou largar e que, se ela causasse problemas, nem isso obteria de mim. Ele me entregou um documento para assinar, no qual eu passava a casa para ela, toda a mobília e metade dos meus interesses no escritório. Perto dele, na escrivaninha vi uma petição para uma citação em juízo. Mandei-o para o inferno!

No dia seguinte, fui premiado com uma citação por agressão. Minha irmã colocou-me diante das autoridades locais, junto com outros bêbados, pessoas que haviam dirigido bicicletas à noite sem acender faróis e outros que mantinham os cães sem licença. As criadas testemunharam contra mim com grande prazer. Segundo elas, eu havia nocauteado minha irmã e depois pisado nela. A única dificuldade era que não concordavam quanto ao lugar onde eu a pisara. Tampouco minha irmã pôde mostrar vestígios de marcas de pé; e se o que as testemunhas disseram fosse verdade, ela deveria se parecer com um dálmata humano, tantas as luxações. Portanto, os magistrados desconsideraram a história do pisoteamento, embora afirmassem, com razão, que eu indubitavelmente socara minha irmã na mandíbula. De modo que fui intimado a fazer um tratado de paz.

Com exceção de alguns de meus camaradas, a cidade tomou o partido de Ethel. Para rematar, Muckley perseverantemente

251

espalhou a história de um casamento forçado. Assim, Molly e eu fomos excluídos da sociedade. Ora, eu havia deixado de beber; tanto se me dava, portanto, ir ao clube ou ao "George". E Scottie mantinha-me cuidadosamente afastado dos clientes, caso contrário eles poderiam achar que suas casas estavam sendo conspurcadas. A única pessoa que ficou do lado de Molly foi a tia enfadonha; até mesmo as duas amigas sumiram depois da agressão. A tia ficou mais grudada em nós do que cola, porque a ajudávamos bastante. Não sei se ela merecia isso, mas ela certamente precisava de ajuda, e talvez esse seja o melhor direito que alguém pode reivindicar.

CAPÍTULO XXIX

Dessa forma, Molly e eu iniciamos nossa vida matrimonial — eu nos meus alojamentos habituais e Molly nos de Sally, no andar térreo, pois não havia sentido ela dormir comigo; ninguém que não estivesse narcotizado toleraria uma situação daquelas, pois quando estou doente respiro como um buldogue. E, nas ocasiões em que estou bem, posso ir até o quarto dela. O lado lunar das coisas sumiu, como se nunca tivesse existido.

A restauração de Cedar House era lenta. Havia uma porção de consertos a fazer. Não que eu reclamasse por causa disso, pois não pagara quase nada pela casa. Além do mais, havia uma classe de construtores que retinham o material. Para ser franco, talvez eu carecesse de energia para apressá-los, já que construtores funcionam à base de estímulos. E depois, eu queria mobiliar a casa no estilo Queen Anne, e essas peças tinham de ser adquiridas aos poucos. Acho que eu não estava mostrando tanto interesse pelo negócio quanto devia. Dessa forma, a situação prolongou-se até o outono e ainda continuávamos em cima dos estábulos. Depois disso, as condições climáticas impediram o trabalho.

Não havia muito para uma garota ativa como Molly fazer nos meus aposentos de solteiro, especialmente agora que havia a criada para auxiliá-la e que nos servia bem. De modo que Molly se ofereceu para ajudar um pouco Scottie, quando ele voltasse ao trabalho depois da Páscoa. Assim, ele não precisaria contratar uma nova secretária durante sua convalescência. Assim, Molly foi trabalhar. A única diferença entre seus dias pré-nupciais e agora era que ele não lhe pagava o salário e ela não me chamava mais de sr. Maxwell. Na verdade, Molly nunca me chamava de nome algum. Os rodeios que fazia para evitar de falar comigo ou de me chamar de Wilfred eram notáveis.

253

Naturalmente seu padrão de vida melhorara. Eu não a maltratava como Muckley costumava fazer; nem a chamava freqüentemente à noite, como fazia sua mãe. Minha profissão também não exigia que eu sacrificasse animais no meu quintal, pelo menos não com um machado, embora ouse dizer que tenha encurtado uma boa porção de vidas de forma indireta. Scottie achava que colocar uma grade no Inferno o transformaria numa residência aceitável. Molly lia bastante e ambos éramos adeptos do rádio; tínhamos o hábito de ligá-lo até mesmo à hora das refeições. Pessoalmente, acho que o que salvava a situação, do ponto de vista de Molly, era mantê-la no trabalho. O que salvava a minha situação era a sra. Muckley. Há que se respeitar uma promessa feita a uma agonizante – existe a força do juramento. Eu não desejava chegar às portas do céu com um nariz de pimentão, tendo de prestar contas dos meus relacionamentos com Molly a Deus.

Eu tinha a esperança de que haveria filhos para nos divertir, mas as perspectivas quanto a isso não eram promissoras. Trata-se de uma coisa estranha, mas quando as pessoas não estão livres de encargos, os filhos parecem nascer quase que de forma espontânea. Porém, quando a melhor coisa a fazer é formar um família, não são gerados filhos. E tentarmos forçar a natureza nesses assuntos é contraproducente.

Acredito que Molly era mais feliz quando eu tinha um dos meus ataques. Algumas vezes, ela tomava minha mão nas suas, e me olhava com uma expressão estranha no rosto. Não podia perguntar o que significava aquela manifestação, pois não conseguia falar, e esse não é o tipo de coisa que se deva questionar depois, a sangue-frio. Pelo menos, eu não posso. Eu era horrivelmente tímido, e Molly muito reservada; o progresso, portanto, era bastante lento. As condições que estabelecêramos seriam certas para certos casais em seu dia dourado de núpcias, mas eram uma porção bem magra para uma garota como Molly. "Maltratada, a primavera não volta mais." Eu sentia muita pena dela. Minha própria juventude fora desperdiçada, e eu sabia como era isso. Mas o que mais eu podia fazer? Eu nada tinha para oferecer!

Eu sabia por experiência própria, com Morgan, o que podia significar o relacionamento entre um homem e uma mulher. Nada resultara do meu amor por Morgan. Eu tinha consciência de que nunca poderia resultar qualquer coisa daquele amor. Ainda assim, esse amor iluminara toda a minha vida. E por toda a dor que dele resultou, eu não o teria perdido por nada. Havia algo que deveria surgir num casamento e que estava faltando entre mim e Molly; apesar de que não fizéramos nada que não devêssemos fazer, segundo a Bíblia, e esta é bastante explícita. O que quer que fosse, como eu disse anteriormente, nunca houvera paixão. No entanto, desde a primeira vez que vi Morgan, não apenas me incendiara de desejos, como também lançara faíscas de paixão. Não se tratava de algo somente físico; também não era algo apenas ligado às emoções. Nada tinha a ver com o intelecto e, certamente, não era espiritual. Então, o que seria?

Agora eu podia compreender por que o velho Coke fugira com sua beldade artificial. Certo dia eu estava na doceira comprando uns doces para Molly, quando a garota me disse:

— Acho que o nosso passeio de carro já não será mais possível, não, sr. Maxwell?

— Você precisa perguntar isso à minha mulher — respondi, e ela riu à socapa.

Tanto faz, ela não iria mais longe, embora eu preferisse cortar-lhe a garganta e a minha também a fazer uma coisa dessas com Molly, que eu respeitava muito. Mesmo assim, reconheci que ela debochava do meu estado, como fazia parte de sua profissão. Apesar de pensar tanto em Molly, era estranho que aquela moça me deixasse inteiramente imperturbável, ainda que beldades artificiais me afetassem. Isso era um mistério para mim. Sem dúvida, era a última coisa que eu podia esperar.

É fácil ver como a Natureza usa os animais. Gostamos de pensar que somos melhores do que muitos pardais, mas eles são dirigidos por princípios inteiramente diferentes, que não possuímos. Basta observar um pardal macho para chegar a essa conclusão. A Natureza nos empurra por trás, e chamamos a isso de romance. Falamos em paixão, como se o amor ocupasse um lugar no espaço, como um tanque para patos. Enquanto isso, as fontes do amor estão em nós mesmos e transbordamos quando a pressão atinge um certo ponto, nem sempre com a devida atenção para a conveniência do recipiente. E se o resultado for uma tragédia culpamos tudo, menos a Natureza. Há uma boa porção de Natureza na natureza humana, como Freud assinalou.

O velho Coke tentara suplementar sua carga de reações junto à embaladora da doceira e, conseqüentemente, o lado social de seu casamento naufragou, — como qualquer pessoa, exceto um tolo, deveria saber. Por outro lado, sem haver encostado um dedo sequer em Morgan, eu fora fertilizado espiritualmente. Sabemos que é preciso haver entrega e receptividade no plano físico para o óvulo se transformar numa criança. Mas parece que deve ocorrer algo estranho, nos planos mais sutis, para um casamento dar certo.

Deixei meu cérebro zonzo ao tentar descobrir o que Morgan estivera pretendendo. Sabia que ela tivera em mente uma idéia bem-formulada do que desejava realizar e que considerava sua amizade por mim como o ponto crucial de todo o negócio. No que me dizia respeito, houvera um terrível bocado de vivissecção; porém eu sabia, pelo teor de sua última carta, que Morgan pensava que tudo havia dado certo.

Morgan, deliberadamente, fizera com que eu me apaixonasse por ela; isso estava claro. Não que isso lhe desse muito trabalho, Dickford tem poucas atrações a oferecer em troca. Contudo, Morgan poderia ter-se esquivado, se quisesse. Causava-me estranheza que não o tentasse, pois ela era gentil e nunca faria o que fez por vaidade. Eu tinha a sensação de que ela se furtara de me ferir de forma proposital, porque tinha em vista um objetivo elevado, como o do Sacerdote da Lua quando a tirou da Atlântida.

* * * *

Aproximava-se nosso primeiro Natal, e eu o receava. Era o aniversário do passamento de Morgan — não posso chamá-lo de morte, pois nunca tive a certeza de sua morte — e, na minha mente, os sinos de Natal e os cantos estavam todos associados àquele tempo. Além disso, eu precisava fazer algo de festivo para Molly. Fôramos completamente excluídos da sociedade local. De modo geral, não me importo com isso e acredito que nem ela tampouco, uma vez que estava acostumada — primeiro por causa do pai e,

256

depois, por causa do padrasto. Mas perto do Natal, esses fatos pesam, ao vermos todos trocando votos de paz e boa vontade, e sermos excluídos deles. Penso que se minha irmã me houvesse convidado para a festa das suas garotas daquele ano, eu poderia até comparecer, mas não com Molly! Ethel não conseguia me perdoar por eu não ter sido preso apesar de havê-la agredido.

Entrei no Banco a fim de tirar algum dinheiro para a época festiva e o caixa me informou que o gerente desejava me ver. Gostaria de saber para quê. Talvez minha irmã tivesse me acusado de fazer algum saque a descoberto. Ela era bem capaz disso!

O gerente pôs a cabeça para fora do seu aposento particular e disse:

— Olhe aqui, Max: seja lá o que for que você pôs na caixa forte, criou bolor. Gostaria que tirasse a coisa de lá, ou que pelo menos a limpasse.

Desci com ele para o subsolo e lá, numa prateleira, estava o pacote embrulhado em papel marrom que eu depositara com ele, naquela noite, há um ano atrás. Embolorara, por certo. Estava assentado no meio de uma poça de sudação que se formara, cheio de fios de bigodes em todas as gamas de cinzento.

— O que vem a ser isso? – perguntou ele.

Contei-lhe do que se tratava. Ele vociferou:

— E o que aconteceu com as safiras?

— Acho que estão largadas em qualquer canto do escritório numa caixa de papelão – respondi. – A menos, é claro, que Muckley as tenha retirado quando estive fora. Terei de procurá-las.

A seguir, o encarregado arranjou uma pá e arremessou o que restava do pacote na fornalha.

Voltei ao escritório a fim de procurar as safiras. Revirei tudo, as escrivaninhas, o cofre. . . Começava a pensar que Muckley se apoderara delas quando as descobri na prateleira em que guardávamos nossos apetrechos de fazer chá. Levei-as para casa e ofereci-as como presente de Natal a Molly, uma vez que não sabia o que lhe dar. Já a presenteara com tanto chocolate que acho que ela teria ficado enjoada se lhe desse mais. Além disso, resolvi manter-me afastado de beldades artificiais, bem como do uísque. Eu não gostaria que a história se repetisse.

257

Não quis ver Molly abrir o pacote, que ela desembrulhava sem dar mostras de tê-lo reconhecido. Por isso, fui até a janela e fiquei admirando a paisagem. Pela voz do rio, podia adivinhar qual era a maré na baía. Era fim de preamar e as águas começavam a refluir. Lembrei-me de que as algas marinhas estariam se agitando lentamente em volta das rochas do cabo; quando a maré enchesse o canal, estariam sendo arrastadas pela correnteza, para outro caminho. Então ouvi Molly perguntar:

— Já leu a carta?

— Não — respondi.

Aproximando-se, ela colocou a carta na minha mão. Continuei a olhar pela janela.

— Leia — disse ela. — Terá de fazê-lo, Wilfred.

Era a primeira vez que a ouvia me chamar pelo nome, e isso me despertou. Olhei para a carta. Não havia dúvida quanto à caligrafia. Vira-a muitas vezes nos recibos e instruções, desde que chegara como um adolescente desajeitado ao escritório de meu pai, quando o pai de Molly fechou a escola ao se separar da esposa. Comecei a ler.

"Para a mulher que receber as safiras:

"A alma de um homem veio ter às minhas mãos. Agora a entrego nas suas. Para conseguir algo que necessitava, sacrifiquei este homem. Se fiz corretamente o meu trabalho, o fardo da humanidade talvez esteja um pouco mais leve; a estrada não será tão difícil para os que vierem depois. No entanto, isso não ajudou esse homem.

"Se puder tornar-se sacerdotisa do grande princípio espiritual que jaz por trás da feminilidade, será capaz de ajudá-lo. Medite sobre a Lua; ela despertará a sua feminilidade e lhe dará poder. Possa a Grande Deusa abençoá-la e ajudá-la."

— Entendeu a carta? — perguntou Molly.

— Parte dela — respondi.

Ela tirou-me a carta das mãos e, segurando as safiras, foi para o seu quarto. Continuei a olhar pela janela. Não me sentia animado nem deprimido. Apenas desistira da vida, por considerá-la um mau investimento. Nada se podia fazer a respeito.

Minha única preocupação era Molly. Sentia-me mortalmente triste por sua causa.

258

Quanto a mim, apenas me entregara como um elástico rompido. "Se maltratada, a primavera não volta mais."

Naquela tarde, levei Molly de carro para ouvir os hinos natalinos na igrejinha de Starber. Era nosso primeiro Natal e tínhamos de comemorá-lo. Não queria ir à igreja de Dickford, especialmente por causa do vigário.

À medida que nos dirigíamos pela estrada, através dos pântanos, ouvíamos o som dos sinos na nossa frente e atrás de nós — os sinos de Dickford se distanciavam aos poucos e os de Starber ficavam cada vez mais audíveis. Bell Knowle erguia-se à nossa esquerda, e havia névoa em volta do pico e também nos baixios.

Molly rompeu o silêncio. Eu não falo enquanto guio. Com efeito, jamais falo muito.

— Não se sentirá bem enquanto não sair de Dickford — disse ela.

— Não posso sair, Molly — respondi. — É onde ganho o meu sustento.

Depois disso, viajamos em silêncio. Ao longe, entre nós e o mar, ficava a árida rampa de terra da nova estrada costeira que o conselho da cidade estava construindo. Devo confessar que me aborreço ao ver aquela rude e tosca cicatriz no meio dos pântanos, que rompe a paz ancestral. Suponho que essa construção em forma de faixa se estenderá desde aqui até Dickmouth.

Aproximando-nos, entregamos aos Treths o peru de Natal. Ficaram surpresos e, como não esperavam o presente, haviam se arranjado com um faisão. Assegurei-lhes que podiam contar com um peru todos os anos. Treth balançou a cabeça.

— Não estaremos por aqui no ano que vem; pelo menos é o que espero — disse ele.

O lugar era isolado demais para os dois. A sra. Treth queria morrer perto dos cinemas e das lojas. Haviam decidido voltar à velha casa de Truro, local em que moravam todos os seus parentes. Ele pretendia visitar-me logo depois dos feriados, para me pedir a inclusão dos negócios da fazenda em nossos livros contábeis. Isso parecia destruir o último vínculo que me ligava a Morgan; mas, de certa forma, não me importei. Ultimamente, nada me importava muito; acho que esse não era um sintoma muito saudável.

259

Ao regressar de Starber, já noite, Molly me disse:

— Por que não abrir uma filial em Dickmouth? Não há mesmo serviço suficiente para você e o sr. Scott no escritório. Dickmouth é um bom lugar.

— Trata-se de um buraco imundo, que odeio. Tudo asfalto e casas de moradia: palhaços no verão e vento no inverno.

— Por que não compra a fazenda dos Treths e vamos morar lá? Você poderia ir a Dickmouth com muita facilidade quando a nova estrada estiver pronta.

— Não gosta da idéia de morar em Cedar House?

— Não me importo. Posso ser feliz em qualquer lugar; mas você seria mais feliz na fazenda.

— Molly, como sabe?

— Andei conversando com a Lua e ela me contou.

O que Molly andara dizendo para a Lua ou o que esta lhe respondera, não sei, pois isso ela jamais me confidenciou. Mas se foi a metade do que ouvi da Lua quando fiz amizade com ela, deve ter sido inspirador.

Devia tanto a Molly que, nessas raras ocasiões em que me fazia um pedido, sentia que não podia recusar, embora deva admitir que detestava a idéia de morar na fazenda. Achava que todo tipo de recordações seria despertado. Além do que, isso significaria não mais me tratar com Beardmore, que liberalmente me enchia de morfina, para me tratar com o médico de Dickmouth, que era contrário a isso. Entretanto, confesso que, de um modo ou de outro, sobrevivi às crises, pelo menos até agora. Atrevo-me a dizer que, quando me habituar, isso não será tão mau.

Portanto, comprei a fazenda dos Treths e Molly cuidou da mudança. O fato me lembrou a mudança da sra. Muckley para o hospital. Molly instalou novos escritórios e contratou dois funcionários. Tratou dos anúncios, apressou os homens que deveriam remover a mobília. Obteve êxito até mesmo em conseguir que o velho Bindling subisse as montanhas para trabalhar, embora ele não pudesse descê-las. Bindling não era mais o mesmo desde que perdera o filho, mas seu capataz o animava, assim como Molly fazia comigo. Por fim, tudo o que precisei fazer foi dirigir o carro de Dickford à fazenda, com Molly a meu lado, e as íris no banco traseiro, pois Molly arrancara metade do jardim de Cedar

260

House e o estávamos levando conosco. Inteiramente ilegal, é claro, pois eu vendera Cedar House para o nosso Muckley, que se casara com uma viúva rica. Que Deus o ajude! Mas ele não entendia nada de propriedades, assim como não entendo nada de porcos. Tanto faz. Se Muckley conhecesse a natureza humana melhor do que eu, teria prestado mais atenção a Molly, enquanto esta cuidava dos meus interesses.

Molly tinha razão: invadiu-me uma sensação de alívio assim que chegamos à fazenda. Era como se me fosse tirado um peso dos ombros, e a asma melhorou de imediato. Havia passado toda a minha vida em Dickford, jamais saíra de lá por mais de uma quinzena. Todas as minhas repressões e frustrações tinham-se acumulado à minha volta, como uma espécie de lixo psicológico. Creio que existe uma cidade no Tibete que é considerada a cidade mais suja da terra. É que todas as pessoas jogavam o lixo nas ruas, até que o monturo ficou mais alto do que as casas. Era isso o que acontecia comigo em Dickford.

Vi fazendeiros nos campos mudarem o tipo de galinheiro para que todos os frangos ficassem mais livres. De forma muito astuta, Molly modificou o meu galinheiro.

Na fazenda, tudo era realmente muito mais bonito. Os dois contrafortes de Bell Head, onde ela ficava, protegiam-nos dos ventos constantes e deixavam o sol entrar pelo lado sul. Treth já havia plantado uma boa porção de choupos prateados, que logo nos protegeriam do sol do verão. E havia cercas de ciprestes, de crescimento rápido, que nos resguardariam dos ventos do inverno. Estávamos num daqueles dias de primavera, nos quais o sol aparece com mais força e o efeito geral era maravilhoso. Em razão disso, Molly parou de desfazer os pacotes para andar por ali comigo. Caminhamos até os vinhedos, a fim de constatar como as pequenas videiras haviam suportado o inverno e se tinham sobrevivido, para manter sua reputação de intrepidez. Pobre criança! Molly estava pateticamente entusiasmada. Sabe Deus que havia pouco com que se alegrar, mas creio que nunca fizera nada parecido antes. Portanto, acho que isso representou muito para ela.

O mato cobrira por completo as pequenas videiras e nem mesmo os brotos apareciam, de modo que não pudemos ver como estavam. Mas as ervas acinzentadas e aromáticas eram as mesmas, no inverno e no verão. Apanhamos e esmagamos nas mãos as folhas da primeira, em seguida as folhas das outras; e degustamos seu sabor aromático, doce e perfumado a limão. Então, sentamo-nos no banco formado pelo ângulo do rochedo e contei a Molly sobre os terraços constituídos pelos declives, que eram usados para cultivar vinhedos, quando o clima da ilha era mais quente.

Mostrei-lhe como se podia diferenciar esses terraços das dunas de margens áridas, usadas para afastar os lobos. Ela adorou isso tudo. Não sei se estava especificamente interessada em arqueologia, mas gostou de me ouvir falar com tanta animação. Eu conversava tão raras vezes com ela, pobre garota!

A seguir, sem saber o que me levara a fazê-lo, contei-lhe a razão pela qual as especiarias eram cultivadas junto com as vinhas, e sobre como eram maceradas no vinho. Molly disse que gostaria de preparar a receita quando as pequenas uvas estivessem maduras; e pediu-me para escrever solicitando a receita à sra. Treth. Prometi-lhe que o faria, embora, reservadamente, julgasse que minha promessa à sra. Muckley, de me abster de bebidas alcoólicas, corria imenso perigo.

Então, comecei a contar-lhe como era o país nos velhos tempos e apontei-lhe o leito original do rio Dick, que podia ser visto pelo brilho da água parada. Da mesma forma que Morgan, ela notou a linha reta e regular do cais no meio das curvas sinuosas dos cursos de água. Contei-lhe sobre a caverna de Bell Knowle e sobre os sacerdotes, sobre os sacrifícios ao mar e sobre o culto antigo. Molly ouviu tudo como se fosse uma criança de dois anos de idade. Eu não estava exaltado, nem tampouco deprimido, embora esse fosse o último assunto que teria abordado com impassibilidade, se compreendesse o rumo que a conversa estava tomando; contudo, estava imensamente concentrado em tudo isso e me animei, tornando-me outra vez o meu velho eu mesmo, transformando-me na pessoa que eu costumava ser com Morgan. Todo o meu antigo entusiasmo voltou. Falei a Molly sobre o quarto cheio de livros e papéis que Morgan deixara para mim, e que teríamos de arrumar assim que estivéssemos instalados. É provável que houvesse uma porção de material interessante no meio deles, e o descobriríamos quando o organizássemos. Disse a ela como descobrira a caverna de Bell Knowle numa visão, e como Morgan a vira num cristal. Mostrei-lhe a dobra no flanco da montanha que eu pensava ocultar uma caverna. Molly ficou assustadoramente impressionada e perguntou se não podíamos comprá-la e escavar. Respondi que não, que seria melhor deixar tudo como estava. Além disso, estava enjoado daquela caverna e contei-lhe sobre o meu último momento em seu interior.

Senti, então, que havia rompido uma barreira, embora Molly, querida alma generosa, não considerasse o fato deste modo. Expliquei-lhe como a sacerdotisa do mar não havia sido uma mulher para mim, mas todas as mulheres. Uma espécie de princípio feminino que os homens idealizaram como uma deusa.

Molly me olhou com estranheza.

— Era isso o que Morgan dizia na carta. Ela recomendou que eu deveria me imaginar como essa representação impessoal do princípio feminino.

— Sim, ela o fez — disse eu, concentrando-me.

Em seguida, ouvimos soar o gongo chamando para o almoço na fazenda distante, e encetamos a descida. Molly escorregou na superfície solta e íngreme; amparei-a com o braço para firmá-la, mas ambos escorregamos juntos até a base do declive.

— Meu Deus, como o ar marítimo fez bem à sra. Maxwell! — guinchou a ajudante ao voltarmos para casa.

— Mas não é mesmo?! — exclamei também.

Acho que se eu não fosse tão horrivelmente tímido, teria beijado Molly. Como ela estava adorável servindo a primeira refeição em seu novo lar! Entretanto dei um jeito de acariciá-la nas costas, de forma bastante espontânea e sem qualquer motivo específico.

Mais tarde, à noite, comecei a examinar os papéis de Morgan. Por mais de um ano eles haviam permanecido fechados em um dos sótãos que os Treths não ocupavam. Jamais fora capaz de tocar neles. Agora, no entanto, estava ansioso para tê-los comigo, pois não pareciam mais recordações de uma perda irreparável, mas mensagens de uma amiga. No meio deles, encontrei a letra de algumas das canções que Morgan cantara para mim. Também encontrei a letra de algumas canções que Morgan não cantara. Mostrei todas elas a Molly e falei-lhe acerca da estranha cerimônia que Morgan representara antes de ir embora, ou antes de morrer.

263

Cantei para ela tudo o que podia lembrar da melodia. Tratava-se de uma melodia estranha, com determinada extensão de notas, subindo e descendo em quartos de tons; apenas algumas frases musicais monótonas, repetidas inúmeras vezes com intensidades diversas. E que música envolvente! Kipling fala em "vivissecção científica de um nervo até que este fique em carne viva". Tratava-se disso: era um mantra – um mantra ocidental.

Ficamos acordados conversando até quase uma hora da manhã. Comecei a narrar-lhe a história da antiga Atlântida. Falei-lhe sobre o modo como treinavam as sacerdotisas – de como não atendiam às suas inclinações, mas juntavam-nas aos seus parceiros, quando julgavam necessário. E disse-lhe qual fora a atitude de Morgan sobre o assunto: ela não considerava a personalidade o elemento mais importante, e sim a força. Contei-lhe como eu mesmo alcançara esse ponto e que achava que nunca mais o atingiria outra vez; contudo, certamente podia ver que a força importava tanto quanto a personalidade. Tive suficiente tato de nada mencionar a Molly; mas, à luz da nossa conversa, compreendi que a Afrodite falsificada da loja de doces era, sem dúvida, uma transmissora da força, embora não tivesse em absoluto, uma personalidade louvável; enquanto que Molly era uma personalidade adorável, mas não transmitia força. Atingiu-me estranhamente o fato de que a segunda geração quase tenha sido deixada na prateleira da Loja de Doces.

Foi a própria Molly quem definiu a situação.

– Acho que fomos educados bem demais! Só depois que li a carta de Morgan é que compreendi que se deve fazer tudo por um homem, exceto amá-lo e procurar por ele.

Foi então que percebi qual era o problema. A vendedora de bombons, que pela aparência certamente não fora educada, sabia como transmitir seus encantos, ao passo que Molly e a mãe não sabiam. Pois era óbvio que a mãe não sabia mais do que a filha, uma vez que não conseguira segurar o marido. Portanto, não pudera ensinar à filha as malícias de um relacionamento, e a gorata tornou-se o que Havelock Ellis denominou de eroticamente inculta. Essas habilidades devem vir por instinto, como caçar ratos é instintivo nos gatos. Creio que essas aptidões são instintivas, porém eduque-se uma criança, mantendo-a afasta

264

da do erotismo durante todo o tempo, e isso produzirá um estado de virgindade crônica com o qual ninguém poderá fazer nada. E pessoas como o velho Coke precipitam-se sobre uma vendedora de bombons e os chamamos de devassos. No entanto, assim como a esposa, ele também tinha seus problemas. O que de fato se necessitava era de um filme de Mae West para instruir a velha vovó. Mas essa não seria uma solução prática.

Deus sabe que não gosto de ir a cinemas. Prefiro ler novelas baratas sentado na cozinha, nos fundos da casa. Todavia, é inegável que esses filmes elevaram o padrão da imoralidade feminina.

Comecei a entender que isso aplicava-se a Molly, assim como Morgan dissera sem rodeios, e sem fazer cerimônia, que a iniciativa emocional devia caber à mulher. E que uma mulher recatada não toma esse tipo de iniciativa.

É natural que a modéstia seja uma proteção, quando não se deseja atrair atenções, mas mulher que for permanentemente modesta será uma negação em matéria de casamento. Acho que foi George Robey quem falou sobre um tipo de mulher que se pode abandonar num banco do parque depois do anoitecer, enquanto se vai tomar um aperitivo, e descobri-la ainda à espera, ao retornar. Ora, de que serve uma mulher assim? Afinal, pode-se contratar uma cozinheira, pode-se arrumar uma governanta e pode-se telefonar para a agência, a fim de obter uma enfermeira. Para que se casar com mulheres assim?

Por minha vida fiquei imaginando como falar sobre isso com Molly. E era necessário discutir o assunto. Mas, ela deve ter tido uma intuição, pois disse:

— O que acontecerá se eu meditar sobre a Lua?

Respondi-lhe que não sabia. Ela devia tentar e verificar. Eu faria tudo para ajudá-la.

Agora eu começava a entender o valor de uma educação nos moldes clássicos. O velho Coke, embora **ele mesmo** fosse um bacharel, ministrara-nos aulas de currículo estritamente moderno, julgando ser uma grande vantagem em Dickford. E todos os rapazes que estudaram com ele podiam esperar ter de ganhar seu sustento por caminhos não convencionais da vida. Eu apenas estudara latim suficiente para ser capaz de captar o sentido das notas de

265

rodapé no Gibbon, notas que, embora esclarecedoras, não eram excitantes. Se, contudo, você aprender a ler os clássicos no original, desenvolverá um ponto de vista que corrige, de forma bastante eficaz, a moralidade que existe em lugares assim como Dickford. Às vezes, relaciono esse fato com as faixas de "Perigo" existentes na ferrovia, as quais consistem em observar com atenção as "normas principais de segurança"; isso, conseqüentemente, atrasa uma porção de trens, ou vários dos trens nem correm. Há certos códigos que só podemos honrar se não os levarmos em consideração.

Portanto, deixei Molly solta, à vontade, na livraria Loeb para prosseguir como quisesse; e ela se modificou de forma notável durante as poucas semanas que se seguiram.

Foram dias bastante cansativos, pois Molly estava certa quanto à possibilidade de abrir uma agência imobiliária em Dickmouth. Não tive nem tempo nem energia para dedicar-lhe, mas éramos muito mais felizes juntos. Permiti que ela lidasse com os papéis e livros de Morgan, pois confiava inteiramente nela.

O que Molly descobriu não me disse; para falar a verdade, esqueci de perguntar. Eu estava megulhado até os olhos no trabalho de persuadir, adular, chantagear e intimidar o pessoal do Conselho Municipal de Dickmouth, a fim de que se pusesse em prática o Ato de Planejamento da Cidade antes que esta se enchesse por toda parte de bangalôs. A seguir, eles viraram a mesa: tentando manhosamente me obrigar a manter boas relações com o Conselho, e antes que eu soubesse o que acontecia, tornaram-me patrono da cidade. Sombras da ovelha negra de Dickford! Nunca trabalhei tanto em toda minha vida. Nem houve tempo para prestar atenção à minha asma, que teve de se arranjar sozinha.

As coisas corriam bem melhor para mim. Eu era considerado um homem de ação e não uma ovelha negra. Todos os locadores de alojamentos e de hospedarias pareciam precisar de alguém que lhes desse um empurrão para reconstruir o lugar sem que a prosperidade o estragasse; e eles davam mostra de considerar-me o seu homem. Num instante de arrebatamento até mesmo sugeriram que eu me candidatasse ao Parlamento, no interesse do Partido Socialista, apesar de eu não saber por que suspeitariam que eu tivesse tendências socialistas. A não ser que fosse por eu dar um puxão na perna do vigário; se alguém faz isso numa cidade do

266

interior, acredita-se que é adepto da anarquia. É provável que esse fosse o motivo pelo qual me aceitaram como membro do Clube do Trabalho em Dickford. Talvez tenha sido por isso e pelo fato de eu ser um incorrigível camarada das pessoas erradas. Na realidade, não tenho tendências, seja de que tipo for.

Fez enorme diferença ser bem visto uma vez na vida. Eu não sabia, enquanto não rompi esse círculo vicioso, o que significava uma atmosfera constante de antagonismo e desaprovação. Até me rebelar, sempre fora considerado mais ou menos um imbecil. Minha família era responsável por isso: ela estava convencida de que eu nunca poderia crescer; e, a menos que me visse seguro em cada uma das mãos, eu me sentaria na poça mais próxima e sujaria as calças. Acho que deve haver algo, uma enorme força dentro de mim, pois mantive viva a minha autoconfiança, apesar de mais ninguém confiar em mim. Se as pessoas de uma cidade inteira se sentam à sua volta, falando, insistindo constantemente que "a cada dia que passa você está ficando pior", isso terminará por afetá-lo. De qualquer forma, foi assim que obtiveram resultados em Nancy. As pessoas compreenderam as possibilidades existentes na psicoterapia, mas não entenderam o que se pode fazer analisando o comportamento psicológico anterior da pessoa — o que, na minha opinião, é o mesmo que colocar veneno nos poços.

Assim, de modo geral, a vida andava melhor sob todos os aspectos. Minha asma estava melhor e, conseqüentemente, também a minha disposição de ânimo; portanto, as coisas ficavam mais fáceis para Molly. Agora, ela não tinha mais tempo de ouvir rádio, pois quando eu voltava para casa era a mim que ela escutava.

Eu ultrapassara a terrível sensação de perda e de frustração que me abalara quando perdi Morgan, embora ainda sentisse falta das coisas que para mim tinham algum significado. Apesar de as coisas correrem de forma bastante decente entre mim e Molly, aquele algo inexplicável nunca se incendiara, como acontecia quando eu estava com Morgan. Muitas vezes eu costumava conversar com Molly sobre aqueles dias. Eles tinham valido a pena, ainda que não tivessem durado muito. Molly não sentia nenhum ciúme de Morgan, o que eu achava maravilhoso, e costumava me encorajar a falar, porque dizia que isso a fazia pensar.

Uma vez tendo começado a falar, eu não precisava mais de muito encorajamento. Percebi que Molly estava assimilando tudo isso, mas não imaginava como o que lhe contava lhe pudesse servir.

CAPÍTULO XXX

Chegamos ao começo do verão, e Molly e eu acordamos cedo no dia 24 de junho. Subimos ao topo de Bell Head a fim de ver se o sol de fato nasceria sobre Bell Knowle e se poderia ser avistado através do pilone. Certificamo-nos, com bastante convicção, de que podia e de que o prolongamento dos seus raios chegava diretamente até o cabo. Pela primeira vez, levei Molly até lá e mostrei-lhe a mesa de rocha onde eram acesas as fogueiras do mar. A mesa estava começando a aparecer na água pouco profunda, à medida que o nível da luz solar incidia sobre a duna. Então, descobrimos que duas das casamatas ainda estavam repletas de cedro e de zimbro. Disse-lhe que transportaria a madeira de volta à fazenda e que nós a queimaríamos. Molly perguntou-me se não seria de propriedade da Companhia Nacional. Respondi-lhe que isso era provável, mas que o "que o olho não vê o coração não sente". Do ponto de vista ético, a madeira era minha e eu me sentia pouco inclinado a gastar tempo ou dinheiro com a argumentação legal, já que ouvira tantos mexericos. Em seguida, voltamos para casa a fim de tomar café, do qual já estávamos necessitando. Fui ao escritório, onde me aguardava, por ser um patrono da cidade, uma horrível recepção carnavalesca. Jogaram uma quantidade considerável de confetes no meu pescoço, o que me enfureceu. A beldade que fez isso não era outra senão a minha vendedora de bombons, mas não me senti atraído a acompanhá-la. Desviei-me para uma rua lateral, desabotoei o colarinho e me sacudi. Era evidente que eu fizera bastante progresso desde os dias de Dickford.

Assim, cansado da tolice geral, e como nenhum negócio pudesse ser tratado no meio daquela loucura, fechei a loja e corri até Bristol, onde uma decente sobriedade paira permanentemente sobre o local, como uma névoa. Fui encomendar a próxima entrega de sândalo com o tibetano. Perguntei-lhe de onde provinha. Ele, porém, apenas esboçou um sorriso. Perguntei-lhe se viera das montanhas. Seus olhos se iluminaram e ele anuiu. Em seguida, voltei à fazenda, e Molly ficou assustadoramente intrigada com o pau de sândalo. Ela era uma jovem mulher metódica: contratara um fazendeiro e já transportara o outro material. De forma que, quando a friagem noturna apareceu sobre o mar, fizemos uma pequena fogueira de Azrael na sala de estar. Sentamo-nos juntos, observando-a, e Molly me contou sobre o que andara fazendo enquanto eu estivera ocupado demais para dar-lhe atenção. E, talvez, para falar a verdade, eu estivesse era cansado de mim mesmo.

Molly estivera comungando com a Lua, como Morgan a instruíra, e obtivera uma porção de resultados; mas descobrira, como eu, que eram abstratos demais para ter utilidade prática. Contei-lhe sobre o truque das imagens mágicas e como elas nos permitiam obter um ponto de apoio e, embora elas pudessem não ser fundamentais, eram úteis. Ela me perguntou se não seriam alucinações. Respondi-lhe que sim, provavelmente seriam, mas que nada havia contra elas enquanto fizessem seu trabalho. Então, conversamos sobre o Sacerdote da Lua, e percebi que falava dele como se fosse tão real como Morgan e os Treths. Ambos sentimos sua presença enquanto falávamos. Molly perguntou se ele agitaria cartas no nosso nariz, como os Mahatmas fizeram com a Madame Blavatsky. Respondi-lhe que esperava que não. Por um dia eu tivera coisas suficientes jogadas sobre mim. Pelo seu comentário, avaliei que Molly estivera empregando bem o seu tempo, lendo os livros de Morgan.

Então, pela primeira vez desde o passamento de Morgan, apanhei um lápis e comecei a desenhar. Desenhei o Sacerdote da Lua para ela, da forma como me recordava dele no meu quadro marinho: sentado no trono dos profundos palácios do mar. Seus olhos adquiriram vida, mesmo em preto e branco, exatamente do jeito como acontecera anteriormente. Mas, de certo modo, não pude fazer as ondas curvas que se haviam arqueado sobre ele como um céu. Em vez disso, de cada lado, em suas mãos, estavam os grandes pilares da polaridade que ficam na entrada, em forma de pórtico do templo do Rei Salomão – os pilares Negro e Prateado – e, sobre suas colunas, descansavam as esferas terrestre e celestial.

O fogo de Azrael queimava lentamente na lareira e ruía em cavernas de chama, como acontecera nos tempos de Morgan le Fay, com a cinza pálida do zimbro brilhando dourada no meio das chamas. Pensei no forte, e me surpreendi ouvindo, de forma inconsciente, o som do mar batendo nas rochas, incansável como sempre, lá no cabo. Mas, em vez de esse som vir através da janela aberta, outra voz do mar, que nunca ouvira antes chegava até nós – era um murmúrio e um leve roçagar sobre o cascalho grosso, à medida que a maré se fechava em volta da estreita língua de terra na qual ficava a fazenda.

Achei que tudo ali era diferente do forte e, ainda assim, estava tomando vida própria. Ali havia mais do elemento terra e menos do elemento mar do que no cabo, assim como havia mais terra em Molly do que em Morgan. Embora se tratasse de terra cósmica, lembrei-me de que a Grande Deusa tanto rege a lua como a terra e o mar. Molly jamais seria uma sacerdotisa do mar, como Morgan; mas nela estava despertando algo da mulher primordial, e esse algo estava começando a corresponder à minha necessidade.

Em sua doação desprendida, incansável e corajosa, estava a mãe eterna. E a criança eterna que existia em mim se entregou a ela. Era um começo, mas não era suficiente. Eu jamais teria sido fiel a ela sem lutar, se isso fosse tudo. Mas havia mais do que isso: nós estávamos encontrando o caminho.

Contudo, parecia haver um grande golfo aberto entre nós, assim como as realidades invisíveis que buscávamos; e, a menos que pudéssemos atravessá-lo, estávamos destinados a perecer. Acho que Molly também sentia o mesmo, pois falou dessas impressões com uma espécie de desespero, que me recordou um peixe esfaimado, debatendo-se contra o vidro de um aquário. Sentamo-nos e ficamos conversando na penumbra, quando o fogo diminuiu. Havia necessidade de alguma coisa que nos arremessasse sobre aquele golfo, mas não sabíamos do que se tratava. Na escuridão que se adensava, permanecemos sentados observando o fogo e nos calamos.

271

Do lado de fora, o mar se agitava sobre o cascalho, pois era noite de maré cheia. Podíamos ouvir o rumorejar e o sussurro das ondas rebentando, aproximando-se cada vez mais. Nunca haviam soado tão próximas antes: parecia que chegavam até o muro do jardim. Eu estava a ponto de me levantar para ver o que se passava quando ouvi os sinos na água. Soube que não se tratava da maré terrestre que estávamos ouvindo.

Um longo raio de luar entrou através da janela aberta, descortinada para a noite amena, e o brilho do luar e da luz do fogo eram muito estranhos e ofuscavam os olhos. O luar incidiu sobre o fogo e fê-lo parecer uma opala no meio das cinzas. A fumaça espiralada e suas sombras tomaram a aparência de criaturas contorcidas surgindo dos carvões. Lembrei-me dos contos medievais sobre as salamandras.

O cheiro das madeiras aromáticas continuava a nos envolver em lufadas, e parecia-me que o fogo devia estar fumegando intensamente. Enquanto isso, o som do mar encheu o aposento até que este zumbisse como uma concha. Algo fantástico estava prestes a acontecer. E Molly sabia disso tão bem quanto eu.

Então, de súbito, vimos que, onde o luar incidia na fumaça, uma forma se elaborava; a fumaça não subia mais em espirais lentas, mas caía em dobras, como vestimentas. Eu a observei surgir na parte dianteira da chaminé, como se o fogo estivesse fumando. Em seguida, vimos emergir uma cabeça e ombros do amorfo cinzento macio. E o Sacerdote da Lua estava diante de nós, como tantas vezes o vira com os olhos da mente: tinha a cabeça raspada e a ascética face de águia. Seus olhos eram escuros e brilhantes e possuíam muita vida. A luz do luar e a fumaça eram amorfos, mas os olhos não.

Ele começou a falar, como o fizera no ritual do forte. Se o ouvíamos com os ouvidos interiores, se o víamos com os olhos da alma, ou se eram os olhos e ouvidos carnais que o percebiam, não sei. Parecia-se mais com um devaneio do que com qualquer outra coisa; e, ainda assim, era tão nítido e bem-formado como um diamante.

Percebi que era com Molly que falava e que eu era um mero espectador. Lembrei-me de que em tempos mais remotos, nos quais a Grande Ísis era cultuada, as mulheres eram mais dinâmicas, e que não foi senão quando a corrupção imperou no mundo pagão que os sacerdotes assumiram todo o poder.

E, enquanto estava sentado ali, ouvindo a voz que vinha das sombras e observando Molly a ouvir, pensei na Casa das Virgens da antiga Atlântida. Lembrei-me de como os antigos sacerdotes deviam ter falado desta mesma maneira com as jovens sentadas a seus pés sob as árvores de incenso, nos pátios murados em volta dos tanques de lótus. Eles lhes diziam o que se esperava delas, como isso devia ser feito e por quê. Em seguida, falavam-lhes sobre a jornada que empreenderiam, encapuzadas, pelos subterrâneos, até o grande templo: a mocinha tirada silenciosamente do lado de suas colegas adormecidas, indo e vindo sem acordá-las. E me pus a considerar qual seria o modo mais sagrado de lidar com o sexo – aquele, ou o modo das monjas.

Ouvi a voz do Sacerdote da Lua prosseguindo mais e mais, falando com a sua jovem sacerdotisa, e pareceu-me haver mergulhado outra vez no mesmo estado em que ficara quando viajei no Barco dos Mortos em águas infernais. Fiquei imaginando se, quando voltasse, veria Molly brilhar em tons dourados como acontecera com Morgan.

A fala rítmica do sacerdote fazia algo vibrar dentro de mim. Eu gostaria de saber como Molly estava aceitando aqueles acontecimentos. A garota permanecia deitada em sua cadeira baixa, olhando fixamente, com arrebatada atenção, para a forma nevoenta que se erguia sobre ela, resplandecente, de olhos faiscantes no meio das sombras. Pois isso é algo que uma pessoa entende mais ou menos, de acordo com o conhecimento que tiver.

— E, assim mesmo, como a Rainha de Hades é a filha da Grande Mãe, da mesma forma surge a dourada Afrodite do Grande Mar, doadora do amor. E ela também é Ísis, de outra maneira.

— O equilíbrio está baseado na inércia até que o espaço exterior reestabeleça esse equilíbrio, e o Pai Perfeito se derrama para saciar a fome do espaço. Estranhas e profundas são essas verdades; de fato, elas são as chaves para a vida dos homens e das mulheres, desconhecidas para os que não cultuarem a Grande Deusa.

— A Dourada Afrodite não vem como uma virgem, a vítima; mas vem como a Despertadora, a Desejosa. Como o espaço exterior, ela chama, e o Pai Perfeito começa a corte. Ela O desperta para o desejo, e os mundos são criados. Eis Afrodite, a Que Desperta. Como é poderosa a Afrodite Dourada, a que desperta a virilidade!

A voz interrompeu-se. E pensei nos disfarces da dourada Afrodite, que rege como divindade em bares e docerias, e lembrei-me das palavras que estão na Tábua de Esmeralda: "Como em cima, assim embaixo", e pensei como a criação e a procriação se refletiam uma à outra.

Então a voz recomeçou:

– Mas tudo o que existe é uma coisa só. Todas as deusas são uma só deusa, e nós a chamamos de Ísis, a Mulher Perfeita, em cuja natureza se encontra tudo o que é natural; virgem e cheia de desejos, uma perspectiva de cada vez, doadora da vida e causadora da morte. Ela é a causa da criação, pois desperta o desejo do Pai Perfeito e, no interesse dela, ele cria. De forma semelhante, os sábios chamam todas as mulheres de Ísis.

– Que os homens procurem no rosto de cada mulher as feições da Grande Deusa, observando as suas fases através do fluxo e refluxo das marés às quais sua alma responde. Ouçam o seu chamado.

– Ó filhas de Ísis, adorem a Deusa e, em seu nome, façam o chamado que desperta e causa júbilo. Assim serão abençoadas pela Deusa e viverão a plenitude da vida.

O Sacerdote da Lua estava falando com Molly como se estivesse outra vez nos pátios do Templo do Sol e como se ela fosse uma virgem preparando-se para o ordálio que a tornaria uma Sacerdotisa da Lua.

– Agora este é o ritual do culto de Ísis. Permita que a sacerdotisa mostre a Deusa para quem a cultua. Deixe-a assumir a coroa dos mundos infernais. Deixe-a surgir gloriosa e dourada do mar primordial e chamar quem a ama, para que se adiante e venha até ela. Que ela faça essas coisas em nome da Deusa e ela será como uma Deusa para ele, pois a Deusa falará por meio dela. Ela será todo-poderosa no íntimo, como Perséfone coroada, e todo-gloriosa no Exterior, como a Afrodite dourada. Dessa forma, será uma sacerdotisa aos olhos do que cultua a Deusa, que por sua fé e dedicação encontrará nela a Deusa. Pois o rito de Ísis é vida, e o que é feito como um rito deverá se manifestar na vida. Pelo ritual, a Deusa é trazida para seus adoradores; seu poder os penetra e eles se tornam a substância do sacramento.

O sacerdote silenciou e ficou olhando para Molly, como a se perguntar o quanto ela teria entendido e o quanto ela poderia fazer ou faria; pois a jovem continuava deitada de costas na cadeira, deslumbrada e desamparada. Apenas os olhos dela lhe respondiam.

Em seguida, o luar esmaeceu e uma lufada de vento da praia silenciou o mar. Estávamos sozinhos na escuridão, Molly e eu, pois o Sacerdote da Lua se fora. Ficamos sentados em silêncio nas trevas, durante um longo tempo.

Desse silêncio, comungando com as coisas amorfas, voltamos sabendo uma porção de coisas. Tomei Molly nos braços de um modo como nunca fizera antes e, de súbito, algo fluiu entre nós como uma luz calorosa, envolvendo-nos numa só aura de maneira que nossas vidas se permearam, e intercambiaram, e nos estimularam e, em seguida, fluíram de volta para cada um de nós. Lembrei-me do fluxo e da troca de força que ocorrera no ritual em que tomara parte com Morgan. Apenas permanecemos em pé, ali, calados diante do fogo, agora imersos num opaco brilho avermelhado. Não podíamos ver um ao outro, quase inconscientes um do outro. Então, de repente, senti o que Molly estava deixando fluir de forma tão desprendida, em sua doação para mim, e soube que era o mesmo que Morgan invocara deliberadamente com o seu estranho conhecimento. E soube que aquilo fazia uso da ignorante e inocente Molly, pois as condições de sua alma eram adequadas, por ela ser mulher e por estar apaixonada.

CAPÍTULO XXXI

Duas coisas resultaram do trabalho dessa noite, as quais pude ver claramente: em primeiro lugar, que o Sacerdote da Lua pretendia vir até nós, como viera para Morgan le Fay, quando esta era a dama de companhia da srta. Morgan, a primeira; e, em segundo lugar, que ele pretendia usar Molly como eles usavam as sacerdotisas da Lua na Atlântida. Eu gostaria de saber de que modo Molly, que havia sido criada pela sra. Muckley, aceitaria esse fato; e – por Deus! – esperava que ela já tivesse pago sua quota de pecados quando sua educação começou.

Nossas convenções têm estereotipado de tal forma a polaridade existente entre um homem e uma mulher, que ela se solidificou, e ninguém sabe como transformá-la. Mas o que desejamos da parte do casamento que permanece oculta, por trás do véu – é uma mulher dinâmica que venha em nome da Grande Deusa, consciente do seu sacerdócio e orgulhosa do seu poder. É essa autoconfiança que falta na mulher modesta.

Essas são informações vitalmente importantes, e nós as temos esquecido. Acho que era para trazê-las de volta que Morgan le Fay e o Sacerdote da Lua estavam trabalhando. Contudo, não bastava que Morgan le Fay agisse, pois ela não era, segundo penso, de nossa evolução ou época, porém uma enviada de outro lugar. Era necessário que aqueles de nossa própria era ou raça agissem. Alguém tinha de abrir caminho para os que viessem depois. Alguém teria de descobrir, no casamento, não apenas uma função animal ou um remédio para o pecado, mas um sacramento instituído divinamente para a descensão do poder. E, nesse sacramento, a mulher deveria assumir o seu antigo lugar de sacerdotisa do ritual, chamando do céu os relâmpagos; a mulher teria de ser a iniciadora e não a iniciada.

E, com esse propósito, eu precisava aprender a receber, o que não é fácil para um homem, pois ele não admitirá a sua necessidade, desejando ser auto-suficiente e ser sempre o doador. Contudo, Deus sabe que não é assim. Se há alguma coisa que o homem não tem nesta terra de Deus, é auto-suficiência. Molly e eu devíamos inverter a polaridade convencional em nossa relação íntima, antes que nossa união se iluminasse para nós. Molly teria de transformar-se na sacerdotisa da Deusa, e eu adorador, ajoelhado, teria de receber o sacramento de suas mãos. Isto um homem pode dispor-se facilmente a fazer, quando está apaixonado por uma mulher; então, o matrimônio se transformará para ele, automaticamente, num sacramento.

Não pode existir qualquer tipo de grandeza que seja puramente pessoal e um fim em si mesma. Quando o corpo de uma mulher é transformado num altar para o culto da Deusa, que é toda beleza e vida magnética; quando o homem se entrega num culto, num sacrifício, sem reter nenhuma parte do preço, mas entregando-se por amor, por ver em sua parceira a sacerdotisa que serve com ele no culto; nesse caso, evocada pelos seus adoradores, a Deusa entra no templo com pombas voando ao seu redor. É porque não temos fé que não vemos a Deusa por trás da mulher e não a invocamos. E é porque as mulheres não compreendem a santidade da Grande Ísis que elas não têm respeito pelas dádivas que entregam ao homem.

Mas, se o casamento é um sacramento, como assevera a Igreja, isso acontece em virtude de ele ser o sinal exterior e visível da graça espiritual. Essa graça, porém, não é a do Crucificado, mas a da Grande Ísis, doadora da vida na terra. Blasfemamos ao denominarmos o matrimônio de remédio para o pecado – ele é um rito de evocação, e o poder que se evoca é o da Vida. Trata-se do rito da adoração da Beleza que, junto com a Sabedoria e a Força, forma os Três Pilares Sagrados que suportam o Céu superior.

Existe um misticismo na Natureza e em seus poderes elementais, assim como existe o misticismo do espírito. E esses não são dois fatos separados, mas dois aspectos de uma mesma realidade, pois Deus é manifestado na Natureza e a Natureza é a auto-expressão de Deus. E, quando damos as costas ao natural, não só negamos o presente de Deus, que existe para ser usado, mas também negamos a Sua glória.

De nenhum outro modo podemos adorar melhor a Deus do que na santidade do ato da criação, que entrega o Seu presente de vida. Uma função animal e um remédio para o pecado não devem ser mais santificados do que uma evocação de toda a beleza que existe na alma do homem e na expressão do seu amor. Essas são verdades sobre as quais não se tem muita certeza, mas é preciso que sejam conhecidas.

Dia após dia, à medida que a força da lua atuava sobre Molly, vi-a transformar-se de uma pessoa tranqüila, confiante e fiel, muito doce mas completamente sem encantos, numa edição de bolso de Morgan, com a mesma vitalidade e magnetismo e o mesmo tom de voz flexível e semelhante a um sino. Essas são, ao que parece, as características que a força do luar outorga às mulheres.

Também notei a mudança das marés lunares em Molly, fluindo e refluindo como as marés do mar, nunca duas vezes iguais. E aprendi porque é um direito dela presidir ao culto como uma sacerdotisa a cargo do santuário, pois somente ela conhece o rumo das marés da lua. As marés do homem são as marés do sol, mudando apenas com as estações; em condições civilizadas, essas marés mudam tão pouco que deixam de ter importância.

Nesses dias, não havia apenas duas pessoas na fazenda, mas três, pois Molly e eu constantemente sentíamos a ida e a vinda de alguém que provinha de uma outra esfera. E na penumbra, quando o luar caía sobre a fumaça da madeira, víamos, ou pensávamos ver, formar-se a figura enevoada. Nós a construíamos com nossa imaginação a partir das sombras, assim como se vêem rostos no fogo, como Morgan ensinara; e, aos nossos olhos, eles se tornavam vivos e falavam, pois não estávamos imaginando uma fantasia, mas a sombra do que é real; e o que era real descia e imprimia-lhe alma. Acho que foi assim que os deuses sempre se manifestaram aos seus adoradores.

E, noite após noite, evocado pela fé e pela fantasia, o Sacerdote da Lua vinha até nós, assim como viera para Morgan le Fay, quando essa era uma mulher pobre que envelhecia — trazendo o pão e o vinho que se transformavam em estranha vida e vitalidade. Pois esse era o trabalho que se propusera a fazer e esses eram os segredos que trouxera da perdida Atlântida, naquelas esquecidas eras em que chegou às Ilhas do Mar com os navios dos Reis do Mar – o segredo da regeneração, e a regeneração pelo vinho da vida, que é o vinho da lua, o Soma.

Falou-nos sobre a remota Atlântida e suas perdidas e esquecidas artes, e sobre o conhecimento que, pervertido em mal, foi destruído por um cataclisma para que a terra fosse limpa. Contou-nos como, sabendo previamente do desastre, viajara para as Ilhas do Mar, levando consigo os seus livros; e que essa foi a origem da lenda do Graal, pois, como era costume, uma roupagem cristã fora dada à velha tradição.

Contudo, os corações dos homens se tornaram mais uma vez malvados, e o conhecimento foi recolhido, para que a tragédia da Atlântida não se repetisse; mas podia ser que agora esse conhecimento retornasse para que se pudesse encontrar outra vez um caminho. E ele o encontrara, em parte através de Morgan, e havia começado com este trabalho e o adiantaria tanto quanto fosse possível.

Mas Morgan, como eu sempre soubera, era um ser estranho: no coração, tanto era homem quanto mulher, como o são os adeptos mais elevados. Por essa razão, não podia entregar-se numa relação sexual; e, embora fosse buscar o Graal no Monte Salvatch e o transportasse para a praia, ela não andaria por caminhos humanos, mas permaneceria uma sacerdotisa para sempre, chegando à borda da água no ponto mais avançado das águas paradas, estendendo o seu Graal à espera. Esperaria até que o seu chamado fosse ouvido, e que alguém viesse; ela colocaria o Graal em suas mãos e voltaria outra vez para o mar. Lembrei-me de como Morgan sempre velara a sua face, como a Grande Deusa a quem cultuava, sempre que tivesse a oportunidade de visitar o continente. E apenas mostrava suas feições lá fora, na duna rodeada pelo mar, a uma milha da costa.

Noite após noite, à medida que a fumaça da madeira subia do Fogo de Azrael, erigimos a forma do Sacerdote da Lua nas sombras flutuantes até que se tornasse real para nós, do modo como o éramos um para o outro. E, embora soubéssemos que ele era constituído do mesmo material de que são feitos os sonhos, sua forma tinha consistência mental e era isso o que importava. E ninguém que sentisse essa consistência poderia pensar em alucinação.

279

Ora, o toque da mente do Sacerdote da Lua sobre as nossas é que tornava tudo possível. Sem ele, jamais teríamos êxito em conseguir qualquer coisa. Ele nos deu o impulso inicial, que permitiu que continuássemos e, por isso, ser-lhe-ei eternamente grato; e disso eu não cessarei nunca de dar testemunho, a despeito do ceticismo e do descrédito. Madame Blavatsky falou de seus Mestres, e suas palavras tinham o cunho da sinceridade, ainda que agitar cartas diante do nariz do povo não possua esse cunho — isso era feito, imagino, para impressionar os *polloi*, que naqueles dias eram excessivamente *hoi*. Não presenciamos nenhum fenômeno, Molly e eu, mas tivemos a sensação do toque telepático e da presença do poder. Afinal, se a telepatia e a sobrevivência são fatos, parece não haver razão para os sobreviventes não poderem comunicar-se telepaticamente, mesmo que a exibição de cartas fosse motivo de discussão. Quanto a mim, antes preferiria essa sensação de telepatia profunda e estimulante influência, a qualquer quantidade de evidência objetiva.

Mas o Sacerdote da Lua não podia cruzar o golfo para chegar até nós, como não seríamos capazes de cruzá-lo para chegar até ele. Seria necessário descobrir um estratagema pelo qual conseguíssemos nos encontrar a meio caminho, nos abismos do ar. Esse estratagema era a arte das imagens mágicas, pelas quais visualizávamos muito mais a forma, do que olhávamos para os reinos interiores. Diante disso, o sacerdote projetava a vida com o poder da sua mente; assim, sentíamos o toque da telepatia onde não havia nenhum homem, e ouvíamos as palavras que ninguém pronunciava, pois essa comunicação telepática atravessava o golfo nas asas da fantasia — o jumento que carrega a arca, como se diz nos antigos Mistérios.

Bem, era muito estranho que eu — que podia visualizar o Sacerdote da Lua quando quisesse, até ele parecer estar lá como uma imagem estereotipada — sempre tenha sentido que ele era uma sombra projetada por alguma outra realidade; enquanto que Molly, que não podia visualizá-lo, estava perfeitamente convicta de sua presença e realidade. Além disso, ela parecia comunicar-se com ele interiormente com tanta segurança como se estivesse ao telefone. Aprendi com o Sacerdote da Lua toda sorte de ensinamentos sobre a Atlântida e os antigos costumes da Bretanha. Mas ele não só ensinou Molly, como também a modificou. Observei essa mudança ocorrer diante dos meus olhos, até que, finalmente, o Sacerdote da Lua parecia pertencer muito mais a ela do que a mim. E fui eu quem a apresentou a ele!

Então, um dia, Molly me contou algo estranho. Ela disse que havia alguma outra coisa além do Sacerdote da Lua. Assim como tornáramos real para nós o Sacerdote da Lua pelo fato de pensarmos nele, ela estava tornando real uma deusa pelo fato de visualizá-la. E essa deusa era a Grande Ísis, na qual está concentrada toda a feminilidade. Então, aquietei-me novamente e deixei Molly por sua conta, e observei-a, pois tratava-se da sua vez de agir.

E, assim como ela confiava no Sacerdote da Lua, embora não entendesse sua psicologia, também tinha confiança na Grande Ísis, apesar de não entender a sua metafísica. E essa confiança é que A tornava real e A fazia aparecer, uma vez que o meu misticismo esclarecido não pudera fazê-lo.

Para Molly, ao menos a seus olhos, a visão estava se transformando em alguma coisa; e o resultado disso era que ela própria estava se tornando importante para mim também. Ela gostava de pensar em si mesma como sacerdotisa da Grande Ísis; e, dentro em pouco, eu também a estava considerando assim, pois os sentimentos dela me afetavam mais do que podia imaginar.

E comecei a entender o que Morgan comentara sobre haver se transformado numa sacerdotisa pelo fato de eu acreditar nela como tal. Mas tudo isso dependia de algo que não era apenas crença, pois Molly estava atuando como uma sacerdotisa e irradiando poder!

Com o passar dos dias, Molly tornou-se mais e mais segura de si mesma, à medida em que percebia as minhas reações, e começou a sentir que, como sacerdotisa, tinha o direito de invocar a deusa e, finalmente, atreveu-se a fazê-lo.

Naquela noite, veio do mar uma neblina que envolvia toda a estreita língua de terra onde ficava a fazenda, entre os pântanos salgados e a água da maré. Salvo pelo vulto enevoado de Bell Knowle, a terra desaparecera e a alta duna marítima havia sumido como a antiga Atlântida. Tudo o que restava dela era um eco surdo verberando e reverberando, à medida que o apito melancólico do barco-farol de Starber atingia a rocha oca. Estávamos isolados da terra. Somente o mar permanecia aberto para nós, mesmo assim, apenas quando uma ocasional mudança nas lufadas de vento descortinava longas trilhas marítimas na neblina, sob o brilho inconstante da lua, que estava baixa e prestes a se pôr. Era estranho ver uma trilha marítima tornar-se visível daquela forma. A água era toda prateada à luz do luar, e a neblina formava paredes de cada um dos lados, como os rochedos de um fiorde fantasma. Tratava-se de um caminho do mar parecido com a duna pela qual os velhos deuses devem ter viajado, vindos da lua e do que fica atrás da lua — do tempo e do espaço mais remotos, quando a terra e a lua eram ambas etéricas, ainda não-solidificadas em matéria densa e ainda não separadas uma da outra.

A maré estava subindo. Comecei a perceber que, com a preamar, Molly sempre parecia acordar, no que se diferenciava de Morgan, cujo poder aumentava quando a maré atingia o auge da vazante. Todavia, Morgan era uma sacerdotisa do mar, e Molly era uma sacerdotisa do cereal, do lar, o que é outro aspecto da Grande Deusa que ambas serviam, de diferentes modos.

Com a maré cheia dessa noite, Molly ficou mais inquieta e olhava constantemente através da janela, perscrutando a neblina. Ao abrir os vidros, deixava entrar a névoa no aposento, até que protestei, pois eu estava arquejante. Então, ela se retirou para a varanda e fechou a porta atrás de si, para que o *fog* não me incomodasse.

Molly havia saído há tanto tempo que fiquei preocupado e fui à sua procura. Ela não estava na varanda, nem no jardim da frente, separado do amplo pântano por seu muro baixo e descuidado. Súbito, fiquei em pânico; teria ela respondido ao chamado dos deuses do mar como Morgan? Colidi com o portão e desci através da neblina até a praia, chamando freneticamente por ela. Então, ouvi-a responder na névoa, e a tremenda sensação de alívio que senti fez-me compreender como a amava!

Encontrei-a lá embaixo, na pálida meia-luz, na altura em que as ondas se quebravam. Ela pôs sua mão pequena e quente na minha, e fiquei assustadoramente contente com isso; passei meu braço ao seu redor e desejei voltar com ela para casa, pois queria vê-la em segurança. Eu não queria correr mais riscos com os deuses do mar. Morgan jamais foi minha, em qualquer sentido, e eu não tive o direito de protestar quando eles a chamaram, mas tive de suportá-lo o melhor que pude. Porém Molly me pertencia, e quanto a isso não havia engano, e eu não aceitaria loucuras dos deuses do mar e de ninguém mais. Estava preparado para lutar por Molly e desafiar os céus, se necessário. Esse sentimento foi uma grande surpresa para mim, da mesma forma que fora uma surpresa descobrir que a vendedora de bombons tinha certa ascendência sobre mim. Não pretendo entender esse tipo de coisa; são muito estranhas.

Mas para Molly não havia surpresa. Ela me segurou com firmeza e fez-me estacar na linha da rebentação. Com asma ou não, porque pusera algo em andamento que era maior do que o meu temporário bem-estar, e tanto quanto Morgan, ela podia endurecer o coração. Vi que sobre a linha de algas secas que demarcava a preamar, ela construíra uma pequena fogueira de Azrael, de forma piramidal segundo a tradição, e que estava aguardando a aproximação da água para atear-lhe fogo. Notei também que ela trajava amplas vestes acinzentadas, e que as safiras de Morgan brilhavam sobre o seu colo e nos pulsos. Molly estava fazendo tudo da forma apropriada.

E pelo fato de ser verdadeiro para ela, tornou-se real para mim e me contagiou com sua emoção. Esqueci-me da asma e fiquei absorto no que estava por vir, observando o lento crepitar das ondas, ao rebentarem na areia, e a linha de espuma que se formava. As vagas aproximavam-se cada vez mais da praia, à medida que a maré subia, empurrando, na frente, as lânguidas ondas envoltas de névoa que pareciam esmagadas e enrijecidas demais pela densidade do ar para mover-se por vontade própria.

Dentro em pouco, o primeiro banco de areia, lavado por um vagalhão que se quebrou sobre ele, surgiu na proximidade das algas, e Molly ateou fogo à fogueira de Azrael. Ficamos olhando a lenha incendiar-se: as madeiras resinosas logo se transformaram numa pirâmide de fogo depois de sua longa estocagem no forte, durante um ano. A alga marinha também se queimou exalando um forte cheiro de iodo que parecia conter a antiga essência do bálsamo de todas as praias. E pensei nos marinheiros, com dourados brincos nas orelhas e barbas encaracoladas, que viajavam por terras distantes, que haviam dirigido seus barcos de proa elevada na direção de Ishtar's Beere.

Então, a gelada corrente de ar que existe em cada neblina abriu um caminho que ia direto desde o mar até a lua, e vimos o lento balouçar do mar tornar-se escuro e sombrio à medida que a maré subia no canal. Mas mesmo enquanto observávamos, o mar sentiu o chamado da lua, e a água tornou-se prata brilhante, quando a virada da maré interrompeu o ritmo das ondas. E admiramos a água, que chegara até a terra, transformar-se outra vez no grande abismo. As ondas haviam respeitado o fogo ateado por Molly: lamberam-no apenas, e o fizeram chiar, antes de se retraírem novamente, afundando-se de novo, lentamente, deixando um cinturão de areia molhada e de alga fresca para marcar o caminho.

Molly ergueu os braços formando os cornos da lua e invocou a Grande Deusa, como eu vira Morgan fazer. A lua estava baixa no ocidente, quase desaparecendo no horizonte, e aos pés de Molly estava o ardente fogo de Azrael. Além dele, o caminho prateado estendia-se sobre o mar até a perdida Atlântida. E pareceu-me que, ao chamado da jovem, vieram os deuses do passado e seus sacerdotes e adoradores, pois ela estava fazendo renascer mais uma vez o culto ancestral. Eu podia vê-los chegar em uma longa procissão sobre o mar, uma armada com bandeiras invocada por ela do Grande Abismo da Atlântida, onde jazia submerso o seu país. Aproximavam-se como se chegassem da antigüidade, subindo o caminho sinuoso e processional até o templo no alto da montanha, pois uma sacerdotisa de linhagem real os convocara para o culto.

Passaram entre nós dois, e foram pelos pântanos onde Bell Knowle erguia seu topo coroado de neblina para a noite e as estrelas. E Bell Knowle os recebeu. Entraram nas grandes câmaras da caverna onde se fazia a veneração, e Molly e eu fomos deixados a sós com a lua e o mar para fazer o culto maior, que é concretizado lá fora, no silêncio e na escuridão, junto da Natureza.

A lua baixou mais; o mar cortou o disco lunar e a névoa marinha juntou-se à sua volta como um halo dourado. Então, Algo pareceu tomar forma na escuridão e dirigir-se para nós através da bruma, movendo-se pelo caminho de prata aceso sobre as águas; e esse Algo era grande, de modo que Sua cabeça encontrava as estrelas, e estava inteiramente velado, oculto e disfarçado. Apenas víamos os pés prateados sobre o mar e eles eram semelhantes ao luar sobre a água.

E foi assim que Ela veio, Ela que é do Mar, ao lugar em que o mar se encontra com a terra. E nós esperamos que Ela chegasse. Ela parou à margem da linha em que a espuma se derramava, com os pés na água e a cabeça entre as estrelas, coroada por elas. Não havia Rosto que pudéssemos ver, pois está velada para sempre, mas sentimos o grande temor respeitoso, que alguns dizem acompanhar a vinda dos deuses e de ninguém mais.

Esse medo persistente pegou-me pelo coração, pela garganta e pelos olhos, como se fosse um aperto de mão. Minhas mãos começaram a arder e a formigar com uma força pulsante, e por trás dos meus olhos ela parecia irradiar-se como um raio. E passei a suar com a transpiração do calor dos deuses, que, como Morgan me explicara, sempre acompanha a Sua passagem. Minha respiração se acelerou, mas não devido à asma; eu fiquei rígido e comecei a tremer como um homem acometido de febres. Olhei na direção de Molly e vi que ela estava na ponta dos pés, estendendo-se na direção da sua Deusa como se estivesse flutuando entre a terra e o ar, como uma estátua congelada na dança, imóvel, ao mesmo tempo tensa e descontraída.

Em seguida, bem devagar, a Grande Ísis se voltou e, envolvendo-se mais com Seu manto, foi-se pelo longo caminho do mar, na direção do ocidente. A neblina fechou-se atrás Dela.

O mar recuou com a vazante e desnudou o lugar por onde Ela passara. Na areia, vimos poças prateadas que podiam ter sido marcas das correntes marítimas, mas que, nós sabíamos, eram as Suas pegadas. Assim, Ela voltou em silêncio, como viera, mas o lugar por onde andara era sagrado, estava cheio de poder. Algo tocara nossas almas, algo para ser respeitado, e resolvemos denominá-lo de a passagem da Deusa.

Então, soubemos que o que chamávamos de a Grande Ísis dignara-se responder à invocação da Sua sacerdotisa. Agora, o fogo do altar estava aceso no santuário que Molly havia varrido, ornamentado e arrumado com tanta fidelidade – o escrínio vazio do lar sem amor, para o qual eu a trouxera em minha tristeza, solidão e doença, e para o qual ela viera no interesse de um amor

285

maior, que não busca a sua própria satisfação, mas se completa na satisfação do ser amado.

Talvez tivéssemos a atuação do poder mágico nessas ocorrências. Na magia, segundo Morgan, não há poder exceto se houver sacrifício; exatamente da forma pela qual os deuses do mar tentaram me levar e levaram o pobre idota, antes de aceitarem o forte como templo. Do mesmo modo, a Grande Ísis exigira que Molly se deitasse sobre o altar dos sacrifícios; então, como o violento amuleto tribal que Abraão propiciou com a oferenda de Isaac, a jovem mantivera a vida, mas retomara a forma de carne. Assim, Ísis tomara Molly, e Molly o permitira.

Um horrível assomo de medo me percorreu. Uma vez mais eu podia ser intimado a sacrificar ao mar algo que estava se tornando essencialmente caro para mim. Por isso, eu disse ao mar de forma direta que, se ele tomasse Molly, teria de me levar depois dela. E pareceu-me que em algum lugar entre as estrelas ouvi um riso abafado, um riso prateado, e soube que a Deusa estava feliz, e que esse era o som da Sua alegria, pois eu ofertara um sacrifício aceitável, sem o qual nenhum acasalamento pode ser consagrado à Grande Deusa. Em toda união, a mulher faz a sua oferta, pois ela desce aos portais da morte para abri-los à vida que vai surgir; e acaso o homem não deve, a bem da justiça, reforçar a sua doação? Pois sem derramamento de sangue não há redenção, quer no parto, quer no campo de batalha. Ambos são crucificações, cada um de um tipo, e ambos são o poder redentor sacramentado por um ideal.

Em seguida, voltamos para casa. A terra sob nossos pés brilhava e era quente como a carne de um ente vivo, como certamente é. Afinal, não se trata do corpo de uma deusa?

A neblina recuou com a mudança de maré, pois uma brisa fria, que mudava de direção envolveu a terra e a levou embora para o mar. À medida que subimos a praia íngreme, ouvimos o ruído áspero das ondas no cascalho. As estrelas apareceram na noite azul do céu, pois a Grande Ísis havia se posto, mergulhando nas ondas em Seu caminho para a Atlântida, onde talvez mantivesse um conselho com Seus sacerdotes, sentados em círculo nos palácios do fundo do mar. Ela lhes falou sobre o surgimento, na terra, de Sua antiga sabedoria por meio de um homem e de uma mulher que, a despeito de inúmeras dificuldades, vieram a amar-se.

O mar, atrás de nós, cantava como uma orquestra. As ondas de cada baía batiam contra a estreita língua de terra onde ficava o nosso lar, como duas partes de um coral chamando e respondendo na nave de uma catedral. A altura piramidal de Bell Knowle erguia-se escura contra as estrelas — uma sentinela tomando conta dos pântanos — e a longa massa de Bell Head estendia-se para o mar. As luzes dos navios que subiam até a cidade de Bristol moviam-se lentas entre o céu e as águas. E na claridade que se seguiu à neblina, um brilho tênue aparecia no horizonte, provindo dos portos marítimos das cidades de Wales.

E então percebi como é trágica a vida árdua dos homens que trabalham nas brilhantes cidades superpovoadas que ficam nos vales cercados por montanhas escarpadas e rochosas. Nessas cidades, Afrodite Pandemos anda pelas ruas sórdidas. E, em pequenos santuários, fala-se de um semideus para homens carentes da verdadeira virilidade.

CAPÍTULO XXXII

Para sorte de todos os envolvidos, o dia seguinte era sábado. Fiel à tradição, a Grande Deusa manifestara-se no dia que lhe era consagrado — sexta-feira — assim chamado por causa de Freya, a Vênus setentrional. Como não houvesse muito o que fazer no escritório num sábado, fiquei em casa e acalentei minha asma, que não havia melhorado pelo fato de eu ficar sob a neblina marinha.

Passada a neblina, o dia estava ensolarado e ofuscante. A baía estava repleta de pequenas ondas agitadas, muito azuis. Enquanto caminhávamos a esmo, sobre a superfície das areias desnudadas pela maré, imaginei que esse lugar seria magnífico para criar filhos, se nós os tivéssemos. Não falei a respeito com Molly, por medo de ferir seus sentimentos, mas tive a impressão — pelo modo como fitava o mar — de que ela estava pensando na mesma coisa.

Olhei para Molly, quando ela se distraiu, e o fato de eu conhecê-la há tanto tempo e de nunca ter visto nela o que agora via, atingiu-me de uma maneira muito estranha. E fiquei imaginando se a mudança estaria nela ou em mim — talvez um pouco em cada um de nós, para dizer a verdade. O Sacerdote da Lua fizera bem o seu trabalho; o que ensinara estava nos colocando sobre nossos próprios pés. Ocorreu-me que isso daria segurança a muitas outras pessoas também, se elas tivessem acesso ao que sabíamos agora.

Escalamos a colina devagar — pois eu estava bastante sem fôlego — até os terraços de vinhedos. Ficamos sentados ao sol, no meio da duna, pois o sol é o que me faz mais bem quando a asma começa a me incomodar. As pequenas vinhas há muito haviam abandonado suas roupagens invernais, e seus pequenos botões lanosos haviam se transformado em bonitas folhas amareladas, cujas longas hastes apresentavam saliências diagonais. Não obstante, as vinhas me pareciam plantinhas melancólicas; mas Molly depositava esperanças nelas. Ela e a empregada cuidavam delas como se fossem crianças.

Olhamos para a terra cavada dos pântanos. Ela ficava nitidamente acima do nível das águas vivas, e apenas os diques impediam que o mar as inundasse quando chegava o tempestuoso vento da costa. Mas hoje não havia vento – apenas uma brisa suave – e observamos o feno, que não havia sido cortado, agitando-se em ondulações, como a água quando corre. Havia nesse lugar muitas cotovias, cujas canções chegavam até nós enquanto estávamos sentados sob as reentrâncias da rocha. Contei a Molly como vira, quando menino, os alicerces do antigo porto, abandonado por causa do recuo do mar.

Os pântanos pouco haviam mudado desde aqueles dias, e a vida antiga parecia estar à nossa volta no ar morno, sob o sol faiscante. Tornei-me consciente da continuidade da vida no país, passando de pai para filho nos lentos caminhos do comércio que, na verdade, jamais se modificara. A vida continua, a vida da raça, e somos tão-somente partes de um todo maior, pois a própria vida da raça é uma parte da vida de Ísis.

E pensei sobre o tempo em que os homens A cultuavam como a doadora da vida à raça, como a guardiã da sua continuidade. Eles davam o seu nome até mesmo a seus portos de mar, e fiquei imaginando os conhecimentos que haviam alcançado e que nós esquecemos, mas para os quais Morgan dera as pistas. E então, ela nos deixara para que os obtivéssemos por nós mesmos. Havia uma porção de ensinamentos no velho culto pagão – disso eu estava convencido. O vigário nunca nos dera conselhos, a Molly e a mim, sobre nossas dificuldades da maneira como o Sacerdote da Lua o fizera. Eu podia imaginar o rosto do vigário se o consultássemos sobre o assunto! Ele teria saído pelo teto do seu confessionário como um gato escaldado!

Estava muito agradável sob o abrigo fornecido pela quente rocha cinzenta. O calor do sol fazia as relvas recenderem e seu aroma assemelhava-se a incenso. Bem abaixo, as prateadas ondinhas quebravam-se no cascalho sussurrando, e o canto das cotovias subia através delas. Tirei o paletó e arregacei as mangas da camisa; fiquei tanto tempo exposto ao sol a ponto de ficar com a pele enrugada. Sentia-me bastante preguiçoso e muito amável. Lá fora, atravessando os pântanos, podíamos ver a nova estrada, onde os carros deslizavam como contas num cordão. Bem abaixo de nós ficava o teto de colmos de nosso lar, onde uma fumaça azul saía da chaminé. Uma lufada de vento nos trouxe um cheiro de pão assado. Instalado na casa, ao lado da lareira da sala de estar, havia um antiquado forno; nele se fazia um fogo de turfas, cujas cinzas eram recolhidas assim que ela se queimava, e então os pães eram postos a assar. Molly insistia em usá-lo, e devo admitir que ela assava um pão de primeira. De alguma forma estranha, parecíamos fazer parte da vida do pântano porque queimávamos turfa e cobríamos os telhados com colmos. Assim que me encontrava no meio dos cursos de água e dos salgueiros, sentia-me em casa, bem antes de chegar à fazenda. Bell Knowle e Bell Head eram as nossas duas sentinelas, guardando a terra e os canais de água do mar que chegavam até nós.

Então, descemos e almoçamos no jardim. As cercas de ciprestes, que cresciam como erva de São João naquele arenoso solo, já estavam suficientemente grandes para quebrar a brisa do mar que sopra constante, mesmo nos dias mais quentes, naquela língua de terra. Estávamos contentes com as cercas, pois todas as tardes a fazenda se crestava no brilhante calor que dançava nas planícies, até que, perto do anoitecer, a sombra da duna caía e a atravessava, à medida que o sol mergulhava no mar.

Levei Molly de carro até o forte para observar o pôr-do-sol, e naquela tarde ele foi magnífico. O mar era um lençol de ouro pálido. Ao longo do horizonte, havia massas baixas de nuvens cor de púrpura parecendo uma fileira de montanhas e, atrás delas, estendia-se um céu cor-de-rosa. À medida que o sol se punha, estranhos raios verdes, que surgiam assim que acabava o brilho, subiam da linha do mar, que se tornou cor-de-violeta e púrpura. Voltamos ao anoitecer e, ao atingirmos a crista da duna, com todos os níveis se estendendo debaixo de nós, vimos um maravilhoso segundo pôr-do-sol, parecido com a aurora no céu oriental. Podíamos ver o reflexo do sol no mar. Em seguida, descemos o caminho íngreme ao longo do rochedo com o motor desengrenado e daí ao nosso lar.

Armamos um Fogo de Azrael, embora fosse mês de junho, pois aqui fora, na costa, é sempre frio quando o sol se põe. Sentamo-nos perto dele e tagarelamos muito felizes, quase esquecidos de para que servem os Fogos de Azrael, até que uma curiosa sensação de reunião de força no quarto nos fez lembrar. Achei que havíamos tido agitação suficiente para uma lua cheia; porém, ao que parecia, os deuses pensavam de outra maneira.

Nada aconteceu, entretanto, mas talvez fosse em razão de a maré ficar alta uma hora mais tarde, nessa noite. E Molly me mandou para a cama, dizendo que os deuses podiam nos chamar se nos quisessem.

De forma que fomos dormir. Molly recolheu-se a seus aposentos, e eu, aos meus, pois ninguém de bom senso gosta de compartilhar seu canil com um buldogue, mesmo que o animal seja fiel e afetuoso. Meus hábitos noturnos passavam da conta, até mesmo para Molly.

No andar de cima, notava-se fortemente o odor do olíbano, do cedro e do sândalo. Até mesmo vi uma bruma sutil de fumaça azul flutuando no corredor e concluí que devia haver algumas fendas nas velhas chaminés e que Bindling não fizera tão bem o seu trabalho.

Meu quarto ficava na extremidade da casa que dava para o mar, e, à medida que a lua ia surgindo, sua luz entrava brilhando sobre a cama. Jamais teria fechado o luar do lado de fora, apesar de Molly acreditar que ele poderia prejudicar o meu sono. Deitei-me e fiquei observando a lua passar lentamente, cruzando a vidraça. Pensei nas outras aparições da lua que vira lá fora, no forte; e no caminho prateado que leva aos deuses do mar; e na minha viagem à Atlântida na companhia do Sacerdote da Lua; e no que ele tencionara dizer quando afirmou que minha dedicação havia sido aceita e o que resultaria dela. E, nessa ocasião, ali mesmo, renovei esse voto no meu coração. Mas, de certo modo, ele parecia vago e sem efeito. Assim, sentei-me na cama, ergui meus braços formando os cornos da lua, e renovei a dedicação em voz alta. O sinal exterior e visível fez com que parecesse efetiva, conquanto a oferenda sem palavras não o fosse.

Agora, o cheiro de fumaça aromática do Fogo de Azrael subia até o andar superior com mais força e comecei a ficar bastante preocupado; gostaria de saber se a chaminé defeituosa não iria atear fogo à casa. Então, lembrei-me de que havíamos apenas deixado um punhado de cinzas atrás de nós, quando fôramos para a cama, e que nessa fumaça havia qualquer coisa que nenhuma fumaça terrena podia conter. Comecei a calcular o que estava para acontecer. Estendi as mãos para sentir o ar e ver se estava desenvolvendo aquela friagem escorregadia, que viera ter ao forte na ocasião em que Morgan cumpriu o ritual. Mas, ao contrário, o ar estava surpreendentemente aquecido para aquela hora da noite, com uma sensação de calor seco, como o calor que existe num salão de banho turco; e a temperatura subia rapidamente. Comecei a me perguntar seriamente se a casa teria se incendiado e, se não seria melhor levantar para ver.

Naquele instante, a porta se abriu silenciosamente, e Molly entrou. Ela nunca viera ao meu aposento por conta própria, a menos que ouvisse que eu me debatia e concluísse que eu não estava bem. Fiquei imaginando se ela viera me despertar para avisar que a casa estava pegando fogo. Porém ela não falou, embora pudesse me ver sentado na cama, à luz do luar, e soubesse que eu estava acordado. Ela tomou posição nos pés da cama, com a janela atrás de si e o luar raiando através dela. Molly sempre usa camisolas de voal muito bonitas, feitas por ela mesma, mas que não são transparentes. Ela se parecia com uma estátua antiga, uma Vênus de bolso. E estendeu os braços em minha direção, na estranha posição rígida dos velhos deuses, como Hathor quando se transforma em águia. E vi que, em volta do pescoço e dos pulsos, usava as safiras de Morgan.

Então Molly começou a cantar. Usou a melodia de Morgan, mas a canção que entoou não foi nenhuma das que Morgan cantara para mim.

I am the Star that riseth from the sea,
  The twilight sea.
All tides are mine, and answer unto me —
Tides of men's souls and dreams and destiny —
  Isis Veiled and Ea, Binah, Ge.

E, através do êxtase da experiência, de modo semelhante à orquestra emudecida acompanhando um grande cantor, apareceu o som de uma voz clara como um sino, e eu soube que o Sacerdote da Lua estava presidindo o ritual como faziam na antiga Atlântida, quando as Virgens do Sol eram levadas para o grande templo. Era um ritual orquestrado, que correspondia aos processos da Grande Natureza.

— Aprendam agora o mistério das marés cheia e vazante. A Ísis da Natureza espera a chegada do Seu Senhor, o Sol. Ela O chama, Ela O invoca do lugar dos mortos, o reino de Amenti, onde todas as coisas são esquecidas. E Ele vem para Ela em Seu barco chamado Milhões de Anos, e a terra fica verde com os brotos de grama. Pois o desejo de Osíris atendeu ao chamado de Ísis, e assim será sempre no coração dos homens, pois assim eles foram criados pelos deuses. Quem negar isso, será abominado pelos deuses.

— Mas nos céus, nossa Senhora Ísis é a Lua, e Seus são os poderes lunares. Ela também é sacerdotisa da estrela prateada que surge do mar ao crepúsculo. Suas são as marés magnéticas da lua, que regem os corações dos homens. Em essência, Ela é todapoderosa. Ela é a rainha dos reinos do sono. Todas as obras invisíveis são Suas, e Ela rege todas as coisas antes que venham a nascer. Da mesma forma que, através do Osíris, seu parceiro, a terra fica verde, assim a mente do homem concebe através do Seu poder. Esse segredo se relaciona com a natureza íntima da Deusa, que é dinâmica.

À medida que a voz prosseguia, parecia que eu estava no centro de esguios pilares negros que formavam o tempo da lua, no meio da árida planície descampada. E a luz da lua estava centrada no templo, deixando tudo o mais na escuridão. E, por um momento, houve silêncio; e ouvi as grandes marés celestes subirem e descerem em seu ritmo musical de cores. Cada cor tinha sua batida e sua tônica periódica. As cores eram como as notas de um órgão e se assemelhavam a rodopiantes raios de luz. Podíamos concebê-las como forças, ou podíamos personificá-las como anjos, e ver as grandes Formas passarem com asas possantes, cantando, e podíamos perceber relances de suas Faces.

Estávamos agora a sós, Molly e eu, no templo ao ar livre na planície vazia. Apenas a lua acima de nós e a agitação da terra abaixo, pois todos os sacramentos terminam em silêncio. Até mesmo o Sacerdote da Lua se retirara e nos deixara a sós com a Lua, a Terra e o Espaço.

E então, ouvimos à distância o som da maré que subia, a suave batida prateada da mansa rebentação no cascalho. E soubemos que as águas estavam se derramando sobre a terra no fim da era. E a voz do Sacerdote da Lua fez-se ouvir outra vez, à medida que o mar se aproximava.

— *Consummatum est*. Os que receberam o Toque de Ísis receberam a chave para abrir os portais da vida interior. Para eles, as marés da lua fluirão, e refluirão, e tornarão a fluir, e nunca cessarão em seu ritmo cósmico.

Então, o templo lunar e a extensa planície desapareceram e, através da janela aberta, ouvimos a rebentação das ondas da maré contra o cascalho, à medida que a lua caminhava para o seu ocaso.

Estávamos de volta ao aposento de teto baixo da fazenda, mas a voz do Sacerdote da Lua prosseguiu:

— O grande sol, movendo-se pelas casas celestiais, deixou a Casa de Peixes para entrar na Casa de Aquário. Na era vindoura, a humanidade será sagrada e na perfeição humana encontraremos o que é humano. Elevemos a humanidade até a Divindade e façamos descer a Divindade até a humanidade. Nesse dia Deus estará conosco. Pois Deus será manifestado na Natureza — a auto-expressão.

Leia também
A SACERDOTISA DA LUA

Dion Fortune

O talento notável de Dion Fortune, não apenas de ficcionista, mas também de profunda conhecedora das coisas esotéricas e mágicas — talento de que já privamos, através de seus romances anteriores *Paixão Diabólica* e *Sacerdotisa do Mar* — confirma-se neste *A Sacerdotisa da Lua*. Tão forte e real se tornou a personagem Vivien Le Fay Morgan, ou Lilith Le Fay, como a si mesma se chamava, criada em *A Sacerdotisa do Mar,* que se impôs à autora, coagindo-a literalmente a projetá-la de novo no mundo das aparências. Diz-nos Dion:

"Neste segundo livro de que faz parte, Lilith está longe de ser um títere em minhas mãos, pois assumiu o controle da situação... Eu mesma não fazia a menor idéia do enredo, e precisei escrever o romance para descobri-lo... Não me responsabilizo nem pela trama nem pelas personagens — elas se criaram a si próprias... Pode-se dizer que até mesmo o escrever este livro foi um ato mágico."

Embora cativante, não se deve buscar o mero entretenimento em *A Sacerdotisa da Lua*. Ele é todo uma busca, a busca da identidade da rebelde Lilith Le Fay — será apenas o subconsciente freudiano da autora ou uma somatização genuína das forças da Natureza? — que se pode transformar, como para Rupert Malcolm, companheiro de Lilith, no encontro da "morte menor", que é a própria chave da Vida.

EDITORA PENSAMENTO

PAIXÃO DIABÓLICA

Dion Fortune

Neste livro fascinante, Dion Fortune combina seu profundo conhecimento de ritos e práticas de magia com a habilidade de romancista, dando vida a personagens e situações fictícias.

Romance de suspense ocultista, pode ser lido simplesmente pelo prazer da leitura de um enredo bem-desenvolvido; contudo, os estudiosos do Ocultismo e todos os que buscam o conhecimento que está além dos nossos sentidos físicos encontrarão nele informações de grande valor.

Paixão diabólica é, antes de tudo, a história de uma odisséia espiritual, da busca de um homem pela verdade final e pelo conhecimento interior; a história de sua jornada através da morte e do mal, para encontrar uma vida nova, de esperança e redenção, junto a uma mulher que é a síntese de todas as mulheres.

EDITORA PENSAMENTO

O FARAÓ ALADO

Joan Grant

Quando chegou minha vez de voltar à Terra, um Mensageiro dos Grandes Chefes Supremos me alertou dizendo-me que eu deveria renascer em Kam, e que as duas pessoas encarregadas de moldar o meu corpo me dariam as boas-vindas, pois havíamos sido companheiros, e os laços que nos uniam eram de amor e não de ódio, os dois elos mais poderosos da Terra para unir os homens. Como irmão, eu teria alguém junto de quem eu já caminhara a grande jornada.

Quando me transmitiram essa mensagem, a tristeza que todos sentem quando precisam deixar o verdadeiro lar e voltar ao lugar nevoento para outra jornada iluminou-se: eu teria companheiros em meu exílio.

* * *

Assim começa a história de Sekhet-a-ra e de Neyah, principais personagens deste romance ocultista que constitui um dos maiores êxitos da carreira literária de Joan Grant, escritora inglesa que alia ao apuro do estilo a extraordinária capacidade de se recordar de suas vidas anteriores. Traduzidos em várias línguas, a princípio seus livros foram considerados obra de ficção baseada em meticulosa pesquisa, e não histórias vividas em outras vidas e lembradas pelo que a autora chama de "memória atávica".

Em *O Faraó Alado*, Joan Grant constrói uma trama notável; não uma simples história de ficção, mas uma movimentada recriação da vida do antigo Egito durante a I Dinastia, escrita com tal clareza, riqueza de detalhes e verossimilhança que dificilmente se acreditaria tratar-se de um mero fruto da imaginação.

Nada mais natural para uma autora que, entre as regras de conduta que recebeu dos pais quando criança, estava a de "nunca fazer menção em público de suas vidas passadas" — fazendo uso de uma faculdade que, ela acreditava, era comum a todos os mortais.

EDITORA PENSAMENTO

Editora Pensamento
Rua Dr. Mário Vicente, 374
04270 São Paulo, SP

Livraria Pensamento
Rua Dr. Rodrigo Silva, 87
01501 São Paulo, SP
Fone 36-3722

Gráfica Pensamento
Rua Domingos Paiva, 60
03043 São Paulo, SP